U0129163

文學叢刊

柯林著

故事新說

旅菲蘇浙校友會出版
文史哲出版社印行

王校長序

香港蘇浙小學校長
王 寶 明 太平紳士

要瞭解人的思想傾向、價值觀念，要聽其言，觀其行。人之行爲是由其思想所影響，而思想之表達有兩方面，一是其言，二是其文。若文中人生觀、社會觀對人類具正面及積極意義，則書爲好書。

讀了文輝校友所作《故事新說》，書中二百二十五篇短文，有對時事之評論，有對人生之檢視，有對友情之陳述，議題涉及面廣，尖銳而又誠懇，具理性而又富情感，文中內容多是所歷所見，而有所感。文中透射作者對社會的關注、對情義的珍重，充滿人性的表達，充滿正義感，從書中可看到文輝校友心中的社會核心價值。

蘇浙小學是作者文輝校友的母校，六年小學基礎教育對他人生觀的形成有一定影響。作者的思維、思想，受到母校師長的薰陶，在幼時開始建構，而逐漸形成文輝校友積極的人生觀及社會觀。

《故事新說》是本好書，大衆的好讀物，學生人生的好教材。本人謹此作序及推薦。

二〇一二年十一月

「故事新說」序

菲律賓中正學院前院長
邵建寅教授

辭海爲「專欄作家」下的定義是：「定期爲報刊專門欄目撰寫文章的作品，正常是具有某方面專門知識的專家，其文章常刊於特定的版面，並有固定的專欄名稱」。

但根據辭源：「宋時諸州縣官吏貪污，私設稅場，略作界域，稱爲「專欄」主管徵收的吏員叫『欄』頭」。是彼時『專欄』與今日『專欄』之任務及作用不啻天淵之別。

民初以來辦報廣設欄目，包羅萬象，包括論說、時評、隨筆、札記、小品、掌故。題材廣泛，不拘體例，涉及政治、經濟、人文、科技諸多領域，成爲啓迪民智、改革社會之張本。

稚齡時曾自製光學玩具。以狹長玻璃鏡片三條砌成正三角柱體，外圈以硬紙筒，筒底裝圓形玻璃二片，其間散放五色碎玻璃，筒兩端分別封上毛玻璃，一端開一小孔。筒身轉動時，因鏡面光線反射、折射，視之，則景觀五彩繽紛，形象千變萬化，故名萬花筒，以之比擬報端專欄，殆庶幾乎。

香港節日有聚食盆菜之民俗，將十多種菜餚，包括雞、鴨、鵝、魚丸、魷、鮑、參、翅、豬肚、豬皮、蝦、蟹、冬菇、蘿蔔、竹筍、腐竹等等分層舖滿在砂鍋裏，加上豉抽醬油、南乳、麵豉烹製。上層置雞、鴨、鵝、魚、蝦、蟹、鮑、參、翅、豬肚等味美汁濃之佳餚；中層放冬菇、炆肉以承其甘旨溫潤；底層則舖以豬皮、蘿蔔、腐竹等以吸取上兩層下滲之精華，就如一個聚寶盆，面面周到，層層入勝。年青的取上層大魚大肉，求其飽足；老人家則慢條斯理，從從容容地享用底層之瓊漿玉液，可謂各取所需，各得其所。吃這種盆菜和我們每天瀏覽專欄實有異曲同工之妙。

專欄的另一體裁是筆記。其舖陳故事以人物爲中心而有結構性以反映社會生活者稱爲筆記小說。漢書藝文志將小說家列於九流十家之末，謂小說家者流，蓋出稗官，街談巷語道聽途說者之所造。先秦之神話、傳說、寓言、魏晉之志怪、唐之傳奇，都屬此類。到了宋代出現平話，才以小說作爲故事性文體之專稱。元明盛行章回小說。清則以筆記小說爲主體。例如吳趼人之「二十年目睹之怪現狀」、李伯元之「官場現形記」、吳敬梓之「儒林外史」及蒲松齡之「聊齋志異」皆是。「二十年目睹之怪現狀」於 1903 年開始在梁啓超主辦的「新小說月刊」上連載。至 1909 年續成 108 回。梁啓超、胡適、魯迅等皆曾爲文評價。時當晚清內則吏治腐敗、官僚貪墨；外則列強侵侮、予取予奪。作者以憤激之筆揭露清末社會之黑暗及官場之醜態。說他二十年來所遇到的不過是「蛇鼠蟲蟻」、「豺狼虎豹」、「魑魅魍魎」三種東西，幸而不被所害，因此自號爲「九死一生」。

「官場現形記」作者李伯元生於清同治六年（1867）少擅制藝及詩賦，後以屢赴秋闈不第，遂絕意功名，到上海創辦「指南報」，又創「遊戲報」、「海上繁華報」。光緒卅二年（1906）死於癆病，僅四十歲，無子，吳趼人曾爲他作傳。

官場現形記於庚子賠款之次年（光緒廿七年 1901）刊出，原序指摘當時官場曰：『官之氣愈張，官之燄愈烈：羊狠狼貪之技，他人所不忍者而官出之；蠅營狗苟之行，他人所不屑爲者，而官爲之；下之聲、色、貨、利則嗜若性命；般樂飲酒，則視爲故常；觀其外，偭規而錯矩，觀其內，踰閑而蕩檢。種種荒謬，種種乖戾，雖罄紙墨不能書也！』既淋漓又盡致。

此二書成爲當時「譴責小說」之代表作。

柯林學弟博聞強記，才華橫溢。爲文如行雲流水，自創一格。2010 年 2 月受敦聘主持菲律濱世界日報小廣場「故事新說」專欄，迄今三載，完成時評三百篇。題材遍及歷史、哲學、文學、科學、教育、財經，類能別出心裁，下筆成章；刻劃入微、條分縷析。其真知灼見及警世意識躍然紙上，有吳趼人、李伯元之風。俗諺「世事洞明皆學問，人情練達即文章」其斯之謂歟！

據他自述：「柯蔡同宗，所以我用柯作姓，母親姓林，所以以林爲名。寫涉及政治文章有害健康；寫風花雪月有損形象，我會多寫測字。漢字是象形文字，結構有含意，只要細心，只要略識之無，都可以玩測字遊戲。偶然測中，不要迷信，「靈感」而已。多年前，瓊姐、銓姐、輝哥等在青山區某餐廳聚餐，談及校友察哥入院治病，眾人還來不及探訪，察哥竟然遽逝，令人惋惜。銓姐以「察」字問輝哥：以測字角度，可見端倪？輝哥回答：「察」字拆開爲「家祭」，不祥之兆十分明顯。當時銓姐剛巧也要入醫院作手術，她很「夭桃」（閩語），用挑戰口吻，以「死」一字問輝哥。輝哥大笑：「測什麼測，死字不是寫明七夕嗎？你七晚後必定平安出院，不然折我的招牌！銓姐鳳顏大悅：「這頓算我的！」其實，銓姐「慷慨病」十分嚴重，朋友聚餐，她常常找藉口付賬。銓姐後來說，醫生原來允許她第六日出院，但家人爲了要赴宴會，讓她住滿七晚才出院。

中庸云：「知、仁、勇三者，天下之達德也。所以行之者一也」又說：「好學近乎知，力行近乎仁，知恥近乎勇。依照朱熹註釋：『天下達德有三，即知、仁、勇，用來實行三者靠“誠”一字。而好學非知，然足以破愚；力行非仁，然足以忘私；知恥非勇，然足以起懦。』柯林學弟作為一位肩負移風易俗社會責任的專欄作家，他不但充分瞭解上述道理，也是一位劍及履及的實行者。他崇尚知、仁、勇三達德，又能以誠為修己立人之原動力。於是乎誠就成為他思維的根本；且“誠則明矣，明則誠矣”“天地一誠，聖賢一誠，學問由誠而明”，於是乎他的大作就充分發揮破愚、忘私、起懦三大功能。

淮南子《主術》云：「心欲小而志欲大；智欲員而行欲方；能欲多而事欲鮮……知員者，無不知也；行方者，有不為也」。寄望於柯林學弟的是一者他能知員行方，能無不知，但有不為；二者他能披堅執銳，磨厲以須，得心應手，日有進境。欣聞其大作二百二十五篇、二十餘萬言將付剞劂，該書之行世於匡正時尚，美化生民，月旦人物，臧否得失，必有裨益。謹綴數言，以弁其端。

二〇一三年四月廿日

千江有水千江月

施柳鶯

六十年代，一批又一批的小移民，由香江湧入千島，由紫荆花城的蘇浙小學散落南疆島國的中正，僑中，聖公會…等海外傳承中華文學的重鎮 — 僑校。

年復一年，他鄉已成故鄉。從此，他們安身立命於這一塊陽光撫愛的土地。他們組織旅菲蘇浙校友會，成立文藝社，這一群五陵少年，又天真又熱誠，用詩用文來慷慨悲歌，去表達對祖國的孺慕與狂熱；對香港母校的眷念與依戀。蔡文輝便是其中最活躍的一員。

雖然是蘇浙，中正的雙重校友，但在中正的那一段日子，我們可以說完全沒有交集點。唯一勉強稱爲有關聯的，便是我們二人的習作同時被先師蔡景福（筆名亞薇）選入當年菲華唯一的純文藝季刊「劇與藝」的創刊號。

六十年代，台灣文壇是菲華文學的故鄉，菲華青年非常的以台灣文學馬首是瞻，誠如蔡文輝專欄中所說：六十年代的中學生，那一個不是讀『皇冠』長大的？！少年蔡文輝不是「頭名生」，但極得師長緣。參加學生自治會，說一口漂亮國語，每天放學降旗時上台報告自治會重要會務，是校園中風頭極健的風雲人物。有點持才傲物，有點自負，有點「跩」。

小學時，他捨得每天用一毫子買一份薄薄的只有四版的報紙「明報」藏在口袋裡上學。來到菲律賓唸中學時，「明報」除了港幣一毫子一份的報紙外，同時出版菲幣七十五元一本（請注意，當年菲幣與港幣的比值是一比一點六元），由海內外一流名家執筆，集時評，學術，文學…等最嚴謹，最有份量的高水準月刊。看「明報」即予人知識份子的印象。中學蔡文輝「加計褲」（註）後袋插本「明報月刊」，或李敖的「傳統下的獨白」，或柏楊的「打翻鉛字架」，非常的「文藝青年」，非常的「知識份子」，非常的不以瓊瑤小說爲然。以蔡文輝爲首的這一批「文藝青年」，把看瓊瑤作品的歸於風花雪月派。

與蔡文輝熟稔是在八十年代中期，菲國軍統解除，蘇浙校友會復會，蔡文輝在其自家開設的菲式餐館大手筆宴請重新登記入會的全菲新舊蘇浙校友將近二百人，盛況空前。

那是蔡文輝最意氣風發的時期，是蘇浙校友會的流金歲月。歲月鉤沈，但往事並不如煙。

復會後的校友會，每兩年一屆的就職特刊，由我與文輝、華清三人編輯。昔別君未婚，兒女忽成行。蔡文輝由當年看山不是山，看水不是水的年少輕狂，到如今的看山是山，看水是水的温厚持重，但持才傲物依然，妒惡如仇依然，擇善固執依然，「鐵齒」依然，所幸那一份赤子情懷依然，未被滾滾紅塵所汙染。他爲人海派（這似乎是蘇浙人的通病）、熱血，因此有時爲自己惹來一身麻煩。他重情義，專欄中時有義兄 XX，XX 義兄的出現。小學時的十八位結義兄弟，從未在他的胸口跌落。

他是個活在梁山泊時代的人物，亦是胡雪巖式的人物。

文輝好文采，好口才，雄辯滔滔，是個講故事高手，腹中掌故珍聞軼事無數，對人對事對物自有他一套獨特的見解，往往很理性地退出世俗的角度，用很厚道感性的眼光來看一件事，一個人。所以他可以用幽默俏皮的筆觸來講國事，社會事；表意述事不失溫柔敦厚，而抒情說理兼具，但讀者讀得出他的沉重。「菲大往事」細述六十年代菲共（新人民軍）的崛起，菲大學生，知識份子因崇尚中國的無產階級社會主義，崇拜毛澤東，甘願放棄大好前程，獻身革命，上山打游擊。文輝感嘆：「是什麼力量讓他們如飛蛾撲火般前仆後繼？」

呀！「愛」就是一種飛蛾撲火，家國之愛，兒女之情，都能令人奮不顧身，義無反顧，如飛蛾之撲火。讀林覺民「與妻訣別書」以及母校中正養浩園中十三校友烈士碑上之頌辭，你不也熱血奔騰，恨不生在那激情燃燒的歲月嗎？

專欄應歸類於小品文，小品文和散文是一家，如果說散文是作者與讀者最直接的心靈交流，專欄中的文字則是作者對讀者毫無掩飾的真情告白、喊吶、傾訴……。作者的人品心性，學識修養赤裸裸地呈現在讀者的眼前。

專欄小品，篇幅有限，又具時代性，時間性，真實性，易寫難精，一不小心便流於今天與何人吃飯明天與某某有約之類的流水帳。行家都知道，一篇短短的小品，需要多大的學問常識在背後支持。所謂「風聲雨聲聲聲入耳，國事家事事事關心」，需要多廣泛的人生體驗，社會觀察，中西文化的修養來支撐。

在八百字爲限的專欄裡寫小品，難展氣勢，文輝用最精確簡潔明快的文字，將二頁稿紙的咫尺之地，經營得有聲有色，情文並茂，自然有時亦不免跌落「吃飯穿衣」的框框，可幸言之有物，言語有味，點出主題，且趣味橫生，偶而一、二只有香港人才看得懂的「抵死」、「鬼馬」之句，令人發出會心的微笑。

所以，方塊之地，只要作者的方寸遼闊，容納著包羅萬象之人生百態，而且功力足夠，方塊之地，也可以有大塊文章。

二〇一〇年開始執筆專欄，令人驚嘆於他的博古通今，涉獵之廣，記憶力之好，說服力之強，文筆之靈活，用字之生動。學術性或理論性的內容一點不枯燥，且充滿趣味性，令人讀後意猶未盡，充滿期待。偶而「自嘲」一下，「自嘲」來自「自信」，也是頗見功力的。這應歸功於他的好學與愛書，他常說「書本令貧者富，富者貴」，所謂腹有詩書氣自華，誠然。

因爲所寫大多有關菲華人身邊的事，所以他非常喜歡用「方言」；我們菲華人的日常俚語。在恰當的地方，恰當的時刻，出現一、兩個英、菲詞彙，他用的非常自然。菲華人說菲華事，自然要用「菲華母語」，菲華人讀了倍感親切。這是一本寫給菲華人看的書，細說菲華人的人事滄桑、悲歡歲月，多少菲華人的海棠心事，歡樂的、悲涼的、是我們菲華人多情的回眸與顧盼，蔡文輝或深或淺走過的足痕。

「故事新說」一冊集小品二百二十五篇，作者自謙不敢自稱鴻文巨獻，字字珠璣。但每一篇都是他鍾愛的兒女，每一字每一句都是他的肺腑之言，對兒時的香江歲月，對母校蘇浙的眷戀，對菲華中正的關切寄望，對母校恩師的孺慕，對祖國及菲國的愛深責切，不平則鳴，對慈母的哀思，對菲華這塊育之養之的土地，對蘇浙這一群由垂髫少年到兩鬢染霜，半世紀以來不離不棄的總角之交，結義兄弟，同窗好友，以及父執輩的忘年之交，他用整個生命來珍之惜之，種種情義，豐富了他身爲獨生子的人生。藉此方塊之地，宣洩他心中無限情意。千江有水千江月，萬里無雲萬里天，是他健康人生的寫照。因爲是獨子，所以他和慈母的感情特別好，他有一個見識不凡的母親。他的磊落人格，豁達胸懷，得益於慈母的言傳身教。忝爲他泛泛三十年相知二十年的好友，眼看他少年聽雨歌樓上，到中年聽雨客舟中，由將進酒到人間有味是清歡，由驚濤拍岸到小橋流水，由五花馬，千金裘到三十三個 miss call（註），不管際遇浮沉，任憑世情薄涼，世事如何詭異多變，他永遠充滿陽光，充滿自信，永遠散發出正能量，他依然活得那麼帥！

我們可以爲他下一個注腳：他不富有，但他活得極爲富有！

「故事新說」只是逗點，不是句號，故事仍在繼續中……。

註一：用「加計」（閩南話）這種布料製成的長褲，是菲華僑校所採用的男生制服。

註二：作者因故外出時手機遺留辦公室，竟有數十個關懷電話。

故事新說

目次

難學易精

武俠大師金庸於上世紀五十年代離開《大公報》創辦《明報》。初期它只有一張四版，內容大部份是黃色小說和馬經，其賣點是金庸每日親筆的五百字社論和登在第二版的連載小說《神雕俠侶》，銷量極好。當時筆者在蘇浙小學上學，每天第一件事就是慷慨地花一角港幣（天知道那是多大的一筆錢）購買《明報》，偷偷地藏在口袋裡上學，因爲被主角楊過迷得如癡如醉。

楊過在絕情谷拒絕了可憐的公孫綠萼的情意，爲了小龍女說出也傷害到程英、陸無雙等好女子情感的話：“衣不如新，人不如舊”。隨著年齡的增長，深深地體會到故人的可貴，因爲故人有太多的共同回憶，話題和志趣；因此我們幾位蘇浙校友幾乎每週日下午都聚集在《鑽石酒店》咖啡廳擺龍門陣，大家風花雪月之餘，也不免涉及“神聖”的文化教育。

輝哥說中文難學易精。他的口氣雖大，但本意是漢字只要學通三千字左右就可以運用自如。而英文這種二十六個字母組成的拼音文字雖然容易上手，但字彙（VOCABULARY）實在太多了，而且有嚴謹的文法規則，令人容易犯錯。筆者有一位大學同學，乃白種美國人，因 SPELLING 和文法錯誤百出，大一英文竟然不及格要重修。英文字彙還與日俱增，二〇〇九年已達一百萬字，其第九十九萬九千九百九十五字還是中國“城管”一詞的音譯。菲律濱前第一夫人伊美黛 IMELDA 因其揮霍作風，如擁有三千雙皮鞋，英文增添了新字彙 IMELDEFIC 列入大英字典，字意是奢華。

英文更要命的是往往一字多義，如極普通的 STOCK 一詞，竟然有名詞：股票、存貨、樹幹、把柄、農具、原料、湯料等。形容詞：陳舊的、短胖的。動詞：辦貨、儲藏等十餘個字義。又如 MAY 一字，亦有：五月、女子名字、山楂花、青春、少女、可以、可能、願等等解釋，“問你怕未”？

有這麼一則故事：留學美國的北大校長胡適一日在某教授聚會中大“秀”其流利英語，精通英、法、德各國語文的辜鴻銘坐在一旁挖鼻屎（BOOGER）輕蔑地說：鼻屎英文叫什麼？你說得出，我就把它吃下去！結果胡大博士瞠目結舌，辜怪人用指甲把鼻屎彈得遠遠的……

（二〇一〇年二月二日原載世界日報《故事新說》專欄）

註：筆者應邀在世界日報寫專欄，每週二、四見報，這是開欄第一篇。

不可理喻

小女亦慧小時候聰明活潑，閩南話“一流水”。有一天她大聲驚呼：“阿公，阿公，我看到‘一個’‘很大個’的老鼠”，惹得在坐的人哈哈大笑。

亦慧大學畢業後到北京《北京語言文化大學》學習漢語一年。有一次筆者到學校看望她，在校門口碰到她的一位非洲黑人同學，他十分友善，露出白白的牙齒說：“亦慧，你去哪兒？”

虧他“哪兒”兩字還捲舌說出，有點京片子味道。他看到筆者牽著她的手，很好奇地問：“誰是這個人？”女兒回答：“這‘位’是我爸爸。”

小女的同學來自五湖四海，黑白黃棕都有。學校教導有方，加上環境所需，一個月後大家都會說日常口語。學習上遇到的最大困擾是量詞，被它折騰得“痛不欲生”；始終不明白飛機要稱“架”、船稱“條”、車稱“輛”、樹稱“棵”、花稱“朵”、羊稱“隻”、牛稱“頭”、馬稱“匹”，那風馬牛不相及的布怎麼也稱“匹”的道理。

英文的 COLLECTIVE NOUN 呢？那就更加不可理喻，中文簡單明瞭的“一群”，英文把它變成上百的詞彙，羊用 FLOCK、牛用 HERD、馬用 TEAM、狼用 PACK、獅用 PRIDE、猴用 TRIBE、狒用 CONGRESS、魚用 SCHOOL……你說煩不煩？

有個來菲律濱旅遊的“土民豕朝”（註），回到閩南家鄉大聲公佈他偉大的發現：英文實在是豈有此理，不過很容易學，豬 DEER（註二）是鹿，鹿 DOG 是狗，狗 COW 是牛，牛 GOOSE 是鵝……這不是笑話，中國大陸就有一位學者根據本地報紙 ZAMBOANGA 的譯名“三寶顏”，推論出三寶太監鄭和曾經到過菲律濱！

英文太多不可理喻的“例外”，就曾讓筆者出醜。八十年代筆者太座在計順市計順大道開了一家“大”傢俬店。筆者當仁不讓替她起了一個“FAIRYLAND FINE FURNITURES”店名。FURNITURE 加“S”本意是要表示本店貨品眾多齊全，豈知英文 FURNITURE 一字單、多數都不可加“S”，讓五十尺長、四尺高的大招牌每天都嘲笑著筆者的學養不足，直到它因故結束營業。該店雖然賺了不少錢，但它的招牌也令筆者面紅至今，對英文充滿戒心。

（二〇一〇年二月四日原載世界日報《故事新說》專欄）

註：閩南話，意土包子。註二：閩南話豬音 DEER。

妙不可言

以一首新詩《鄉愁》紅遍台灣、大陸、香港兩岸三地的余光中教授曾於上世紀六十年代初來到菲律濱，在一個長達一個多月的“暑期文藝講習班”講課，每日數小時。當時菲國經濟執東南亞牛耳，街上跑的“的士”是 180 型的”奔馳”。筆者袋中的零用錢都是純銀製成的銀元，搖起來叮叮噹噹，聲音好不響亮。斯時台灣經濟尚未起飛，大學教授月薪幾千台幣，也就是兩、三百元菲幣而已，所以能夠受聘來菲是美差。是嗎，施穎洲先生（註）？當然此一時，彼一時，現在用王彬街一百輛人力三輪車也拉不動余大詩人了。

聖經創世紀記載：世間的言語本是一樣，但世人野心太大，耶和華乃“變亂他們的口音，使他們的言語彼此不通”。余光中的專業是英文文學，但他大罵他所通曉的西文，即英文、西班牙文“橫行”霸道，文法蠻不講理。他說：“最可怕的莫過於動詞，一切是非都是它惹出來的……動詞變化，從未規規矩矩，既分時間、又講數量，有的還要辨別雌雄”。他還說：“中國人的祖宗真是積德，一開始就福至心靈，不在動詞上玩花樣，真是庇蔭子孫……中文文法簡便，陰陽不分，古今同在，眾穿通融，真是了無絆礙”。

菲國因爲被西班牙統治過四百年，所以以前中、大學生必修西班牙文。筆者成績尚稱不俗，現在就像春夢了無痕，忘得一乾二淨，只剩下早安、午安、YO TE AMOR（我愛你）數句。走筆至此，爲常常責備兒女忘記簡單漢字而感到內疚，語言不用，是很容易忘記的，華校應想辦法解決這問題。

王安石真幸運，一句“春風又綠江南岸”將名詞“綠”變成動詞（這在西文是“犯法”的）被稱頌了近千年。去年中國網上最出名的“被自殺”一詞，絕對沒有文法上的問題，問題是它背後的故事太悲慘了，太令人氣憤了！

說則笑話消氣：有一位母親在女兒結婚的第二天早上，傳了一句手機短訊給年輕又腸直口快的她：“不可言妙”。新娘子回覆：“妙不可言”！

中文“字”簡意賅，妙不可言！

（二〇一〇年三月二日原載世界日報《故事新說》專欄）

註：文藝班主持人。

數個趣字

一九六五年母校中正中學升格爲中正學院，增設大學部，特別禮聘兩位台灣大學教授劉述先和程運來校主持中國文史課程。筆者當時是高中二學生，而高二每週有一堂“教育課”，教師就是由程運教授兼任。老實說，程教授學問是好的，但教學方法並不高明，上課只是照講義宣讀。他的考試方式則別具一格，考題都是“是”和“非”選擇題，答對一分，答錯扣一分，不答則零分。起初以爲選擇題還不是和剝花生一樣容易，豈知似是而非的考題，還真不容易選擇，班上同學，幾乎一半得負分。

程教授對漢字很有研究，他指出漢字有兩對應該對調的字，如：“出”山上加山，字義應該是“重”；而“重”字拆開爲“千里”，字義應該是“出”才對。另外“射”字由“寸身”組成，字義應該是“矮”才合理；而“矮”由“委”和“矢”組成，“矢”箭也，“委矢”是要使用箭，也就是“射”，所以“射”和“矮”也是錯調了。

程教授對簡體字深惡痛絕，認爲嚴重破壞文字美，筆者有同感，因爲有些字被簡得莫名其妙。如“葉”代以另有字義和讀音的“叶”，“蔡”字民間簡化成“尺加艸”，真是不知所云。蔡姓子孫真不幸，新簡體字“開腳”如故，怪不得宗親會也鬧分裂。話說回來，很多筆劃繁多的字如“體”被簡爲“人本”，“塵”被簡爲“小土”真是神來之筆。

去年九月馬英九總統向聯合國教科文組織申請“繁體漢字”爲世界文化遺產。這招很高明，一舉數得：一、走偏門“入”聯合國；二、博取重視中華文化美名；三、避免將孔子、屈原說成韓國人的《大韓民國》將漢字說成他們的發明。

其實，韓國人早已“搬起石頭砸自己的腳”，爲了去“中國化”，將位於漢江畔的漢城改爲《首爾》，放棄傳統漢字，使用“拼音字”。韓字和漢字一樣：一字一音節，一字多音，一字多義；所以爲了避免錯誤，姓名還是乖乖地使用漢字，免得李承晚被認爲“你盛飯”，現任大總統李明博被誤爲“你命薄”！

（二〇一〇年四月二十七日原載世界日報《故事新說》專欄）

由“蔡”說起

筆者一非學者，二非文教人士，班門弄斧，大言文字，只想喚起讀者注意漢字的“另類美”。其實，筆者業餘文章錯字百出，還好老編一一更正，讀者偶有反應，喜歡“笑談”、“趣談”而已。

中國建國初期，主要的文化工作之一是簡化漢字，功大於過，但產生了不少有“想象力”的新《倉頡》，胡亂發明“新字”。報載有人寄信，將湖南《零陵》簡爲“00”，郵差竟然送到不誤！

筆者是蔡氏子孫，根據《商務印書館》出版的《辭源》注釋：“蔡”名詞是“大龜”，動詞是“放”。“蔡”常常被寫錯，“祭”字右上方“7”被代之以二撇。宗兄蔡金鐘辦公室有中國前國家主席江澤民親筆《蔡氏始祖叔度陵園》條幅，其中“蔡”字就犯了上述錯誤。

培水哥（書欣）指出有人以“上艸下尺”代“蔡”，是民間俗字，未經官方認可。家父雖然是在菲律濱出生，居住菲國，又是虔誠基督徒，但對中國文化傳統十分固執。記得二十餘年前，故鄉親友寄來一封信，信封除了英文地址，尚有中文收信人，上面“蔡”字被寫爲“艸加尺”，父親大怒，將來信撕得粉碎，看也不看。“艸加尺”寫法在中國其他地方情況，筆者不清楚，但在閩南一帶確實是很流行的。有一次往泉州某餐廳赴宴，站在一間門口掛著“艸加尺”先生宴客牌子的貴賓室門口，問一位年青女侍者："蔡先生的房間在哪裡？"她眼睛一翻，反唇譏笑："你不識字嗎？這麼大的牌子你看不到？"筆者指著"艸加尺"問："這是蔡嗎？""不是嗎？""一字之師"兇兇地回答！當時中國剛開放不久，一般的服務人員態度十分惡劣，也許她認爲筆者是有意找碴。培水哥說也有人將"蔡"寫成"艸加才"，這倒是滿有創意，可以接受的，至少韓語"蔡"的發音是"才"，國語也相近。

"蔡"字國語發音和"猜"也相近，筆者少壯時常常流連風月場所，每有講國語小姐詢問："先生貴姓？"必定回答："你猜猜，你猜猜！"別的可猜，姓怎能猜？小姐一定發嗔；有的，可以的，那就是"蔡（猜）先生"哈！哈！哈！

（二〇一〇年五月十三日原載世界日報《故事新說》專欄）

華教"三贏"法

華社李榮美等知名人士疾呼華生流失嚴重，並配合商總發動籌款，以資助因貧寒而退學的華生。據說今年捐款已達一千萬，以每人資助一萬元爲準，可幫助一千名華生。李榮美先生透露華校學生本來共有十二萬人，十年來降至六萬人，不可謂不嚴峻，說華文學校面臨存亡關頭亦不爲過。母校中正學院號稱菲華最高學府，生數亦爲各校之最，前日與中正董事會前財政黃俊人學長長談，他說母校生數亦大減，如果不是存款利息挹注，財政已呈赤字。

其實，十餘年前華校學生已開始流失，在某次《正友》盛會上，中正前副院長許國良師告訴筆者一件傷心事，他說有一日他在 JOSE ABAD SANTOS 街步行，碰到一位前中正學生，他很有禮貌地向許老師問好。許師記憶力極好，詢問該學生爲何轉校，該學生說："許先，學費太貴，家裡負擔不起，我們兄弟姐妹都轉讀免費的公立學校了……許先，我們很懷念在中正的日子……"許師說時熱淚盈眶，筆者亦默然無語，但願這千萬元能大庇天下學生皆歡顏。

李先生和商總立意良好，但筆者很懷疑方案的持久性，而且每年資助一千人，人數太少，一萬元也太少，因爲流失的學生是六萬人，學費是五萬元左右，可謂杯水車薪。

筆者有個建議：何不仿效美加的週末華文班。辦法如下：一、利用現成各地的華校設備，開設星期六、日，上下午華文班。每週上課六小時，學生自行選擇時間。二、學生以程度分班，達到某種成績可升級，接受較高深課程。三、教師聘請因年齡被迫退休，但身體狀況尚佳者。或在職，但欲增加收入者。四、採用中國爲外國人所編課本，用漢語拼音、簡體字。

何謂三贏？主辦當局向學生酌收三、二千元學雜費，家長省了一大筆學費。學校租出空置課室，有租金可收，對學校經濟不無小補。教師則可獲得額外工作。這項"大工程"應由商總配合校聯主持，不足經費由華社熱心教育人士捐助，並由《宗聯》出面，立下公約，凡舉辦龐大婚喜壽慶讌會，依筵席數目捐出善款若干。

（二〇一〇年九月九日原載世界日報《故事新說》專欄）

弘揚華文偏方

筆者在這裡說一句很狂妄的話：學好華文，以便閱讀金庸武俠小說，因爲它們實在太好看了！有一日大夥喝咖啡聊天，彬哥不提他收藏的名錶，很自豪地說：我擁有金庸小說全集，不時拿出來重讀。獻哥問：不會厭煩沉悶嗎？少年時和現在閱讀的感想怎樣？筆者插嘴：怎會厭煩？數十年來，除了早期的《書劍恩仇錄》和《碧血劍》較青澀，哪一本不是看了就再放不下手？有些情節和對白，甚至可以背念出來，而且隨著年齡的增長，感受也大大不同，這就是金庸的“魔力”。

台灣總統馬英九今年六月接受中央社訪問：“提到武俠小說，他眼睛爲之一亮，自豪地說：我從小就開始看了……他對於武俠小說的忠孝節義，金庸的文筆，讚不絕口……他鼓勵學生應該多看武俠小說，相信對於作文，絕對有幫助……不看改編過的電影，以免想像被破壞：怎麼郭靖長成這個樣子？”

馬英九說武俠小說陪伴他成長（文學和人格）。當時金庸在香港左派機構工作，小說在台灣必須化名發行，如《射鵰英雄傳》被改爲《大漠英雄傳》，作者則胡亂安上一個別名。有麝自然香，讀者“眼睛是雪亮”的。鄧小平也是金庸迷，八十年代接見金庸時，兩人就大談：俠之大者，爲國爲民（郭靖語）。鄧小平對《笑傲江湖》和《鹿鼎記》書中諷刺中共搞個人崇拜，借題發揮，指桑罵槐，應有很深感受。

記得小時候讀武俠小說是受“迫害”的，要偷偷摸摸，因爲學校老師對它們有偏見，認爲它們荒誕不經，不能進入文學殿堂；但卻又把"古時武俠小說"《水滸傳》列爲四大名著之一。其實老師們之所以反對，是怕學生廢寢忘食，沉迷小說，荒廢正課。

筆者就是因爲金庸武俠小說會令人上癮，所以開了弘揚華文偏方：鼓勵學生讀金庸小說，讓他們上癮，讓他們手不釋卷，讓他們廢寢忘食。筆者同意馬英九的看法：讀完金庸小說，作文必定大大進步，對中國文化有較深的認識；個個成爲小"漢學"家。

（二〇一〇年九月十四日原載世界日報《故事新說》專欄）

年年有餘

一個中國人和他的美國人朋友都因爲有喜事，相約在酒吧慶祝。三杯下肚，美國人說，擔憂失業二、三十年，終於把房子的貸款還清，可以安心享受。中國人說辛苦了二、三十年，省吃儉用，終於把錢存夠了，可以買房子享受了。這個故事，說明了中國人和美國人理財原則和辦法的不同。美國人使用"未來錢"，赤字消費，促進經濟繁榮；中國人積穀防饑，量入爲出，以儲蓄爲美德，以"有餘"而滿足。

漢字的創造有象形、指事、會意、形聲、假借、轉注等方式。香港《文匯報》興國先生在其專欄說："魚"的字義，應該是"牛"才對，因爲魚字有角，而且有四足。筆者在此加上：魚字中間有田，身軀壯碩，更妙的是標明牛最大的功能：耕田。牛字苗條，左方一撇，就如魚鰭，如果右方再加一撇，那就更加象形了。"魚"和"牛"，是"出"和"重"，"矮"和"射"之外，第三對應該對調的字。數千年來，中國人寡衣少食，窮怕了，以“有餘”爲最大幸福。“楊柳青”最受歡迎的一幅年畫是一個胖小子，笑咪咪地抱著一條活跳跳的大鯉魚，右上角寫著：年年有餘。說魚、餘音相近，其實相當勉強、前者“吐音”，後者“收音”，口形完全相反；但比起硬將“八八”說成“發發”還算可以接受。粵音“八八”音“拔拔”，“發發”音“法法”，兩者相去十萬八千里。

美國好戰，常發戰爭財，但也因越戰、伊戰，以及目前戰火越燒越旺的阿富汗戰等，拖垮了經濟，而民間“先享受，後還債”的作風也令政府別無他法，只能狂印鈔票，不道德地掠奪他人辛勞成果來塡自己的赤字深坑。

中國人傳統的“大富由天，小富由儉”的思想還是較實在的，雖然政府爲了保持經濟成長，也鼓勵消費。有些地方政府更好大喜功，走上浪費資源的歪路。十餘年前曾和港哥到《龍湖》參加菲華鄉僑集資建造學校落成典禮。該中學有水泥鋼筋建成的禮堂、教室、宿舍、圖書館、食堂等等，美輪美奐。慶典盛況尚歷歷在目，日前港哥說該學校竟被稱爲“危樓”，要拆掉重建！真是“賺錢免彎腰”。

本文見報時是十二月三十日，即二〇一〇年最後二日，謹祝讀者“年年有餘”。

（二〇一〇年十二月三十日原載世界日報《故事新說》專欄）

“虎母”未必對

春節前數日，筆者依母親吩咐，往唐人區《美珍》購買甜粿應節。校友獅哥看到筆者如常大叫：“校友你好！”接著連珠炮似地問：“你對虎母教育方式見解如何？”最後環顧左右，輕聲說：“我家也有一隻虎母，我的孫兒就讀功課繁重的某華校，他媽媽還強迫他學習一些課外才藝，要吃完定量的蔬菜，有時要到半夜才能睡覺。當然媳婦是爲了孩子好，但是很‘不甘’……”

菲國華人 AMY CHUA（蔡美兒）是美國名牌大學耶魯大學的教授，最近出版一本書《虎媽的戰歌》，講述她如何以嚴格的方法，教育女兒成材，引起極大的反應。旅居加拿大的記者《劍客》對蔡美兒的方式很反感，認爲她變態，是“菲華之恥”，不值得引以爲榮。劍客也姓蔡，可說是筆者世侄，自幼得到知識分子父母寵愛，雖在菲國土生土長，中文寫作已遠勝我輩，是傑出人才。筆者認同他的看法，但不像他那麼偏激，畢竟華人的傳統思想是：“玉不琢，不成器；養不教，父之過；教不嚴，師之惰。”

蘇浙校友會會長周明宗和太太陳淑璇醫生是筆者蘇浙、中正雙重校友，二月四日他倆依傳統在 CCP 區的 GLORIA MARIES 設春茗宴請蘇浙理事。陳淑璇醫生是菲國名醫，“侏儒症”權威，常應聘到歐美各國講學；陳伯母笑口常開，和藹可親，慈眉善目，是“慈濟人”。相信她絕對是以“愛的教育”栽培出出類拔萃女兒。

明宗、淑璇夫婦可說是菲華最值得驕傲父母，其兒子四年中得到兩個學位。他於美國名校 UNIVERSITY OF PENNSYLVANIA 的 WHARTON SCHOOL 以最高榮譽 SUMMA CUM LAUDE 畢業經濟系，同時也以上述最高榮譽畢業電腦系。這項成績相信絕對超過虎母女兒。筆者詢問她是如何教育出如此出色的兒子，可是使用虎母方式？淑璇校友謹慎地說：我沒有讀過蔡美兒的書，所以不能評論。不過教育子女最重要的是要有適當的 DISCIPLINE（這字不好譯，含有溫和訓導和嚴厲懲戒意義），更重要的是要諄諄善誘，才會成功，切勿使用錯誤辦法讓孩子厭惡學習！

（二〇一一年二月十日原載世界日報《故事新說》專欄）

別趕鴨子上架

筆者自以爲是一位開明的好父親，但是兒女們“怪”物質供應雖然豐富，玩具應有盡有，也常帶他們出國旅遊、逛商場、吃館子；但是管教不嚴，一些語言也因懶惰沒有傳授他們，和他們練習。

《中正》高二、高三每週有一堂教育課，教導爲人師長、父母之道。高三導師是菲華“幼兒教育”之父蘇秀康師。蘇師教法新穎，主張啓蒙幼兒切忌有功課和考試壓力，一切教導都要通過遊戲進行，更勿揠苗助長，讓孩子對學校生畏，不愛上學。

很多父母常常將兒時自己希望擁有而得不到的東西買給子女；將自己想學習而學不到的才藝讓子女學到，以求“隔代”滿足。筆者也不例外，喜歡音樂，又一竅不通。小時女兒亦慧、亦真相當聰明，學習成績也在中上，筆者乃“有識之士”，認爲音樂，尤其是鋼琴能陶冶性情，提高氣質，所以在她們抗議聲中買了新鋼琴。並爲了她們能打好基礎，學到正確指法，不惜重金聘請菲大鋼琴教授來授課。結果她們和老爸一樣，沒有音樂細胞，而教師又太古板，一切按步就班，一週數小時，枯燥地訓練指法，來來去去就是彈那幾個音符。女兒們每到學琴時間不是裝病，就是到處藏匿。最後小姐妹更使出陰招：在母親盛情款待老師吃點心時，偷問："妳是否很'重吃'，所以才那麼胖？"結果老教授一氣不回頭。趕鴨子上架，當然"事倍功半"。

女兒們長大後，偶然心血來潮，一面指著舊鋼琴大言不慚地說要重學；一面"怪"老爸管教不嚴，讓她們喪失最好學習時機。

筆者實踐蘇師理論，絕不對兒女提出嚴格要求，相信他們都有一個快樂的童年。

筆者至今還是認爲"萬般皆下品，唯有讀書高"未必全對。現代人講究 IQ、EQ，甚至 AQ（耐敗商數），畢竟讀書成績好壞，大部份還是靠遺傳基因。筆者義兄岩哥是香港名醫，坐腎科第一把交椅，其次子十三歲就考上劍橋大學，二十一歲成爲最年輕院士，這豈是嚴格教育就能辦得到的？

（二〇一一年二月十五日原載世界日報《故事新說》專欄）

孫校長的經驗

幾年前曾在電視中看到兩個很有趣的節目。其一是澳洲白人訓練只有幾個月大，尚不會說話走路的嬰兒游泳，看到嬰兒們手劃腳踢，浮在水上，樂不可支，十分有趣。澳洲地廣人希，人口只有二千萬左右，卻是體育大國，歷屆奧運奪得金牌無數，游泳一項更屢創佳績，莫非與此有關？

另一個是台灣節目，也是訓練嬰兒。台灣"有識"的父母，預測世界未來競爭劇烈，提前教育兒女。信不信由你，父母的好心竟然禍延三個月大的嬰兒，教他們數學；母親用一張中央畫了一個紅球的白紙拿到白紙給嬰兒看，再叫“一”，如此反覆直數到十，嬰兒是否學到，不得而知。不過有些嬰兒確實較早慧，女兒亦真八個月大，就會叫：爸爸、媽媽；其祖母向鄰居誇耀，還惹來疑問。筆者中正同學偉哥說他的長子三個月就會看電視，後來在《光啓》讀書，成績記錄，多年未被打破。

孫方中校長是香港名校《蘇浙小學》創校校長，教學經驗豐富，筆者非其誼子，但每次見面，她必熱情擁抱；曾多次和她深談教育問題。孫校長說小孩子的大腦，就像一張白紙，很容易著色（意思很容易接受知識），而且久不褪色，所以應該儘量“塡色”，至於應該灌輸什麼知識，老師們就該好好研究了。她還說十二歲前是學習語言的最好時機，家長、老師應儘量教導重要語言，不要害怕他們接受不了。他們幼年學到的語言，不但字正腔圓，而且牢牢記住，終身受用不淺。這點筆者是有親身經驗的，小時學到的廣東（省府）話，數十年後仍能朗朗上口，甚至台山話也能說得幾成，和海外粵僑認“鄉親”。孫校長說其大女兒周路聞師姐的女兒在歐洲出生，因爲環境和家教，精通中、英、法、德諸文，所以要用“塡鴨”方法，讓兒童多學。

某年筆者一時興起，教導女兒亦真背誦幾首唐詩，多年後她在餐館看到一幅毛筆字，竟朗誦起來：“松下問童子，言師採藥去，只在此山中，雲深不知處。”舉座皆驚，吾女非天才，孫校長理論正確而已。

（二〇一一年二月十七日原載世界日報《故事新說》專欄）

救救流失華生

筆者中正學長，亦即熱心公益、與人爲善的模範慈濟人蔡天乙來電話詢問：你是否看到今日登在各華文報的一篇文章《救救流失華生　給商總代大建言》？你知道作者張昭是誰嗎？筆者回答：是的，看到了，但不知張昭是誰。（註）

筆者數十年來在商場打滾，滿身銅臭，生活圈子其實極小，也不參加什麼文社或報界組織。最近應邀寫專欄，不計文采，但求實話實說，表明對某些議題看法，不敢說有什麼真知灼見，肺腑之言而已。

天乙學長表示十分贊同張昭文章內容，其要點如下：

中正學院董事長黃呈輝建議商總將“農村校舍”捐款撥出一部份，資助華生流失補助金。善行從自家做起，商總歷年來獻捐農村校舍數千座，金額達數十億。華文教育是華社根本，是伸手援助的時候了。

商總時任副理事長莊前進（現爲新屆理事長）建議：全菲有兩千餘個華人團體，只要各團體在就職慶典時，撥出善款一萬，充作華生流生補助金，資金問題立刻迎刃而解。這確實是輕而易舉的事，就待華社領袖以身作則。

筆者同意張昭君的看法：每年籌募一仟萬元，資助一千名學子，籌得非常辛苦，且杯水車薪，成不了氣候……筆者認爲較長遠的辦法，還是去年曾在本欄提出的建議，設立“週末華文班”。

方法極簡單，利用各華校現有課室，設週六、週日華文班，專授華文。學生每週上課六小時，以程度分班，達到應有水平，才能升級。採用中國的對外漢語教材，用外國人較容易接受的漢語拼音和簡體字。教師聘請退休或欲增加收入的華校教師。學生付出適量學雜費，不足之數，由商總等機構補齊，以求方案能長期生存。

漢字只要學得三千字，就可運用自如；參加週末華文班的學生相信是對華文較有興趣者，而且沒有學費等壓力，相信專心學習三年左右，必有小成。

（二〇一一年三月三十一日原載世界日報《故事新說》專欄）

註：原來是張燦昭學長。

窮小子出頭天

四月十二日菲國第一大報 INQUIRER 首版登了一則新聞：十九歲的 JOHN GABRIEL PELIAS 以一點〇一六的高分創下菲律濱國立大學戰後六十五年來最佳成績，以 SUMMA CUM LAUDE 最高榮譽畢業數學系。

首先筆者要糾正菲華人士的兩項錯誤說法和看法。華社社團版常有祝賀某某人以第一名 SUMMA CUM LAUDE 或第二名 MAGNA CUM LAUDE，或第三名 CUM LAUDE 畢業某某大學，得到某學位的新聞。用第一名來稱呼 SUMMA CUM LAUDE 是錯誤的，正確的說法應該是最高榮譽、第二等榮譽、第三等榮譽。大學不像小學、中學，沒有所謂第一、第二、第三名，而是以學生四年或五年所得平均分數來決定是否能夠得到榮譽。依菲大的標準，平均分數在一點二五以下獲 SUMMA CUM LAUDE，一點五以下獲 MAGNA，一點七五獲 CUM LAUDE，菲大以一分爲最高分，有些大學則以五分爲最高分，但原則一樣。有時全系數年沒有 SUMMA，但有數十名 CUM LAUDE。

第二是菲華人士認爲華人智商較高，數學遠勝菲人，事實未必如此。以前華校採取雙重學制，華生數學基礎較扎實，程度較一般菲人中學生爲高是事實。筆者中庸之才而已，但曾在菲老師在黑板寫完題目時，就說出正確答案，被菲同學誤會是“天才”，思之汗顏。

PELIAS 和祖母相依爲命，家中沒有固定入息，他靠獎學金完成學業，貧窮並未成爲他獲得好成績的障礙。年輕的他將在母校執教，回饋母校栽培，同時進修碩士課程。金子放在哪裡都會發亮，何況一顆光芒四射的寶石。

PELIAS 所修科目只有大一英文、菲文和一科數學未得滿分，他說他喜愛數學，因爲所有的數學問題，都只有一個答案：是就是，非就非，一就一，二就二。

PELIAS 取得好成績有一個秘訣，就是事先學習功課。寄語在學學子，數理等科目一定要課前自修，不明之處，老師講解時，就會恍然大悟，或者提問解惑。課後復習是本末倒置，浪費時間的！

（二〇一一年四月二十六日原載世界日報《故事新說》專欄）

菲大往事

菲律濱國立大學六十年代左傾思想彌漫，說是共產主義溫床也不爲過；師生們以左傾爲時尚，爲愛國象徵。當時參議長馬可斯在大選中擊敗在任總統馬加巴牙，聲望如日中天，政績尚可，也未露出獨裁者真面目。但菲大師生很早覺悟，指他是“美帝國主義走狗”，不時有遊行示威活動。

六十年代是國際共產主義運動最鼎盛時期，但分裂爲兩個陣營；蘇聯領導的“修正主義”派和中國的“毛派”。當然激進的“毛派”較獲世界各地知識分子擁護。CHE GUEVARA 在古巴革命成功後，放棄古巴第二高位，獻身南美洲革命，以身殉道，是青年人的偶像；而在中國發動“文化大革命”的毛澤東，更被視爲“神”。就在這種背景下，菲大文學院教授 SISON 轉入地下，組織了“毛派”菲律濱共產黨，並成立了游擊隊《新人民軍》。菲共選擇於十二月二十六日毛澤東生日成立，明確表示服膺毛澤東的思想。新人民軍領袖 COMMANDER DANTE 是菲國 CHE GUEVARA，青年們流傳著他不敗、不死、爲民除奸的神話。

當時僑社（華人尚未入菲籍）受台灣國民黨嚴厲控制，而菲國是美國馬前卒，國策反共。中國大陸被稱爲“鐵幕”，一切消息不是被封鎖，就是被歪曲，華僑對祖國情況如慕如渴。四月二十日《大廣場》李劍道君文章報導歌劇《東方紅》在菲大放映盛況，讓筆者想起一段往事。應該是一九六七年，數名菲大學生會職員經過特別安排（當時中菲沒邦交，兩國人民不能互訪）到中國訪問，獲贈一紀錄影片，內容是新中國人民如何熱火朝天，奮不顧身地建設國家的情況。學生會決定在音樂院演奏堂 ABELARDO HALL 公映該影片。筆者看到海報，感到華僑思鄉，一定對該影片興趣，不顧“爲共匪宣傳”之嫌，將公映消息登在《新閩日報》本島版，隔日《華僑商報》轉載。公映之夜，華僑男女老少結群而來，連續數晚擠滿菲大音樂廳，後來學生會安排在 CUBAO 區 NEW FRONTIER 電影院放映，盛況依然。

華僑觀眾們對影片從頭到尾，熱烈鼓掌歡呼，很多人臉上流滿水珠，也不知道是汗水還是淚水……

（二〇一一年四月二十八日原載世界日報《故事新說》專欄）

迷你裙和毛裝

菲律濱國立大學崇尚自由，六十年代在西方時尚潮流和毛澤東思想影響下，師生們有人迷惘徬徨，也有人義無返顧，獻身信仰。有提倡個人自由、精神解放、反傳統制度、觀念、習俗者；也有宣揚基督教博愛者；有主張科學經濟救國者；也有要反抗美國“帝國主義”，要徹底打倒地主制度、官僚制度 — 也就是要武力革命，推翻政府，建立無產階級專政者。

菲大學生不用穿校服，奇裝異服就不足爲奇了。六十年代，流行短裙，很多菲大女學生大膽前衛，裙子極爲“迷你”，似乎一點也不怕，不在乎“走光”。男裝就以“毛裝”最炫目，可惜不普遍，主要原因是價格不菲，而且長袖、緊領、厚布也不適合菲國炎熱天氣。毛裝其實就是“中山裝”。菲人極有時裝天份，中山裝有四個口袋，他們將上面兩個取消，加長衣身，令毛裝更像印度“尼赫魯”裝。

當時“嬉皮”HIPPIE 大行其道，他們留鬍子，留長髮，不修邊幅。（耶穌、CHE GUEVARA 不都是這樣嗎？）他們憤世嫉俗、崇尚自然、吸大麻、反傳統、反戰爭；他們尋求人與人和平、平等、親愛相處，以至性開放。

六十年代越戰打得如火如荼，美國青年物質豐富，但精神空虛，嬉皮們創作了一齣歌劇《毛髮》（HAIR）風靡歐美各地。菲國一切模仿美國，豈會錯過此劇，何況菲人天生有歌舞才藝。結果毛髮有一幕男女演員全裸奔跑，有些地方這幕被刪除，菲大則照演不誤，學校當局也不干涉。外界有批評聲音，認爲有傷風化，菲大以“學術自由”自辯，外界也無可奈何。

憑良心說，毛髮反越戰，宣揚和平，並沒有給人褻瀆色情感覺（也許美麗的女主角沒有參加裸奔令部份男觀眾失望）。《毛髮》有很多歌曲十分悅耳，尤其是《GOOD MORNING STARSHINE》（晨星閃亮）一首，旋律優美，歌詞清新，至今流行不衰，尚有電台在播送。

被世人誤解的嬉皮士消逝了，代之的 YUPIES，講究享樂，爲人羨慕，孰是孰非？

（二〇一一年五月三日原載世界日報《故事新說》專欄）

胡床非床

菲大文理學院有一科三學分的選修課《亞洲研究》，主要內容是中國和印度文明。選修學生不多，我們一班只有十幾個來自不同系的學生，華生只有兩個。講師也不很高明，至少像筆者這種有些少中國文化常識者，會覺得中國部份相當膚淺。

某日女講師說中文是象形文字，在黑板寫了大大的一字“SUN”，然後說：“陳先生，請你寫它的漢字。”畢業《光啓》的陳同學很“天桃”（註），向筆者眨眨眼，寫了“太陽”兩字。“SUN”譯爲“太陽”就是叫外文系中文教授許其田來評論，也不能說錯誤，但令講師一時講不下去。筆者看到她的窘態，“卑鄙”地出賣陳同學，自告奮勇，在黑板寫了“日”，並故意將它寫得圓圓的，女講師吐了一口氣，趕快自己寫月、明、旦等字。

下課後，眼睛大、身材好、衣服美的R同學在地下室餐廳遇到筆者，露出整齊潔白的牙齒：“蔡先生，我可以坐下嗎？能不能爲我講一首中國詩？”筆者受寵若驚，整整齊齊用漢字寫了李白的“床前明月光，疑是地上霜；舉頭望明月，低頭思故鄉。”指出唐詩和英詩一樣講究“聲韻”和“音調”（平仄），而且還有英詩做不到的整齊美。她聽得津津有味，但小妮子很聰慧，立刻提了一個問題“詩人的床露天？怎麼一舉頭就看到月亮？”筆者一時語塞，很牽強地回答：“也許他的床靠近窗口。”

李白名詩不合邏輯的疑問在筆者心中藏了數十年，某日聽了中央電視台的《百家講壇》才恍然明白。原來詩中的“床”是指“胡床”，而胡床不是睡覺用的床，而是從西域引進的一種傢俱 — 可以折疊掛在馬背的小“椅子”。李白的另一首長詩《長干行》：“郎騎竹馬來，繞床弄青梅”，床也是指椅子，“繞床”才說得通。

筆者沒有再見到美麗的R同學，她和很多同學一樣，從校園消失，據說上山打遊擊了。

當時有一位年青的數學講師放棄大好前程，參加《新人民軍》，不久傳來他為革命犧牲的消息，菲大學生為他舉行了追悼會。是什麼信念讓他們如飛蛾撲火？

（二〇一一年五月五日原載世界日報《故事新說》專欄）

註：閩南語，淘氣。

核子反應堆

最近日本大地震引起福島核輻射，鬧得人心惶惶，談核變色；世人對核子發電廠重新評估，將它看成惡魔。菲律濱 BATAAN 建有核子發電廠，那是馬科斯總統執政期間委託美國《西屋》公司建設的，但因為經手者剋扣太大，許莉總統擔心它的安全性，沒有營運，寧願忍受停電痛苦，白白付出龐大利息和本金三十年。最近菲國電力又鬧不足，有人提議重新啓用該核子發電廠，以解決電荒和降低電費。現在發生福島事件，BATAAN 核子發電廠可能要永遠被廢置了。

菲律濱常說六十年代她執東南亞經濟科技牛耳，確實不是吹噓。菲國當時在美國協助下，建立了東南亞第一座核子反應堆（NUCLEAR REATOR）。它很奇特突出，是一座雞蛋形白色建築物，位於菲大前右方，很遠就能看到，只是一般人不知道它是什麼東西。

菲大理學院曾經安排大一新生參觀該尖端科技產物，筆者也在其中，仔細聆聽介紹。菲核子反應堆應該是菲原子能委員會管轄的，理論上它是可以製造原子彈的。只要有原料，有經費，反應堆可以提煉鈾 235。鈾 235 核子可分裂，是核子電廠和原子彈原料，只是鈾價遠比金爲貴，數噸重的原子彈，需要多少資金，可以想像。菲國沒有製造原子彈的野心和需要，因此核子反應堆只是用來做研究和製造重金屬“同位素”供醫學和農工業使用。

很多人誤會核子發電廠會爆炸，其實它沒有引爆裝置，是絕對不會像原子彈爆炸，但如果冷卻系統出問題，反應堆未能降溫，就像福島核子電廠，保護層被融掉，洩漏核輻射，就會導致不可收拾災禍。福島核子發電廠老舊過時，新核電廠有多套防變設施，是相當安全可靠的。

現時代石油價格高昂，煤炭對環保污染嚴重，核子能發電仍然是最“乾淨”、便宜、有效發電方法。BATAAN 核子發電廠建在高地上，只要加強安全措施，是菲國民間和工業、商業發展不可或缺的。

（二〇一一年五月十日原載世界日報《故事新說》專欄）

微型小說

現代人生活緊張，缺少時間，沒耐心閱讀長篇小說；所謂“微型小說”，即字數極少的小說，應運而生。據說某次微型小說比賽，一篇得獎作品只有一句，共十二字：“昨天爸爸死了，今天媽媽嫁了。”仔細分析，這“篇”小說還真深藏玄機。媽媽再婚，證明爸爸歲不大，他是怎麼死亡的？自殺？他殺？病故？媽媽在丈夫死亡後立刻有再嫁對象，有第三者“姦夫”的可能性極大，姦夫又是何方神聖？失怙孩子下場如何，處處引人深思，確實是篇極佳“懸疑小說”！

有人說微型小說古即有之，那就是中外都有的各種笑話。笑話有人物、有情節、有背景、有高潮，麻雀雖小，五臟俱全，說是小說，誰曰不宜？

筆者愛好文學，曾是“文藝青年”，嘗試過各種文學寫作。個人認爲，最難寫的，就是新詩和笑話，因爲它們需要文字功力，更要有新意，若沒有過人的想像力，創新力，難以寫出好作品。下面兩則笑話，是筆者最喜愛的。

一位佛教徒朋友說了一則很有禪意的笑話：兩個花花公子一起到大商場獵豔，但見兩個衣著性感，貌美如花的少婦，笑著向他們走來。花花公子甲很驕傲地說：“這兩名美女，一個是我的妻子，一個是我的情婦。”花花公子乙說：“真巧，她們也是一個是我的妻子，一個是我的情婦！”

牧師黃艾登兄弟十分幽默，常常有極好笑的故事：有一個壯年人因車禍失去整條右臂，也因此失去了工作，生活起居十分不便，沮喪之下，決定跳樓自殺。他在高樓陽台正要躍下時，看到行人道有一個人雖然失去左右雙臂，但十分快樂，載歌載舞，上下跳躍。獨臂人極受感動，打消尋死念頭，並跑下樓向無臂人道謝。無臂人說：“不用致謝，我的屁眼癢得要命，好不好用你完好的左手，幫我騷一騷？”

筆者也有兩個自創黃色段子，爲君解頤：男女談戀愛時，步步相隨，可用“比”字形容。婚後意見常常相左，可用“北”字形容。新婚時蜜裡加油，當然“由”了。年青和年老夫婦的性關係，可用小寫“i”和大寫“Q”來比喻。你不明白？你的 IQ 沒問題，只是太純情而已。

（二〇一一年八月二十三日原載世界日報《故事新說》專欄）

買書樂趣

筆者每次陪妻女逛商場，必定往 NATIONAL BOOK STORE 鑽，以消磨漫長的時光，當然很少空手出來。訪中國大陸、香港、台灣，更是大本小本，恨不得把所喜愛的書都買下帶回家。妻子常問：看得完嗎？筆者一向拒絕回答愚蠢問題，當然看不完！但也不敢問她爲什麼要買新衣，穿得了嗎？有時往香港還冒著"禮多必詐"質問，買時裝來討好她。人的精神時間有限，筆者又有多方面興趣、工作和煩惱；有些書第一次見面是買它的時候，第二次，往往也是最後一次，是把它放入書箱"珍藏"時。

筆者旅遊中國很愛觸摸古物，認爲那是和古人握手問好，看書則是和作者精神交流。買書，擁有它，彷彿是把作者，不管是古人或名人，請到身旁談心，有時看到好書，到最後數頁，常常依依不捨，捨不得看完，要和作者道別。

筆者有很多愉快的買書經驗，二、三十年前常到台北"書店街"重慶南路買書。主管店務者大都是店主本人，那時電腦尙未流行，但他們記憶極佳，有問必答，有時還會差人到別店代買所詢書籍；書買多了，不用開口，自動給你打個八折。數年前在現代化、龐大的上海書城買書亦得到極殷勤的服務。筆者推著放了不少書籍的車子搭升降機，一位女店員看到一本畫冊封面有點殘舊，問道："你要買嗎？爲什麼不拿本新的？""書架上只剩下這本"，"我幫你換本新的。"她說到做到，當知道筆者來自國外，還熱心代辦郵寄，解決攜帶難題。

最不愉快，二十年了還“記恨”，是和銓姐等蘇浙校友到西安新華書店買書。書店不是開放式，書籍都放在櫃裡，店員小姐或聊天，或低頭閱讀，對筆者不理不睬。銓姐看不過眼，指著牆上口號 —— “爲人民服務”責問：“你們是什麼服務態度？”

筆者習慣《天地》、《商務》書籍任人翻閱，對香港“樓上”書店深惡痛絕，只因它們太小氣。書籍都用透明塑膠紙包得密密實實，雖然有打折優待，也是不屑光顧。買書的樂趣，不是東看看，西翻翻嗎？他們不懂 DON'T JUDGE A BOOK BY IT'S COVER 的道理？

（二〇一〇年八月十二日原載世界日報《故事新說》專欄）

優劣的譯名

曾經在大陸報章看到一個名詞：菲國中部城市《一樓一樓》。一樓一樓？筆者一愣，繼而大笑，將 ILOILO 音譯爲“一樓一樓”，音調鏗鏘，可惜譯者不知她早有一個流通百年的譯名：怡朗。菲國以前椰子油出產世界第一，蔗糖亦數一數二，怡朗是出口港口，十分著名。

十九世紀，西風東漸，中國知識分子盡力引進西方文明，對翻譯十分用心，要求“信、達、雅”；翻譯名詞往往有音意俱佳的傑作。一些國家的譯名，如美國、英國、法國、瑞士、瑞典、丹麥、意大利等等，可圈可點。當然也有劣作，如西班牙、葡萄牙，如換成“西賓”、“普求雅”，會較優雅。更有譯者故弄玄虛，如 SUEZ 運河，不譯蘇“易”士或其他同音字，偏偏要用

“彝”字筆劃那麼繁複的僻字。

六十年代，菲國僑校中學六年，採用台灣《正中》書局出版的教科書。高三有外國地理一科，讓同學們頭疼不已。以阿根廷爲例，ARGENTINA 的“阿”譯 AR 不錯，用“根”GEN 不妥，用“庭”譯 TINA 少了一個音節。其首都 BUENOS AIRES 音譯成冗長的“布恩諾士艾利士”令同學們欲哭無淚，百思不解：爲什麼不意譯爲“好空氣”城，就像非洲“好望角”一樣？僑生們都有英文基礎，並略懂西班牙文，筆者身爲班長，受同學所託，向史淦生師建議國名、地名用外文原名。史師拒絕，說出一番道理：“一定要用通用中文翻譯，不然怎能和國內同胞交流？”

中國開放後，很多地方的招牌、店名等流行中英對照，有些實在太搞笑，令人啼笑皆非。識者答問：一些“領導”不懂裝懂，通過字典“硬譯”，有些屬下明知錯誤，爲保飯碗，不敢指正。

菲中交往已數百年，菲國華報亦有百年歷史，一些地名已經有固定譯名，如：呂宋、宿務、納卯、怡朗、碧瑤、巴拉灣、三寶顏等等。筆者在此指出，用美國腔念 BAGUIO，再用廣東話念碧瑤，你就會了解翻譯前輩是何等的高明！至於《三寶顏》譯名被國內“學者”作爲三寶太監鄭和到菲律濱的證據，那就令人……

（二〇一一年五月二十六日原載世界日報《故事新說》專欄）

錯劣譯名

一月三日閱報，在《小廣場》看到書欣兄大作《假如金正恩不是太子爺》，不禁拍案大叫："痛快！"書欣兄在眾多歌功頌德聲中質疑：金正恩何德何能當得起朝鮮"偉大"、"最高"領導人？難道朝鮮二千餘萬人，只有他一個天才？"下流"獨裁者金正日死亡後，朝鮮民眾呼天搶地，慟號大哭，如喪考妣，筆者絕不懷疑他們感情真摯，善良的百姓，不會作僞。那是朝鮮"造神"成功，令人更加可憐生活在封閉社會中，無知的老百姓。"三太子"金正恩登基，朝鮮開始發動造神宣傳。他雖然不似乃父挺著大肚子，面目可憎，但也不像乃祖英偉軒昂，臃腫癡肥完全是乳臭未乾的模樣。宣傳說他是神童：三歲就能拿長槍射擊，留學瑞士兩年，學會七國語言……哈！哈！哈！筆者年青時何只懂得十種語言，當然只是爲了好玩學來的"我愛你"和"謝謝"兩句。韓文和中文一樣，一音多字，因爲是拼音文字，常常令人難於適從，所以韓人名片不得不乖乖地使用漢字，以免張三變李四。韓文"恩""銀"同音，將來將"永遠正確"的金正恩就曾被錯誤譯爲金正銀。

同日《小廣場》也刊登了《公主港自由行》一文，作者是林英輝。林英輝是筆者蘇浙和中正雙重校友，文筆流暢，內容不俗。他說 PALAWAN 菲華譯爲"巴拉灣"，大陸則依普通話音譯爲"巴拉望"。以前旅遊中國大陸有一項免費娛樂節目，就是觀看一些十分搞笑的招牌英譯，讓不懂中文的外國人一頭霧水。中國某些官方新聞也極沒文采，開頭一律八股式："以某某爲首，某某爲副的……"；一些外國名詞也不肯用心研究翻譯，教人不敢恭維。"巴拉望"就是一例，"望"音"旺"、"忘"，漢語拼音是 WANG 第四聲，和 WAN 第一聲"灣"相去十萬八千里，何況有 TAIWAN 台灣這個著名例子可參考！

大陸一些所謂學者的學養也令人懷疑，中國近代史最出名的人物之一 CHIANG KAI SHEK（蔣介石）竟慘遭某“歷史家”譯成“程凱誠”（記不清楚，大約如此，總而言之，沒譯爲蔣介石）出書，責任編輯也沒覺察，如此草率學術態度，真令人哭笑不得。

（二〇一二年一月十日原載世界日報《故事新說》專欄）

大師逝世

五月二十三日菲國文星隕落，“國家文學藝人” ALEJANDRO ROCES 逝世，享年八十六歲。羅細斯出身菲國名門，馬加巴牙總統執政時，出任教育部長。馬加巴牙出身貧窮家庭，苦學成功，靠個人努力登上總統寶座，是首位平民總統。他執政期間，政局穩定，《虎克黨》（舊共產黨）活動只局限中呂宋一帶，南部回教徒亦相對平靜；菲國是 PHILMALINDO（菲馬印聯盟）的老大哥。

羅細斯擔任教育部長時，學校以英文爲教學媒介，教科書一律採用美國版本。他任內有兩件事令人難忘：他將菲律濱國慶日從七月四日菲國脫離美國獨立（與美國國慶同日）換到六月十二日 AGUINALDO 革命政府宣佈獨立於西班牙統治的日子，讓民族主義者得到精神勝利。羅細斯也嘗試將學校的暑假從四五月換到雨季的七八月，以免學校常常因颱風停課，學生要冒雨上學十分不便。但實施兩年後，恢復原來的日子，原因四五月天氣酷熱，實在不是讀書天，更重要的是夏季是收成季節，農村學生常要下田幫忙。

羅細斯最大的成就在於文學方面，曾出版“OF COCKS

AND KITE”（關於公雞和風箏）和“FIESTA”（迎神賽會）等短篇小說集，行文淺白，節奏明快，充滿幽默感，是了解菲律濱民族性格和習俗的好讀物。施穎洲和施約翰父子曾翻譯前者爲中文《鬥雞的故事》，譯筆流暢，沒有“翻譯味”，極具可讀性。

軍統前菲國文壇人材輩出，比之羅細斯，NICK JOAQUIN更出名更有成就。菲華文壇亦百花齊放，熱鬧非凡；現代詩、散文、小說都有不凡表現。

吳學長是菲華資深報人，畢業台灣師範大學，中文底子極好。他曾忿忿不平地向筆者說：一些新僑“文人”不知天高地厚，大言不慚批評菲華是“文化沙漠”，他們將文化局限於文學。吳學長說菲華臥虎藏龍，在文學創作、電影、翻譯、音樂、繪畫有極大的成就，以人口比例來說，成績遠勝香港、台灣、大陸，是水草豐盛的綠洲。

（二〇一一年五月三十一日原載世界日報《故事新說》專欄）

香港精神

何謂香港精神？“潮州音樂” ── “自己顧自己”是也。由它衍生的是“獨善其身”，是“自力更生”、“自我奮鬥”、“自律守法”。

校友港哥曾在香港北角某大廈購置一單位，供家人渡假之用。他說數年中左鄰右舍大家關門閉戶，互不往來，互不相識；但公共地方十分整潔，沒人有違犯公德行爲。

一月我們訪港時曾到一蔡姓歸僑經營的俱樂部打麻將。據蔡先生說，來俱樂部打一兩百元“一底”小麻將者，大都是工餘的閩籍老人，他們寧願做大廈看更，也要維持尊嚴，不去領政府綜援（救濟金）。當然他們也玩玩小額股票，投注賽馬，做著發財夢。

港哥在時代廣場大廈十二樓《小南國》宴請諸校友，席間煙癮大發，詢問侍應，何處可以吸煙？侍者回答：搭電梯下樓，到街道露天地方，不然要被罰巨款！幸好有一位女侍者是“內地人”（閩南籍人士自稱），善心大發，將港哥帶到廚房，讓他在那裡解癮。可憐的癮君子，他回來時，一條足兩斤重的鮮美鱖魚，已快見骨了。記得我們旅遊“吸煙大國”時，在一些大城市的大酒樓，有人就在“請勿吸煙”的牌子下，吞雲吐霧，彷無旁人，怡然自得。法律尊嚴何在？莫非“禮義之邦”只講人情，不要法律？

十餘年前，彬哥熱衷“跳社會”，是個不大不小“僑領”，當中國國家主席江澤民訪問菲國時，曾和江主席合影。他到中國辦事，將該照片帶上“防身”，想不到真的派上用場。話說他坐汽車在某高速公路行駛時，車子後面忽然被撞，雙方車子損傷並不大，但對方是地頭蟲，惡人先告狀，招來公安，獅子大開口，要求沒犯錯的彬哥賠償。彬哥司機乃“醒目”之人，拿著彬哥和江主席合照的像片向公安說：我車上的客人，是外國貴賓，如果延誤他的行程，後果由你負責！該公安態度立變，向彬哥行個敬禮，向司機說：你們可以走了，還有你們有什麼要求，交給我辦理好了。

當時，如果你拿著和香港特首董建華（他的孫子在蘇浙小學上學，常到蘇浙探訪）的合照，要在香港擺平事情，不罵爲“黏線”才怪！

（二〇一〇年三月十六日原載世界日報《故事新說》專欄）

自由香港

上世紀五十、六十、七十年代，中國大陸共產黨執政，大搞“三反五反”、“大躍進”、“文化大革命”，被稱爲“紅色中國”。台灣由國民黨執政，自稱“自由中國”。蔣氏父子以高壓手段統治台灣，街道餐廳等公共場所，貼滿“提防匪諜”、“莫談國是”等標語，令人不寒而慄，全省彌漫白色恐怖氣氛。敢言的知識分子雷震、柏楊、李敖 —— 被捕下獄。“四人幫”橫行的大陸呢？“國家主席”變成叛徒工賊；知名作家《老舍》等只好“自絕於人民”，自殺避辱。

當時只有香港“居民”（不是英國，也不是中國公民）才享有言論上和衣、食、住、行，各方面的自由。只要你不罵英女王，你可以在《大公報》罵“蔣總統”爲賊，在《香港時報》罵“毛主席”爲匪。說“衣”，大陸是清一色男女不分的灰與藍，台灣是老氣的白襯衫和土氣的花裙子。“食”？大陸的肥豬肉遠貴於瘦豬肉說明一切；台灣要喝瓶可口可樂，請到賣入口貨的“委託行”。“住”倒是香港的弱項，維多利亞公園對面，《虎豹別墅》後面，都是違建、沒水、沒電的小木屋。“行”，大陸要從本省一個城市到另一個城市也要申請所謂的“路條”。台灣人要出國，機會幾近零，女人倒有一條離境捷徑－嫁給外國人。

香港回歸後“馬照跑，舞照跳”，政府深得港英統治手腕，了解“防人之口如防川”，言論集會自由比前更大，報章甚至出現“起義”字眼，也容忍“長毛”等政客抬“紙棺”遊行，嘩眾取寵。香港"地鐵"四通八達，讓人有不受塞車自由。香港是美食天堂，有錢你可以吃數千元一客的"阿一鮑魚"，沒錢街邊十餘元一碗的"碗仔翅"也一樣好味！

最飽男士眼福的是香港女人的衣著，新潮前衛，五彩繽紛。我們這次訪港就在時代廣場同時看到活潑少艾穿著超短熱褲搖曳生姿，美豔少婦穿著禦寒皮草顧盼自得。

二十餘年前，瓊姐風華正茂，有一日她在岷市華人銀行區穿著當時香港流行、價值不菲、瀟灑無比的"乞丐裝""遊街"，結果行人個個側目而視，讓她感覺自己穿的是"皇帝的新衣"，急急回家換衣。

（二〇一〇年三月十八日原載世界日報《故事新說》專欄）

訪港雜感

香港是一個不民主但自由的地區，政府清廉有效率。我們蘇浙校友都在香港度過一個愉快的童年，對她有一份特別的感情；又長期居住在菲國，對香港政府的效率和"廉政公署"的大公無私，不畏權勢，更是特別欣賞。

筆者常常津津樂道一則親身經歷：話說廿餘年前和內子到赤柱市場購買衣服，該市場出售略有瑕疵，但價錢便宜的名牌衣服。市場附近有一段路面有些少缺憾，但見一隊修路車輛駛來，第一輛挖開路面，第二輛載走柏油塊，第三輛填上新柏油，第四輛是壓路車，來回壓實路面。我們"血拼"完畢，道路也已修好了。

香港機場處理入境旅客的快捷也是眾口稱譽的，但我們這次訪港卻遇到例外。也許我們抵境時，下午一點是機場人員用餐時間，十個櫃台，包括外交人員和常客通道，只有三人負責，我們花了將近一小時才過關。港哥很不平，抱怨說：“說什麼有效率，讓旅客大排長龍，應該投訴！”老實說，回歸前，香港機場移民局人員對持菲國護照者是很歧視的，把我們視爲尋找工作勞工或賣淫妓女，常常要求“SHOW MONEY”，略有姿色年青婦女常被帶到“密室”盤問，答問稍有不妥，立刻原機遣回。筆者有應付之道：穿名牌衣服，用戴著名牌手錶的左手遞上護照，用國語回答“你住幾日？”的英語問題，一者表示自己是華人，二者讓不會說國語的官員收斂氣焰。

香港政府最睿智的做法是允許《法輪功》成員在人潮最旺的尖沙咀火車站和銅鑼灣崇光百貨公司門口安放幼稚迷信宣傳大字報，讓他們免費替政府宣傳香港是一個有新聞、宗教、集會自由的地方。

香港有一個很不好的風氣，公私機構，一般人年過六十就退休。當知一個人六十歲是思想最成熟，人生經驗最豐富，精神健康尙好的年齡，退休實在是浪費人材資源。蘇貞麗校友夫婦均是名牌大學博士，她心平氣和地說，我們不退，下一代升不上來。後浪推前浪，理所當然，但讓優秀前浪過早消逝，太可惜了！

（二〇一一年七月十四日原載世界日報《故事新說》專欄）

再見台灣

當飛機慢慢降低高度，從窗口向下望，但見大地是一片生機勃勃的綠色，好像一塊晶瑩溫潤的翡翠，筆者知道自己又再看見美麗寶島台灣了。

機場播音機傳出的是甜美的英語、音正腔圓的“正宗”國語、親切的閩南話，柔和悅耳。行李領取處所顯示的航機出發城市，竟然大部份是大陸城市，遠至長沙、武漢等，讓你好像置身大陸國內機場；不像以前抵境旅客，不是身材矮小，但滿面傲氣的日本人，就是碧眼金髮的西方人士。

因爲獻哥、彬哥和筆者乘搭的是以服務優良見稱的長榮航空公司，又持商務票，所以抵境、過移民局、領行李只花二十分鐘，就搭上前來迎接我們的汽車。桃園到台北以前走高速公路只要幾十分鐘，但路上車子實在太多了，高速變慢速，短短幾十公里，竟走了將近兩小時，也許這是經濟富裕所要付出的代價。

台北市內“捷運”（輕鐵）通車了，立交橋多了，主要街道又擴寬爲八車道，路面平整，所以交通反而順暢。許多台北市民抱怨馬英九、郝龍斌施政不符理想，但倒羡煞我們這些外地訪客。

筆者一爲乘坐高速火車“高鐵”，二爲探訪朋友，特別搭它獨自到台南市。高鐵從台北市出發，經板橋、桃園、新竹、台中、嘉義，大約一小時二十分就抵達台南。台南車站指示牌很清楚，筆者自以爲聰明，急急走向計程車候車處，但見一串長長的空車，搭車者只有自己一人，隱隱感到不妥。果然從車站到不算遠的“安平工業區”，車資竟達五百餘台幣，令人心疼。回程筆者向人詢問乘搭公車方法、地點，結果在店員小姐指點下，走了約三百公尺，轉了一個街角就搭上《高鐵》免費巴士到車站，雖然訪友不遇，也心中大樂。

台灣計程車車資偏高，一上車就要七十台幣，但車子都是豐田牌高級的 CAMRY。最重要的是司機素質不錯，或健談，或有禮，所聽電台不是音樂就是新聞，不像以前聽的都是內容亂七八糟的地下電台，開車橫衝直撞！

（二〇一〇年三月三十日原載世界日報《故事新說》專欄）

故宮博物院

這裡所指的博物院是位於台北市郊，建築恢宏美觀，收藏六十餘萬件稀世文物，號稱世界四大博物館之一的《故宮博物院》。

"國府"退居台灣之前，"老蔣總統"命令杭立武將抗戰時從北京遷往重慶的中國珍貴國寶運到台灣。杭氏是一個學者型的政治人物，形象不錯，據說他有一位改姓"金"的兒子涉及陳水扁貪瀆案，不知實情如何。杭氏曾於上世紀六十年代初擔任"中華民國"駐菲律濱"特命全權大使"，口碑不錯。筆者當年是《中正中學》的"傑出"學生，曾和他有一面之緣。

筆者這次訪台，雖然行程緊湊，仍然不放棄兩項"賞心樂事"：就是訪《故宮博物院》和逛《重慶南路》書店街，重溫舊夢。

和別的旅遊景點一樣，博物館也擠滿了大陸遊客。大陸遊客腰間多金，紀念品以"批發"數量購買，但品味似乎不高，買的大部份都是塑膠製品"翠玉白菜"（據說它們還是大陸製造的）。筆者以前曾買了一套裝在錦盒，製作精美，古香古色，依比例縮小的"商周青銅名鼎"，後因搬家遺失，這次欲再補購，竟遍尋不到。

幸好是在“自己人”的地方，有些大陸同胞的行徑實在有失觀瞻，如盤腿坐在椅上（漢唐古風？）在禁止拍照的地方拍照，勞動管理員不停地勸告：“請不要拍照……請不要拍照”。信不信由你，有一對情侶還躲在黑暗角落接吻！

人氣最旺的，當然是編號第三三三櫥，是的，它的陳列品就是大名鼎鼎的“翠玉白菜”和“東坡肉”。前者巧奪天工，不愧是國寶，但後者只是一塊未經加工、天然的石頭而已，毫無文化價值，擺在中華最高文明殿堂，高抬了它。

杭立武先生費盡苦心，將數十萬件國寶安全運到台灣，讓這些無價的佛像沒有被紅衛兵破除迷信打爛、商周青銅器被當作廢金屬熔掉，王曦之、唐伯虎等人的字畫被“破舊立新”燒掉，真是文物救星，功在中華民族！

（二○一○年四月一日原載世界日報《故事新說》專欄）

情繫台北

上世紀六十年代初，台灣形容大陸爲“哀鴻遍野”，雖然那是政治宣傳，但確也不是全無根據。這裡筆者插入一段題外話：本報小說版目前正在連載一部馮德英著的《晴朗的天空》，馮著文筆優美流暢，故事平實，哀而不怨，引人入勝，充分反映出五十年代尾，大陸“大躍進”、“人民公社”的悲慘情況，前車之鑑，讀者萬勿錯過。

台灣方面，雖然官老爺無事不管，連《三年》、《今天不回家》等流行歌曲也被指爲靡靡之音，敗壞人心而被禁唱。報館只有寥寥數間，並被限制張數（好像只有兩大張）。報社爲了充實內容，只好拼命把字體縮小，說爲“蟻頭”小字也不爲過，和大陸官報字體“西瓜那麼大”，相映成趣。但文化出版業蓬勃，百花齊放，名家輩出卻也是不爭的事實。李敖主編，POCKET BOOK 式《文星叢書》更是筆者至愛。相信當時菲華文藝愛好者都是吃台灣《皇冠》等雜誌的奶水長大的。

筆者在《中正》高中畢業後十分嚮往寫出《傳統下的獨白》的青年偶像李敖的母校 —— 《台灣大學》。當年筆者“小時了了”甚得師長疼愛器重，請求中正保送台大就讀第一志願中文系應該是無問題的。無奈父親以“女怕嫁錯郎，男怕入錯行”大道理打破筆者美夢。如今每次經過台北台大，遠望《傅園》內心尚隱隱作痛，惆悵不已……

是時台灣正在“臥薪嘗膽”，經濟尚未起飛，台北《統一》、《華國》、《中央》等所謂“觀光飯店”和《華僑銀行》都是菲律濱華人主有。菲華男士從十六歲到六十歲，都是“美如水”的寶島姑娘口中的“大哥”，夢中的“白馬王子”。“國府”“一朝被蛇咬，十年怕草蠅”。記取濫印鈔票“金元券”慘痛歷史，嚴控鈔票發行量，台幣票額最大只有十元，也就是菲幣一元，所以菲國華僑出門都插滿一束束的鈔票，走路也生風，當然也結了不少難忘“情緣”。

風水輪流轉，現在菲人在台灣人的眼中是“菲傭”、“菲勞”，是“窮光蛋”。小兒永寧去年在百貨公司要買《KOBE》球鞋，當售貨小姐知道他來自菲律濱就愛理不理，後來他以“假澳洲”華僑受到殷勤服務。筆者記取教訓，每被問客從何處來，都睜著眼睛說瞎話：“阮”是新加坡人！

（二〇一〇年四月六日原載世界日報《故事新說》專欄）

男人樂園

中國周恩來總理有一則流傳很廣的軼事：有一位西方記者詢問周總理，“中國可有娼妓？”周總理很肯定地說：“有！”記者大出意料：“哪裡有？哪裡有？”在中國台灣省。”這則故事充分表現了周總理的睿智、機智和幽默。當時大陸“哀鴻遍野”，而台灣則“流鶯處處”。入夜，台北市有一奇景，就是摩托車載著“應召女郎”滿街穿梭，繁忙超過日間郵件“限時專送”，的確是“娼業昌盛”。

上世紀六、七十年代，“國府”爲了照顧六十萬大軍的“性”福，軍營設有“軍中樂園”，內有沒名沒姓，只有號碼的“慰安婦”。而民間則有合法，必須納稅的“公娼”。公娼分甲、乙、丙三級，“春風一度”代價，全世界最便宜。“公價”台幣五十、三十、二十，童叟無欺。根據李敖統計，斯時台灣全省人口約二千萬，從事“性”業的全職或兼職婦女將近五十萬，幾近成年女性（十八歲到五十八歲）十分之一，佔人口比例不謂不高。筆者不是社會學家，對此略加分析，看法是：一，當時台灣經濟尚未起飛，維生艱難。二，長期受到日本統治，社會“笑貧不笑娼”，女子爲家庭犧牲貞操是高尙行爲。三，“養女”制度：讓“買來”或“交換來”的女兒操賤業不心疼。四，社會單身漢太多，有娶不起老婆的大兵，也有家眷在大陸的“外省人”。五，日本經濟復甦，視前殖民地爲男人樂園，“買春”團大批湧到。筆者親身“聽來”的經歷，台灣風塵小姐溫柔如水，肯“虛情假意”個個是心理學家，懂得在適當的時機適當地撒嬌，賣弄風情，讓人神魂顛倒……

我們的地主“陳董”在我們抵境當晚就請我們“三狼”到酒家消遣。現時酒家和以前不同，沒有小樂隊，代之“卡拉OK”，消費奇高。（唉，人家發達，我們貨幣貶値。）其實，獻哥、彬哥、筆者都是”披著狼皮的羔羊”，會吠不咬人，當主人詢問是否要能“出街”的酒女，我們均一口拒絕，“好心有好報”，純粹陪酒陪喝的小姐，個個青春貌美，身材高挑，身著黑色長裙，儀態萬千。她們談吐也不俗，和以前不同，再沒有可憐身世，要爲家人還債或籌醫藥費，而是將陪酒當作一個高收入又工作輕鬆的“正當職業”！

（二〇一〇年四月八日原載世界日報《故事新說》專欄）

台灣再見

台灣的旅遊賣點之一，是她的美食，特別是富有地方特色的各種小食，不是筆者挑剔，認爲大部份平平無奇，名過其實。大街小巷，到處可吃到的“牛肉麵”倒是名不虛傳，一般來說都“湯底”不錯，麵身“彈牙”，份量不少，十餘年來保持一百元台幣一碗，可謂相當“抵食”。台南《度小月》擔擔麵，好是好，但“小”就是“小”，相對來說，就稍貴了。《鼎泰豐》小籠包號稱天下第一，但獻哥、彬哥中午時分去光顧，竟要等候一小時，這種代價，是筆者絕不肯付出的。“蠔仔煎”，一看蠔仔大隻，又不見韮菜，就知道“好味有限”，”棺材板”不過是中式“三文治”而已，巧立名目，一直予以抗拒。最令人失望的是《永和》豆漿，淡薄寡味，虧它還敢稱“大王”打入大陸市場，實在枉費爲它放棄飯店免費自助早餐。筆者好甜品，印象中台北“蘇州糕點”無論外觀、味道、口感均勝原產地蘇州，因爲時間關係，也未能光顧《黑橋》食品，很可惜，也許”相見不如懷念”。

內子每晚必看《民視》電視連續劇《夜市人生》，筆者譏笑它侮辱觀眾智慧，幾乎和她反目。但我們此行卻兩訪“夜市”，一次到《士林夜市》，一次到《寧夏街夜市》，前者萬頭攢動，擠滿大陸遊客，後者範圍較小，但很整齊清潔。我們人看人，人擠人，爲的是要享受”夜市”那種昇平、歡樂、自在、休閒氣氛。

中國人一般較爲靦腆內向，只肯和相識的人打招呼，展笑容。很高興看到台灣一般民眾素質比以前提高不少，很少“大老粗”，尤其是在學學子，口舌甚甜，“謝謝”二字不時掛在口上。筆者兩次看到小孩子下車時，自動向巴士司機道謝：“叔叔你累了，謝謝”，“叔叔謝謝，叔叔再見”，心中彷彿有道暖流流過，他們長大時，台灣肯定是一個真正的“禮儀之邦”。

各地機場的移民局官員一般都很嚴肅，香港是公事公辦模樣，大陸更擺出“晚娘面孔”，這次筆者走運在桃園機場出境時，一位女移民局官員竟滿面笑容，用英語說：“HAPPY TRIP, COME AGAIN”，筆者受寵若驚，用國語回答：“謝謝！”心中暗許：“是的，台灣再見，我一定會再來的！”

（二〇一〇年四月十三日原載世界日報《故事新說》專欄）

所見所思

輝哥笑罵："大鄉里入城回來，說個三天三夜，你不煩，讀者煩，想騙稿費嗎？"筆者偶像，當代文豪金庸，不只是最"好額"文人，擁有最多的讀者，政治上也是個"左右逢源"的"異數"。他不但是中國強人鄧小平的座上賓，八十年代也被台灣"總統"蔣經國邀請訪問台灣。金氏回港後，在《明報》發表其訪台記《所見所思》，轟動一時。筆者不敢東施效顰，只是感慨良多，收筆不住。

三月二十一日筆者在台北，但見天空灰濛濛，能見度極差，地標《一〇一》大樓，竟然消失無蹤。計程車司機說："不是煙霧，它是大陸吹來的灰塵。"筆者暗罵：又是一個"民進黨"，大陸什麼都是壞的，連空氣污染也說是大陸來的。不料後來看電視新聞，才知道司機"大陸沙塵暴說"不虛。台灣大陸"唇齒"也。

筆者這次訪台，從台北跑到台南，數日間只看到三面"青天白日旗"，電台也沒有所謂愛國歌曲，據說風景區日月潭遊艇爲了討好大陸客，竟然掛上"五星旗"，這在以前真是不可想象的。台灣生意人往大陸投資，過剩水果往大陸賣，本地旅館、餐廳、商店忙著賺大陸人的錢，你說兩岸還會兵戎相見嗎？

以前台灣北部商業繁榮，南部則工業發達，筆者觀察台北百貨公司買客寥寥，真不知道它們是如何維持。南部工業區"水靜河飛"（水盡鵝飛？）據友人說，技術含量不高，或人力較多的工業，現在不是遷移到大陸，就是倒閉。以前工人有免費午餐，四個月獎金，年終全體出國旅遊，已成“天方夜譚”了。

多年前筆者訪日最大的震撼是日本人的閱讀風氣，公車上幾乎人手一冊，個個埋首閱讀，雖然有些書本只是雜誌和漫畫而已。不像菲國公車乘客，也許因爲環境惡劣，偶然看到的閱書者，只是三數穿白衣，可能要應考的護士學生。還好台北書店人氣還是很旺，買書和站著看書的人很多。書令貧者富，書令富者貴，擁有求上進公民，台灣前途是光明的！

（二〇一〇年四月十五日原載世界日報《故事新說》專欄）

奸醫橫行

最近“僞神醫”張悟本事件鬧得沸沸揚揚，在此筆者插上一嘴：只要還有正統醫學醫治不了的疾病；病家抱著“死馬當活馬醫”態度，媒體爲吸引讀者或觀眾，政府半目開閉，“張神醫”被揭穿，“李神醫”、“王神醫”將繼續出現。切身則亂，也不只是中國人愚蠢，容易受騙。前一、二十年，不是有一批又一批患絕症的西方病人到菲律濱尋求“神醫”治病？有些病者且信誓旦旦說被“醫好”！僞醫可恨可殺，不在於詐騙錢財，而是誤人醫治時機，造成不可挽回遺憾。

筆者說奸醫橫行是地方政府官員推波助瀾，或者默許，是親身經歷的。話說二〇〇二年，我們一群蘇浙校友旅遊黃山，我們參加的是所謂的“豪華團”，意思是要住好、吃好，最重要的是不購物，不看病。校友們暢遊名山，好山好水，好遊伴，好不快活。就在黃山山腳，當地導遊說：“我知道你們這團是不看病的，但這家中醫診所是國營的，醫師都是國家一級醫師，看病‘絕對’免費，志在向海外友人推薦中華醫藥。眾校友見‘醫學中心’建築宏偉，環境清幽，自認百毒不侵，進就進，誰怕誰。主持人乃“知客”高手，將人引入一間舒適大房間，奉上好茶，口若懸河，指點消除疲勞，提神醒腦幾個穴位，果然功效明顯。主持人誠懇地說：“難得和各位有緣，讓我們為各位貴賓做個免費檢查。是的，絕對免費，是的，醫師都是來自北京的教授。”“為了隱私，各位將被單獨諮詢。”眾校友分別被帶到一間間醫室。港哥煙癮大發，留在走廊吸煙，筆者陪他聊天。主持人看到我們兩人，先對吞雲吐霧的港哥說：“吸煙有害身體，不過本診所研究了一帖中藥，消痰潤肺，功效顯著。”港哥“很寸”：“我女兒是西醫，我早晚吃燕窩，行了吧？”主持人碰了個軟釘子，轉向筆者：“導遊先生（筆者騙他自己是帶團人），你煙酒過度，晚晚熬夜，有一些保健藥，可以算你便宜一點。”筆者自幼“好囝”，煙酒不沾，早睡早起，生活十分有規律，真去他的XX！

筆者和港哥用《大家樂》（註）話取笑主持人，突然會長恩哥夫人ANITA神色慌張，走向筆者……（三之一）

（二〇一〇年六月十七日原載世界日報《故事新說》專欄）

註：菲語。

“那我死定了！”

ANITA說：“我牽手（註）被醫師說得全身病‘了了’，要他買很多藥。”筆者和她到恩哥被“關閉”的房間，守門者終於露出猙獰面孔：“你們不能進去！醫師正在替病人看病。”

“我是領隊，她是太太，爲什麼不能進去？”筆者不管三七二十一推門進入，“古意”不懂得說“不”的恩哥面色蒼白，冷汗直流，筆者嚴肅地對醫師說，他“確實”有病，正在接受西醫治療，醫生吩咐不可亂吃其他藥物，說完把恩哥拉出房間。

英哥是足球健將，但患有糖尿病，醫師裝模作樣把脈，英哥雙眼直瞪醫師，問道：“我可有糖尿病？”醫師被望得發慌：“沒……沒有，糖尿病患者身上會發出一股很濃的爛蘋果氣味。”英哥心中很不爽：“沒病就好。”他的醫師（是否真醫師令人生疑）年齡較輕，經驗較嫩，急急地說：“慢……且慢……”英哥早已拉著太太走開。

獻哥全身名牌，手腕帶著“滿天星金勞”，醫師看到“肥羊”上門，不敢怠慢，使出望、聞、問、切全套工夫，必恭必敬地說：“先生要不要我說實話？”獻哥太太麗姐連忙插嘴：“當然了，當然了！”你肝火太旺，腎水不足，陰陽不調，五臟受損……”麗姐大急：“那怎麼辦？”“是很嚴重，要在病入膏肓之前，接受本診所治療，經過六個療程，就可以醫好。” “一個療程要多少錢？”

“六千塊人民幣！”

獻哥說：“那我死定了，我的病那麼嚴重，又沒有錢買藥治療，我死定了！”身材魁梧的他，拉走還要和醫師討價還價的麗姐，以“慷慨就義”的氣概，走離“牢場”。

瓊姐最“著數”，坐在大廳接受“免費”的腳底按摩，是的，她“只”買了兩百五十元人民幣的泡腳“藥材”。

“富婆”銓姐原是面皮最薄，與人爲善，最易受騙的，但不知爲了要照顧女兒CHERRY什麼，竟成漏網之魚，逃過一劫。

眾人登上巴士，均有“虎口餘生”的感覺，只是走遍中國大

江南北，江湖經驗豐富，“智商”極高的明哥和“女強人”薇姐夫婦尚不見人影……（三之二）

（二〇一〇年六月二十二日原載世界日報《故事新說》專欄）

註：閩南話，即夫妻。

提防黑店

校友們以爲明哥薇姐夫婦“應自然呼喚”去辦別人沒法代辦的事。出乎眾人意料之外，但見他倆手中拿著大包小包，笑眯眯上車。薇姐興奮地展示她用菲幣十餘萬元換來的“戰利品”，種種五顏十色，粉狀的“名貴”藥品：熊膽粉、珍珠粉、田七粉、蟲草粉、人參粉，令人目瞪口呆。筆者很“雞婆”，數月後問薇姐：那些補品可有功效？她說：“丟掉了！那些藥粉是該診所秘製，沒有成份標示，花錢消災算了，免得吃得下去，拿不出來，吃出病來，那就不妙！”壯士斷腕，薇姐終於表現出“女強人”的氣魄和智慧！

蘇浙月會瑞玉姐聽筆者大談黑店，也說了一則親身經歷，要大家警惕。澳門回歸後，成爲一個新旅遊點，不久之前，玉姐和夫婿以及居香港的夫兄旅遊澳門，就在碼頭碰到一名操閩南語的“白牌”司機招客，以合理的車資獻議送他們到各景點觀光，她見這位“鄉親”模樣老實，欣然同意。司機明知故明：“你們可有護照？如有，我可帶你們到一家免稅店鋪，藥品貨真價實，我順便和你們合買些免稅、便宜的人參。”玉姐見該店客人不少，價錢便宜，不疑有他，同意購買一些人參，店家獻議代爲磨粉。付款時，黑店終於露出真面目："多謝盛惠 XX 元。"嘎？怎麼價錢漲了十六倍，原來黑店報價以"斤"爲單位，算賬時以"兩"爲單位，還好黑店忙中出錯，"生米尚未煮成熟飯"，玉姐所買人參尚未被磨成粉，她三人以錢不夠爲理由，逃出黑店。

執筆時筆者專欄芳鄰許棟先生也在談論香港黑店。他說某黑店用特製的磨粉機，將客人買的高價"冬蟲夏草"放進機器，但偷樑換柱，將別的藥粉給客人，晚上再將別格的蟲草取出。

大陸某公司更加膽大包天，公然在菲律濱展覽會販賣假冬蟲夏草。淞嫂以天價買了一大包，豈知煲出的湯又黑又腥，蟲草也沒蟲形，也不知是什麼東西假造而成。淞哥是何等人物，總而言之，該公司如數退款，收回假藥。

筆者義兄，香港名醫，港大教授陳文岩曾說冬蟲夏草滋補成份有限，被炒到天價，實在物無所值，而且假貨充斥，應該提防被騙。（三之三）

（二〇一〇年六月二十九日原載世界日報《故事新說》專欄）

羅湖驚魂

好友謀哥久居香港，十分機警，"式飲式食"，通曉各方門路。十餘年前筆者往香港度假，他依舊熱情招待。那是一個仲夏之夜，我們在九龍城吃了一頓物美價廉又可口的海鮮大餐，兩杯生力啤酒下肚，謀哥把深圳夜生活形容得活靈活現，讓筆者遊興大發，決定和他暢遊一番。謀哥說我們可搭輕軌晚上十點尾班車，時間充裕，且乘客稀少，過關也輕鬆。筆者說：“我沒有大陸 VISA。”他回答：“沒問題，你可以申請落地簽證，辦證處開到晚上十一點，等來自香港的最後一班車抵達後才關閉。”筆者將護照插在胸前口袋，在皮包放上幾張“金牛”，一心要度過一個“愉快的晚間時刻”。

輕鐵依時於十點半抵達羅湖站，數十名港客迅速通過移民局，持外國護照者只有筆者一人，移民官員很友善用英語問：“去中國旅遊？”筆者用流利粵語回答：“係呀，去一晚。”謀哥老馬識途，將筆者帶到中方簽證處，用國語說：“辦落地簽證。”幾個穿制服的官員聚在一起聊天，其中一人抬頭望我們一下，冷冷地說：“不行，辦證人員走了，沒人辦。”謀哥指著窗口一個白底紅字牌子說：“ 它不是寫明辦公時間到二十三時嗎？”對方理直氣壯回答：“今天是星期六，他提早走了，還有，沒有簽證誰也不能入境。”謀哥聽完，面色煞白，大叫：“快跑，我們得趕回香港！”謀哥和筆者用跑百米的速度在羅湖橋上奔跑，後面傳來一聲如雷吆喝：“站住，跑什麼跑！”回頭一望，但見兩名公安兇煞煞握著拳頭作要揍人的姿勢。“我們要趕回香港，如果移民局關了，我們就回不了！”我們邊跑邊向港方關口大叫：“大佬，大佬，等陣，等陣先！”一位已換了便服正要走向輕鐵的香港移民官還記得我們，很奇怪地問：“你們不是要去深圳嗎？”他一面聽謀哥敘述，一面打開辦公室，再打開電腦，為筆者辦理香港入境手續。“還好我還在，不然你們就要在羅湖橋上過夜餵蚊，更有可能被大陸公安拘禁。”他說。謀哥掛意地問：“輕鐵會不會已開走？”“不會的，車子要確定我們十三個同事都上車後，才會開的，因為除了它別無其他交通工具。”

當輕鐵駛達九龍，筆者望著窗外萬家燈火，發出鑽石般的光芒，輝煌燦爛，長長吐了一口氣：“香港真好！”

（二〇一〇年七月二十九日原載世界日報《故事新說》專欄）

羅湖傷感

上世紀六十年代，“憤怒青年”李敖主持《文星雜誌》的編務，掀起全面西化論戰。李敖文筆犀利，咄咄逼人，雖然言論偏激，但年輕人還是認同他讓人“痛快”的主張。李敖認爲中國文化傳統包袱太多太重，唯有全盤西化才能走上民主、科學、文明之路；即使會連西方“梅毒”也帶來，也在所不惜。深圳是鄧小平實驗改革開放的城市，市容美觀，經濟繁榮，但隨著開放而產生的黃、賭、毒也極嚴重，羅湖車站掛著“嚴打黃賭毒”大紅布條，令人觸目驚心。

筆者已多年未訪深圳，七月中旬因往香港奔喪，順道到羅湖一遊。筆者首先注意到的是沿途“家人患重病”、“流落他鄉”、“貧窮，已數日未食”死跟活纏的求乞者不見了。這次羅湖行只在火車站二樓走道看到一個“污衣派”乞丐，雙手殘廢，身前放著一個塑膠桶，內有不少零錢和各種面額鈔票。另外有一個“淨衣派”老婦乞丐，身體完好，只是滿頭白髮，拿著一個瓷杯。筆者給她一些硬幣，她用國語說：“謝謝老闆。”下午再經過時，她已“收工”走了。筆者誤會深圳是富庶城市，福利工作做得好，上述兩個乞丐也許是貪圖“高收入”而拋頭露面行乞，非政府之過。

筆者獨自在《民間瓦缸煨湯館》晚餐，叫了一道辣味粉絲魚頭煲，侍者好意提醒：那是四人份的。筆者回答："不要緊"。再叫一碟炒青菜，一份甜品和一碗白飯，吃得肚皮高脹，飯菜還是剩下一大半。

羅湖街道明亮，行人如鯽，筆者慢步走回居停，就在繁華的《春風路》看到如果不是親眼所見，一定認爲是西方媒體誹謗"社會主義中國"的悲劇：一個抱著嬰兒，衣衫襤褸的少婦在翻看垃圾桶。筆者遠遠佇立觀看，以爲她在回收廢品或者患有精神病，結果不是，她在尋找人家丟棄的食物！但見她找到一些剩飯，面露喜色，急急用髒兮兮的手送入口中。筆者這時腦中浮起的是杜甫的"朱門酒肉臭，路有凍死骨"名句，拿出一張五十元鈔票給她，並善意地對她說："你不要吃這些骯髒的東西了，你去買些食物。"她連連點頭，也不道謝，但眼睛濕濕，露出感激的神采……

（二〇一〇年八月三日原載世界日報《故事新說》專欄）

羅湖神女

當筆者走出深圳羅湖關，碰到的第一、二、三張笑臉，都是面上塗得五顏六色的徐娘們在問："先生，要不要按摩？"唉，她們也真"骨力"（註），也不見筆者手上拖著行李箱，而且時間是上午十點。

筆者第二天一早到羅湖商城五樓《丹桂軒》吃早點，八點剛過，商店尚未營業，電梯也未開動，乃安步一層一層地走上去，突然間，暗處竄出一個穿睡衣的婦人，她的話也是"先生，要不要按摩？"她看見筆者毫無反應，口舌轉到"國際頻道"："馬殺雞？"，"YOU WANT MASSAGE?"三樓、四樓也有人招客，“朝早流流”（粵語）難道她們是二十四小時營業？

大約七、八年前，筆者和家人到中國旅遊，因步行速度較快，和家人有十餘步的距離。大白天，就在火車站羅湖商城附近碰到一位花枝招展的小姐問：“先生要不要服務？”“什麼服務？”“打炮咯。”“不要，不要！”小姐一直死跟，筆者不勝其煩，指著後面說：“我老婆和家人就在後面。”她不相信，筆者只好回頭，右手牽著老婆，左手牽著女兒，她才悻悻離開。老婆奇怪地問：“那個女人跟你囉嗦什麼？”筆者是編故事高手：“她在討錢。”老婆不信：“她好手好腳，衣服漂亮，討什麼錢？”“她說她來自外地，錢包被偷，沒錢回不了家鄉。”好心的老婆很同情地說：“真可憐！”

晚上，筆者一走上街道就陷入“桃花陣”，隔不遠就有人問：“要不要小姐？”筆者色膽如鼠，一路不說話，搖手搖頭……有一位相當漂亮，模樣正派的少女用純正國語問：“先生，請問……”“放屁相連累”，筆者不等她把話說完，慣性搖頭。少女生氣地說：你是什麼意思？”筆者不久前剛好看到有人在垃圾桶尋找食物，雖有一絲內疚，但沒有心情和她搭訕，快步走回居停《富臨飯店》。

富臨應該是國營企業，它標榜接待過江澤民、李光耀、尼克松等大人物，筆者小心起見，吩咐總機，一切電話都不接，以免有午夜“性騷擾”電話：“先生，要不要小姐”，“先生，要不要按摩”……

（二〇一〇年八月五日原載世界日報《故事新說》專欄）

註：閩南話，勤力。

羅湖美食

近三十年來，菲律濱經濟衰退，其他亞洲國家或地區：中國、韓國、新加坡、香港、台灣以至馬來西亞、泰國等則突飛猛進。大家常常感嘆菲國“錢小圓又歹賺”，出國要精打細算。

以筆者來說，以前到香港購買的是手錶、電器、名牌衣服和皮具；現在連書籍也幾乎買不起了。港版書籍價目一般五十至一百港元，乘以六，買書的喜悅被心痛替代。消費得起的，只剩下深圳的“冒牌”貨物、“小姐”、食物和書籍。筆者對假貨沒興趣，寧願買貨真價實的非名牌貨；對“小姐”則是有色心無色膽，既怕被抓，更怕惹病。多年前《麗都》和《陽光》等“三都一陽”飯店咖啡廳坐滿鶯鶯燕燕，只叫一杯飲料，不時站起來走動，公開亮“貨”。據說她們都有後台，但筆者和朋友也只是“動眼”而已，怕護照被蓋上“嫖客”兩字，或押送農場養雞，等小雞長大了才會被釋放。這不是筆者亂編的故事，開放初期，大陸掃黃確實十分認真，但也各自“立法”對付違法者，作出不少極具創意的刑罰。

《深圳書城》大名鼎鼎，但筆者見過《上海書城》，珠玉在前，對它微感失望，但買書是筆者羅湖行的主要目的之一，雖然一減再減，還是買了“數公斤”的書籍。

瓊姐知道筆者“重吃”，嗜辣，特別介紹羅湖一家極具特色的餐館 — 民間瓦缸煨湯館，尤其是其“辣味粉絲魚頭煲”這道菜。該餐館外面擺放了許多巨型陶缸，極爲易認。魚頭煲果然做得很好。不知道是什麼魚，但肉質細嫩，有魚味無腥味；粉絲吸滿鮮甜魚沖，很Q，實在美味。

許漪小妹慎重介紹設在羅湖商城五樓的粵菜餐館丹桂軒。筆者一早就去吃早點，它已快滿座，後來者要排隊。因爲前晚的經驗，不敢叫太多的點心，怕吃不完浪費。結果食物上桌，筆者大喜，原來餐館見食客單身一人，每籠點心只有一件，於是盡情揮筆，點了不少點心。點心即叫即蒸，水準之高，勝過香港一般食肆的大路貨。丹桂軒服務極有效率（大陸少見），埋單時，預先將要找的錢放在帳單皮夾，節省時間，店客兩便，值得一讚。

（二〇一〇年八月十日原載世界日報《故事新說》專欄）

過關奇遇

朋友問：你那麼多“奇遇”，是真的嗎？筆者很委屈，但慎重回答：是的，都是真人實事；文中提到的人名，真有其人，都是人證；“故”事是舊事，不是 STORY，更不是 FICTION。

十餘年前，蘇浙校友組團旅遊韓國，彬哥從兄洪先生也參加。洪先生是南島富商，但衣著樸素，漢城移民局刁難他，查問不休，不肯放行。團長瓊姐發火：“我們一大團是來旅遊的，一切費用都已預先付給韓方！”移民局官員看見我們一團有男有女，有老有少，應該不會 TNT（菲語 TAGO NG TAGO，即躲避，要留下打工）才放他出關。

亞洲金融危機前，筆者也曾“富有”過，某年從日本大阪市飛往韓國南部港口釜山公幹，記取洪先生教訓，手戴 PATEK

PHILIPPE 名錶，身穿 DUNHILL 深藍上裝，灰色長褲，一副英國紳士派頭，以為一定順利過關。旅客大部份是返國韓國人和日本人，少數金髮碧眼西方人士，菲人大概只有筆者一人。當筆者遞上菲國護照時，移民局官員站起來大叫："FILIPINO! FILIPINO!"好像逮到通緝犯。數十雙眼睛望過來，筆者真恨不得有洞可鑽。一個"寒"人冷冷地問："你來韓國做什麼？""辦貨！""你有供應商？"筆者拿出供應商，老朋友金先生的名片，該官員真的打起電話，"嘰哩呱啦"說了一大堆韓語，最後連一句對不起也不說就放人了！後來金先生說："他問了一大堆問題，我只說了兩句話，是的，他是來做生意的，他是窮國的富人。"

入關艱難，那出關呢？非我族類者刁難，那"血濃於水"的同胞呢？

香港回歸已十三年了，米字旗換了五星旗，但是持中國護照訪中國特區香港的海外華人受到什麼待遇？不提也罷，免得大家寒心、痛心、傷心……

筆者很不明白，為什麼兩岸三地的移民局官員好像是同一間學校畢業，個個"訓練有素"把人類特有天賦"笑"忘掉！

（二〇一〇年八月十七日原載世界日報《故事新說》專欄）

秀才遇著兵

老朋友廉哥，奇人也，能伸能屈，微時常常到台灣跑單幫，將大陸出產成藥帶到台灣販賣，回程則買台製衣服回馬尼拉。上世紀八十年代，台灣經濟剛剛起飛，機場海關很“小氣”，對旅行行李檢查很嚴格。入境，很多物品要打稅，出境則怕旅客帶出外幣。把關人員有“SADDISTA”以整人爲樂。有一次廉哥夥同筆者出境，行李一起過磅，以節省超重費。某關員知道廉哥的行李裝的都是衣服，用鋒利的切紙刀將紮好的繩子一條條割斷，也不檢查，擺明是要“創治”（註）人。筆者手提行李裝的都是李敖、柏楊等人書籍，他向筆者“哼”一聲：“都是亂七八糟的書，也不知道看不看得懂。”筆者心中有氣，睜著眼睛說瞎話，傲慢地說謊：“我是台灣大學中文系畢業生，你說呢？”

說回大陸，筆者和義兄從哥有一次也是要從羅湖出境，其時旅客稀少，持外國護照者只有我們兩人。把關“老姐”竟津津有味地看起報紙，她讓我們枯等了數分鐘，才放下報紙，狠狠地瞪我們一眼，好像怪我們打擾了她的雅興，也不檢查，草草地在我們的護照蓋章。

更離譜的一次是筆者和妻子從四川成都搭飛機出境往香港，把關邊防將妻子的中國護照交給上級，“大官”將護照翻來覆去研究了大半天，把筆者妻子叫到一邊審問：“小女子”嚇得六神無主，聽不懂土腔國語，筆者趨前插嘴：“有問題嗎？”“大官”不高興了，“我在問她，沒有你的事。”“她是我太太，我當然關心。”“她在外國出生，住在外國，怎麼有中國護照？”筆者知道又是“秀才遇著兵”了，活用毛澤東思想“戰略”上輕視“土官僚”“戰術”上不得罪掌權者，耐心解釋：“她是華僑，也就是居住在外國的中國人。”當時筆者腦中浮起菲華名詩人雲鶴的名詩《野生植物》，爲“有葉沒有根”的華僑感到無比的悲哀……

憑良心說，最近重訪兩岸三地，香港、台灣移民局官員態度有相當的改善，甚至可以看到笑容。大陸移民局官員制服一洗過去的土氣，但他們一些動作，如把護照“丟”給人，還是令人反感的。

（二〇一〇年八月十九日原載世界日報《故事新說》專欄）

註：閩南話，作弄。

韓國不好玩

內兄家人是韓劇迷，欲往韓國旅遊，詢問筆者這個“通天曉”。筆者說：韓國不好玩，加一些錢遊日本好多了。不是筆者有偏見，反對是有理由的。

看過北京故宮恢弘大氣，金碧輝煌的宮殿，韓國那些“仿中”建築，就好比“土地廟”對“城隍廟”。吃，那就不要提了，不中不日。飲食文化是要長期富裕才能培育出來的，韓國早時應該是相當貧困，上得枱面的，大概只有一道“人參雞”。韓人每飯無它不歡的“國食”KIMCHI 又哪裡比得上中國各地各有特色的泡菜。朋友金先生市儈也，但令兄令嫂都是大學教授，男的風度翩翩，是有名藝術家，女的氣質高貴，談吐優雅。他們曾於一家裝璜極其高尚的餐廳讌請筆者，五個人叫了近五十道菜，但份量少得像小孩子擺“家家酒”。每道菜放在比醬油碟稍大的瓷碟。一道名貴菜式“秋果”，名字好聽，碟上只有四顆，哈哈哈，真的笑死中國人，秋果竟是平凡的“栗子”。

購物？一般商品比起精緻的日本貨，高下立見，價錢也不便宜，時裝更不能望日本時尚項背。最不便的是一般韓人都不諳英語，街道名又因去中國化，換上拼音韓字，不像日本街道都有漢字路名。

很多人迷上“韓劇”，主要原因是劇中人個個都是經過“整容”的俊男美女。筆者訪韓數次，很少看到令人驚豔的美人，哪像香港、上海美女如雲，令人目不暇接。

夜生活？筆者沒有資格多說，只知韓國小姐酒量雖好，但不懂外語，“雞同鴨講”又不敢用“手語”令人興趣索然：卡拉OK，都是韓國歌，而且消費昂貴。

話說蘇浙校友訪韓最後一夜，導遊答應帶男校友去體驗一下“夜生活”。我們興高彩烈告訴女校友：“今晚我們要去享受漢城夜生活，不方便讓你們跟隨！”但導遊中途食言，“放鴿子”，男校友不好意思“失威”太早回酒店，改逛夜市，在一大排檔吃八爪魚 SASHIMI。不巧被女校友們碰到，冷嘲熱諷；港哥鴨死嘴硬：我們正在體驗漢城“夜市”生活。

（二〇一〇年八月二十四日原載世界日報《故事新說》專欄）

“貓”年大吉

越南深受中國文化影響，至今文字雖然因曾經被法國統治而拉丁化；但越人尚保留中國姓氏和習俗，他們也慶祝農曆新年，也有十二生肖。

蔡金鐘宗長見義勇爲，是中國越境捕魚而被逮捕的漁民的“救星”。有些交涉，使館不便出面，常常由他配合當地華領排解，讓漁民可以獲釋回國。間中他也曾幫助被捕越南漁民。越南駐菲使館爲了表示謝意，特別邀請他參加“貓”年新春晚會。“貓”？原來越南十二生肖，有“貓”沒“兔”，其他和中國相同。

兒時，祖母曾講過一個十二生肖的故事：玉皇大帝要設生肖，各動物依抵達次序排爲牛、虎、兔、龍、蛇、馬、羊、猴、雞、狗、豬、貓。老鼠遲到，但它很奸詐，爬到牛頭上，因此排名時，玉帝以鼠爲首，將排尾的貓除掉。貓氣憤萬分，將鼠視爲不共戴天大敵，捉到它，必定盡情戲弄，最後一口吃掉。

十餘年前港哥、筆者以及一位台灣朋友旅遊胡志明市，即前西貢市。當時越南已經學習中國開放，放棄共產主義教條，採取市場經濟。我們的居停是一家五星酒店，套房寬敞豪華，價錢便宜得難以置信，每日房價六十五萬越幣（哈，只合五十美元）並供應早餐。每日早晨我們在餐廳都會遇到三對美國人中年夫婦，帶著三個兩歲左右的越南小孩 —— 應該是他們領養的孩子。那三對夫婦對他們百般呵護，眼光充滿慈愛憐憫。奇怪的是那三個小孩都有某種缺憾，一點也不可愛。離境那一日，筆者忍不住和那些美國人搭訕，原來那三名美國漢子以前是軍人，曾經參加越戰。他們領養越南孤兒，不管是否有贖罪心態，筆者爲他們的愛心，感動莫名。

當時越南政府已允許私人企業，工資便宜，一般工人月薪只有三十美元，引來無數外資，經濟欣欣向榮。政府人員和阮文紹時期一樣貪污，當然“娼業”也一樣昌盛。

越戰對越南和美國造成極大的人命和經濟損失，許多血腥、殘忍、恐怖情景尚留在世人腦中，現在回想：值得嗎？

（二〇一一年二月三日原載世界日報《故事新說》專欄）

新加坡印象

首先說個“淡黃”色笑話：花花公子甲、乙金晴火眼望著舞台上衣著暴露，身材性感的女星，甲說：“她是新加坡人！”乙問：“你認識她？”“我是說她胸前偉大的肉坡，是新加上去的。”

三十年前首次訪新加坡時，因爲年輕，對李光耀“大家長”（獨裁者的另一個美名）式的統治很反感，尤其是新聞媒體不得有異論、年青人不得留長髮、不得吃口香糖……把新加坡弄成名符其實的“FINE CITY”。

二十年前再次過境，對新加坡進步神速很羨慕，但厭惡李光輝帝王思想，對他要扶持兒子李顯龍爲接班人，讓他出任國防部長再升副總理不以爲然。雖然看到電視中李顯龍侃侃而談，表現出色，印象深刻。後來得知李顯龍患癌症辭職養病，竟有點幸災樂禍的感覺。

十月一日，筆者重訪新加坡，隨著年齡的增長，對一些事物的看法有很大的轉變；漫步在繁華的《烏節路》，更是感慨萬千。書店在顯眼位置擺放李光耀自傳《從第三世界到第一世界》。的確，新加坡從一個經濟落後的城市，發展成爲一個工業、商業、醫學、教育、國民收入均臻世界一流，而且政治清明，社會安定的國家，李氏居功最偉。十月二日李夫人柯玉芝女士去世，各族人士自動排長龍往靈堂致哀，證明了新加坡人對李光耀和李顯龍的肯定。

新加坡人口百分之八十是華人，執政者也是華人，被世人稱爲“第三個中國”。但新加坡似乎很刻意和中國劃清界線，免得讓人誤解，她是東協最後一個和中國建交的國家。新加坡是一個多語言的城市國家，粵語和閩南話一樣通行，因此一些譯音的路名讓外人一頭霧水。除了唐人街，一切路牌和標誌都只用英文，也許執政者爲了社會和諧，很智慧地承受委屈。

筆者只是一個匆匆過客，但旁觀者清，對一些“異象”也特別敏感，不像本地人習以爲常，認爲理所當然。如：新加坡人極守法守秩序，沒有橫衝直撞客車，沒有乞丐，沒有路邊小販，沒有貧民違章建築；道路寬闊清潔，不見紙屑，唯一“悅目”的垃圾，是還來不及清掃的落花和落葉……

（二〇一〇年十月十二日原載世界日報《故事新說》專欄）

先進發達

新加坡採取“高薪養廉”政策，李顯龍的薪水是美國總統“黑霸馬”的一倍；我們可憐的雷總統，月薪八萬餘菲幣，還不及新加坡小公務員。但李光耀、吳作棟、李顯龍也“物”有所值，高瞻遠矚，治國有方。新加坡致力各方面水平的提昇，醫學是其中一項，她早已成爲亞洲醫學中心，擁有世界一流設備和醫生。我們菲華社會很多“好額人”不怕昂貴費用，一生病就到新加坡治療或做身體檢查。

筆者認識一位施先生，大富翁也，也許錢太多，惹了不少橫禍。施先生本身也患了末期肝癌，美國醫生預測他只剩一個月生命，勸他趕快返菲安排後事。施先生死馬當活馬醫，飛到新加坡求醫。醫生對他施行新治療方法：在施先生胸腔開了一小洞，安裝一條小導管，將特製藥水直接滴在肝腫瘤。施先生每月必須到新加坡換藥和檢查。他行動如常，甚至可以參加社交活動，後來施先生不幸吐血身亡，但距離美國醫生診斷，整整多活了三年！癌症可怕之處是除非早發現，不然末期患者存活期最多三、五年。但名醫洪醫生說三、五年很重要，因爲在這期間，可能有新的特效藥或治療方法被發現或發明。

筆者有一位從小就認識的朋友小陳，他做人很好又樂觀，想不到腦中竟生癌腫瘤，日日長大，命在旦夕。小陳在家人陪同下毅然往新加坡手術。醫師果然高明，在開腦手術期間，小陳保持清醒，依照指示，不停和醫生對話，讓醫生可以判斷手術刀是否傷到其他部位。結果手術進行到某階段，小陳言語開始錯亂，雖然腫瘤尚未割除完畢，醫生果斷停止手術。幾年過去了，筆者沒有再見小陳，但知道他活得好好的！

新加坡犯罪率極低，原因只要擁有槍械，不管是否曾使用，死刑！只要擁有毒品十五公克，死刑！治安好，教育發達，菲華不少富裕家庭將他們的子女送到那裡就學，因爲“讀有冊”，幾年下來，個個都是優秀英漢雙語人材；最重要的是免受綁架、毒品威脅，家長學生有 PEACE OF MIND。

（二〇一〇年十月十四日原載世界日報《故事新說》專欄）

SMALL BUT TERRIBLE

英有一句 SMALL BUT TERRIBLE 的形容詞常常被“骯

髒”男人歪用；但用“小但猛”來形容新加坡，確是很恰當。幾年前筆者在中呂宋看到一群噴射戰鬥機以超音速（六十年代多次參觀戰機飛行表演，熟識戰機衝破音障聲音）呼嘯而過，心中很奇怪，因爲上世紀九十年代，美軍已撤走，而菲國只有五架過時的美製 F5 戰機，更因缺少零件，全部停飛。後來才知道，它們是來菲進行訓練的新加坡戰機。新加坡建國初期，印尼、馬來西亞等強鄰虎視眈眈，只好全力建軍自衛，如今擁有百架先進的 F16 戰機，是東南亞最強空軍；成年男人，必須服兵役兩年，絕無例外，可稱“東方以色列”。

新加坡執法森嚴是舉世聞名的，她不顧盟國菲律濱全國抗議，總統藍慕斯低聲下氣求情，斷然對殺人犯 CONTEMPLACION 執行死刑。她捍衛法律的決心，也不因強國干預而改變。美前總統克林頓執政時，有一名美籍少年用噴漆筒塗鴉別人汽車，依法要受藤條鞭打十二下刑罰，克林頓出面求情，希望代以罰金。但新加坡不賣賬，只肯將鞭數減半，讓美國大罵新加坡沒人權、不人道。

世人常愛將香港和新加坡相比較，因爲兩者背景相似，都是長期受英國人統治，居民華人佔絕對多數。香港人注重外觀，衣冠楚楚。新加坡人也許因氣候關係，衣著樸素，但貧富不像香港那麼懸殊，人民素質也較佳。新加坡最傲人之處，是綠化成功。ORCHARD ROAD（音譯爲烏節，真沒水準）就像一個大公園，古木參天，繁花似錦，兩旁大廈，新穎宏偉，都是建築傑作，行人道寬闊，這點是香港望塵莫及的。

新加坡人素質好，可從服務行業人士的待人接物看出，的士司機的談吐學識更出人意料的好。筆者每到一個新城市往往喜歡搭公車，因爲那是熟悉地方的最好方法，這次也免不了乘搭快速、便宜、舒適的地鐵。因不懂買票程序，詢問一位氣質極好的少婦，她熱心幫助，剛好同路，她更仔細指示如何轉車；交談之下才知道她也姓蔡。筆者衷心說："有機會到菲律濱遊玩。"蔡女士回應美麗微笑，不置可否。

（二〇一〇年十月十九日原載世界日報《故事新說》專欄）

不無遺憾

新加坡蔡氏公會會長蔡和泰宗長是典型的新加坡人，溫文爾雅，重諾守信。他爲了要迎接蔡金鐘宗長和筆者，因聯絡者失誤，駕車跑了樟宜機場兩趟。和泰宗長帶我們參觀新建的蔡氏公會會所，它佔地不大，樓高四層，小巧玲瓏。一樓大廳懸掛了蔡襄等四位柯蔡先賢畫像，畫像很熟眼，熟悉宗親會歷史事務的金鐘宗長說它們是抄仿自岷市宗親會，所以一模一樣，連蔡襄公宋朝人卻穿明朝人官服、戴明朝人官帽的錯誤也照犯。金鐘宗長自學成功，知識淵博，秉性耿介，無畏敢言，但更換祖宗畫像大事，誰敢作主？明知是錯，無可奈何，豈非遺憾？

新加坡有一道名菜"肉骨茶"：帶骨豬肉加上大蒜胡椒熬成的肉骨"湯"也。爲何稱爲"茶"，本地人也說不出一個因由。曾旅居新加坡的外祖父說新加坡天氣濕熱，早期華人又多從事體力工作，"肉骨茶"應需求而流行，華人用以驅逐濕氣和增加體力。新加坡籍名專欄作家、食家、製片家蔡瀾著文大力吹棒《黃亞細肉骨茶》，認爲它是人生必須一嚐的名餐館之一。筆者很喜愛蔡瀾的吃、喝、玩、樂的文章，來到新加坡，豈能不依介紹一飽口福？

筆者在酒店門口召的士，華人司機說：“黃亞細肉骨茶？知道！它自從拒絕在營業時間外接待香港特首曾蔭權後，更加出名。”《黃亞細》在印度人區域，營業時間只到下午三點，餐廳不大，沒冷氣，但天花板甚高，掛著電風扇倒也通風不熱。筆者點了最貴的“肉骨茶”（有數種價錢），十二坡幣，乍看似乎便宜，但乘以三十三，再看它的份量：小小淺碗，放著兩塊小小帶骨的豬肉，褐色的湯，又可說是很昂貴了。問題是“肉骨茶”的鮮甜，肉質的幼嫩竟不及吾家的“四物排骨湯”！筆者又叫了鹵豬尾送飯，豬尾竟剔除帶肉的骨頭，只剩厚厚豬皮，真不知所謂。乘興而來，失望而歸，太遺憾了。

入夜，新加坡紅燈區（政府半眼開閉）有不少流鶯在街角徘徊。友人說，她們都是來自中國大陸的華人同胞；這可說是所有華人最大遺憾了！

（二〇一〇年十月二十六日原載世界日報《故事新說》專欄）

貓城古晉

新加坡到東馬古晉的航空距離是一小時二十五分鐘。吃完最難嚥的飛機餐後，大馬航機徐徐下降；從窗口下望，河流縱橫交錯，似乎有多條河流，仔細一看只是一條大河十彎九轉穿越綠野。筆者聯想到中國江南，古晉也許是海外“江南”。

古晉這個“很中國”的名字經過地主蔡氏宗親介紹，才知道是馬來文 KUCHING 的音譯，而它的意思是“貓”。古晉是東馬 SARAWAK 州的首府，地廣人稀，人口只有六十萬，華人佔半數，難怪華語通行。筆者表面觀察，該地華文教育相當成功，一般華人餐館侍應，商店店員都能說一口流利和標準的華語，華文報紙至少有三家，用簡體字，內容不及本地《世界日報》多姿多彩，但文字稍勝，可能是校對認真，沒錯字。

古晉分南北兩市，南市華人較多，市長也是華人，而北市則馬來人較多，市長也是馬來人；街道清潔、寬闊、平坦，交通流暢，治安應該相當良好，因爲看不到任何警察，甚至交通指揮員，這是我們所羨慕的。

馬來西亞雖然是一個回教國家，但對其他宗教相當包涵。筆者抵境當晚，用餐地點附近有一座宏偉清真寺，六點左右，擴音機傳出祈禱聲，音量極大，領略到回教的“統治性”和異國風情。筆者看到不少中式佛教寺院，以及基督教和天主教教堂，還有建築奇特的印度教寺廟。印度廟就在居停《大洲酒店》隔壁，香火似乎不盛，數次路過，極想進入參觀，但不懂印度教禮儀，怕瀆犯它，只好在牆外張望。令筆者印象最深刻的是在市郊看到華人墳場，“中國式龜形墳墓”，令人好像置身在大陸鄉下。華人飄洋過海，離鄉背井出外謀生，身後未能葉落歸根，孝子賢孫只能以亡人看不到的墳墓，安慰亡靈……

古晉不愧是貓城，旅遊紀念品都以貓爲主題，市中心建有貓紀念碑，上有數米高巨貓塑像。歷史上，只有古埃及人如此崇拜貓。古晉更有貓博物館。可惜展覽品無啥珍品。筆者要特別提出的是：逗留古晉期間，竟沒有看到一隻真正的活貓……

（二〇一〇年十月二十八日原載世界日報《故事新說》專欄）

古晉搜奇探幽

筆者喜愛旅遊，每到一個新地方，必抱一生只能來一次的態度，看個飽，走個盡。

十月三日下午，我們有半天的自由活動，筆者和金鐘宗長邊走邊問，徒步走到河畔公園和工藝品商店，要買一些 PASALUBONG（註）給我們“在乎的人”。古晉河和巴石河一樣，穿市而過，顏色也差不多，灰綠色，不同的是河上沒有飄浮垃圾，也沒臭味。河畔有寬達十餘公尺的行人道，道旁有大樹繁花，漫步其中，清風徐來，令人心曠神怡。筆者不禁期望巴石有河清之日，重現菲華作曲家高劍聲在其《岷江夜曲》所描寫美景。

地主《砂拉越蔡氏公會》爲外來參加慶典的賓客安排一日遊。值得一記的是參觀 SEMENGGOH WILDLIFE CENTER，看到了在山林中自由行動的珍貴動物“紅毛猩猩”。管理員定時在固定地點放了香蕉等食物，讓猩猩們依時前來食用，方便遊客觀看；可惜體型龐大的雄猩猩不屑“嗟來之食”，不輕易露面。

《楊氏鱷魚場》是華人楊先生於一九六三年創設的，規模不大，表演也不及泰國精彩驚險。但管理員很聰明，將一窩鱷魚蛋放在鐵絲網旁，讓遊客可以作弄守護鱷蛋的母鱷，筆者童心未泯，大力鼓掌作聲，兇惡母鱷張開大口，不斷衝向鐵絲網。鱷魚場有兩隻鎮場之寶：《蘇汀老大》和《印尼老大》，牠們身長二十餘英呎，高齡四十餘歲，據說曾吃過人。

遊博物館時，導遊說二樓有獵頭族的房屋，裡面懸掛著真人頭骨。筆者乘眾人尚在樓下參觀時，獨自登上二樓，睜大近視眼張望，差一點撞上一些“棕色椰子殼”，仔細一看，原來就是人頭骷髏，真是“大吉利是”！博物館有很多“神秘婆羅洲”野生動物標本，如山貓、大型蝙蝠等等，菲國自稱 BOHOL 獨有的眼鏡猴（TARSIER）以及野牛也在其中。

天下的導遊一樣，免不了帶團購物，但我們導遊很“輕手”，只參觀“千層糕”工場，它是馬來美食。工場外停了好幾部旅遊車，金鐘宗長和筆者試吃一些免費樣品，他說：味道不及我們的 FRUIT CAKE，筆者點頭，湧起思鄉情緒……

（二〇一〇年十一月二日原載世界日報《故事新說》專欄）

註：禮品。

臥虎藏“鳳”

筆者十月初的古晉行是應《沙拉越蔡氏公會》的邀請，參加其“三慶”，即：公會成立三十五周年，青年團十三周年，婦女組十二周年慶典。

公會的接待工作做得很周到，十月二日下午三點，抵境外賓只有金鐘宗長和筆者，兩位迎賓宗長略遲到，連聲道歉。五日上午九點，那是週二繁忙工作時間，離境也是我們兩人，明龍宗長親自駕車送機，筆者想起李白名句：“桃花潭水深千尺，不及汪倫送我情”。抵達酒店時，迎來的第一張笑臉是“氣質美女”翠紅宗妹。她送上帶有小禮物的大會資料袋和 ID；接下來是和我們電訊聯絡的籌委會秘書福偉宗長熱情的握手。福偉宗長是教師，怪不得一身書卷氣。

二日晚的迎賓宴，老實說菜餚平平，但我們不是爲吃而來，而且有一道清蒸魚十分美味，魚名“石戶”，無細骨，似是海魚，肉質勝過石斑。筆者喜歡聽歌，想不到在晚會中聽到上世紀五、六十年代十分流行的時代歌曲“偷偷摸摸”，婦女組主任月蓉宗妹將這首“鬼馬”歌唱得活潑動聽，關耀宗長的“遲來的愛”也相當出色。說到唱歌，慶典晚會所安排的四人演唱就令人驚喜萬分，想不到歌唱者蔡淩宗妹、蘇麗宗妹、銘娥宗長，一位吳姓宗嫂的水準那麼高，歌藝勝過一般職業歌手。蘇麗宗妹的“王昭君”更是繞樑三日。大馬宗親總會蔡崇偉拿督在大會說：沙拉越蔡氏公會人材濟濟，臥虎藏龍，應該再加上“藏鳳”。

慶典晚會演講者不少，有籌委會主席均權宗長，公會主席恒輝宗長等，但大家都深明演講如少女裙子，越短越好道理。柯孫河宗長代表《世總》致辭，他中氣十足，字正腔圓，內容精簡，同桌一位宗親說：想不到菲律濱宗親華語說得那麼好！

公所地點不錯，兩面臨街，樓高三層，三樓是宗祠大廳。三日上午的祭祖大典，禮節和岷市稍異，但慎終追遠，緬懷祖德誠心則一。

宗祠壁上有一對聯，願宗親們共勉之；

公事公開，事事惟公，即是揚宗耀祖；

正人正己，人人能正，便皆肖子賢孫。

（二〇一〇年十一月九日原載世界日報《故事新說》專欄）

佛寺和舞廳

人要常常出外走走，才會增長見識，或者得到新感受。因爲菲律濱太窮困，有時讓我們覺得自慚形穢。其實不要妄自菲薄，以柯蔡宗親會來說，岷市宗親會已有一百零一年歷史，擁有樓高十層的大廈，這是其他地方所比不上的。

這次參加《沙拉越》慶典的外來宗親團體共有十八個，人數百餘人，菲律濱代表只有四人。但大會很尊重我們，每次聚會，柯孫河、蔡慶華、蔡金鐘等宗長必列席 VIP 席。孫河宗長因掛著“世總”理事長頭銜，更必定被邀致辭，而他也言辭得體，贏得不少掌聲。

四日晚假《樂天》酒樓舉行的歡送會，因爲採取卡拉 OK 形式，氣氛輕鬆，由各地宗親展露歌喉。老實說，東南亞華人較保守，所唱歌曲都是經得起時間考驗的經典舊歌。筆者憑著記憶，報導一些優異表演：吉隆坡的蔡揭文宗長模仿急智歌王張帝，即興編歌詞，吐字清晰，維妙維肖。以歌藝而言，有一位名叫《大衛》宗長者，最出色，他唱難度甚高的《敖包相會》，豪放粗獷，情感豐富，高音處，輕易唱出，音色也美，極爲動聽。

晚會最精彩節目卻是金鐘宗長的即興講話；他雖已臻耄耋之年，但每天早上在家中游泳池游泳三十分鐘，莫怪體魄強健，精神煥發，更重要的是保持青春心態。他自認年青時風流不羈，曾經在其旅社 ALOHA 開設夜總會 HAWAIIAN EYE，台灣名歌星鄧麗君、姚蘇蓉、張帝等都曾在該處演唱。金鐘宗長講了一則真實故事：六十年代，他受人所託，要送些香油錢給台灣《善導寺》的《雲霞》法師，他請酒店接線生代打電話，結果電話被接到《仙樂斯》舞廳，剛巧那裡也有一位舞女叫《雲霞》，當他聽到電話筒傳來的靡靡之音，還有一個嬌滴滴的女聲："我是雲霞，哪位找？"知道電話接錯了。被責問時，接線生還振振有辭，爲自己辯護："你們華僑來台灣，哪有不找舞廳，而找佛寺的！"

筆者也曾登台說話，蔡楊小慧宗嫂稱讚爲談吐不凡。筆者說了什麼？不便自吹自擂，且賣個關子。

（二〇一〇年十一月十一日原載世界日報《故事新說》專欄）

震撼故鄉行

人說近鄉情怯，筆者則興奮萬分，也許因爲多年未返故鄉，也許故鄉讓人牽腸掛肚的親人愈來愈少了。月初港哥和兩位施先生，一位吳先生要到廈門公幹；獻哥、彬哥和筆者欣然暨行，獻哥說要來一次美食之旅。

廈門最近數年有"小新加坡"之譽，常常被評爲中國最適合居住城市，筆者看到她更加繁華、進步、文明，倒也不感到意外。記得八十年代初，中國剛開放，廈門似乎只有一條中山街，較像樣的酒店只有路頭的《鷺江》和路尾的《華僑服務社》。鷺江管理很嚴，走道都有閉路電視監視，房內更有住宿規則：如有異性訪客，房門必需打開。華僑檔次較低，隔音設備奇差，鄰房廁所沖水聲、談話聲隱約可聞，幸好那時住客都是"清教徒"，不然“辦事”聲外傳，就真的“失禮死人”了。泉州《華僑服務社》就更加離譜，房門竟不設鎖，筆者曾在房內更衣，被送保溫瓶徐娘服務生“侵犯隱私”，還被瞪了一眼。

且不說廈門這個國際知名的城市，連石獅這個“地級市”現在也有數間五星級酒店。我們原來要住建明國際酒店，但全店爆滿，友人另訂《愛樂》。它是一家只開業五個月的五星酒店，樓高廿九層，大堂豪華，房間寬敞，設備齊全，甚至有電腦。浴室設備一流，馬桶更是電子控制，筆者自許“見多識廣”，也經過仔細觀察操練，才能應用自如。忍不住要提的，是櫃台小姐個個漂亮大方，對話時，全程保持令人愉快的笑容。

最令筆者震撼驚奇的是廈門、泉州、石獅以及周圍各鄉鎮道路均是一級公路，筆直平整，四通八達，綠化工作也好，悅目美觀。廈門新開啓的《翔安》海底隧道，長達八公里，類似工程，台灣十年也追不上。馬尼拉缺乏資金、政治魄力、辦事效率，也許要等個五十年。閩南故鄉道路拓建再拓建，處處立交橋，高架車道，“要富，先築路”，閩南僑鄉發達繁榮，豈是偶然？我們簡陋的 C3 大道，爲了 RIGHT OF WAY 問題，GRACE PARK 段三十年不能動工，天天堵車，司機日日咒罵，當局者也唾面自乾。

（二〇一一年一月二十日原載世界日報《故事新說》專欄）

閩南美食

美食沒有什麼絕對標準，因爲人的口味不一樣。蜀湘人好辣，江浙人喜甜，菲人愛鹹愛酸，合口味，就好吃。余天有一首閩南語歌："吃盡天下山珍海味，還是阿媽煮的東西較好吃"。筆者祖籍閩南，吃慣閩南菜，也偏愛閩南菜。其實閩南以前應該相當窮困，因而未能創出流行的菜系；不過閩式小菜、小食隨著閩南人的散佈，倒也流行於台灣和東南亞一帶。

多年前筆者前往宿務參加宿務《正友》就職典禮，回程和故華社領袖蔡清潔學長在飛機上隔鄰而坐。清潔學長學問淵博，"做人"極成功，他看見筆者侷促，主動打開話匣，他用手肘輕碰筆者："你看那個空姐漂亮不漂亮？"他不愧是交際高手，放下身段，一下子拉近彼此距離。結果一小時的航程，很快速愉快地過去了。我們無所不談，他說："吃過那麼多美食，還是舊時中國酒家的白汁魚最好吃！"筆者回答："記憶中的美食最好吃。"清潔學長拍掌稱是。獻哥是美食家，他說生平吃到最好吃的東西，是小時候和父親在"麻雀館"吃到的一碗雲吞麵。銓姐認認為五十年代，香港街邊一毫子一串的"魚蛋"最可口。

筆者記憶中的美食是閩南小食：廈門的蠔仔煎，泉州的米線糊，深滬的魚丸，石獅的牛肉羹……我們這次閩南故鄉行主要的目的是要吃遍夢寐難忘的閩南小食；結果港哥的鄉親，獻哥的親友，彬哥的從弟爭相宴請，讓我們計劃落空。

九日中午，我們終於如願，地主答應我們的要求，帶我們到有地方特色的小餐館。"薑母鴨"上桌，港哥加料，淋以"威士忌"，異香四溢。我們主客十人，揮箸如飛，別的菜不算，我們幹掉五隻薑母鴨！筆者用公筷翻來翻去，找不到鴨腎，老闆娘說："現在人人講究健康，膽固醇高的內臟，已經沒人吃了。"中國人真的幸福了。"大躍進"餓死人，海外寄"豬油渣"給閩南僑鄉的年代是一去不復返了！

晚上我們在馳名的《綠島》用餐，吃到了正宗的"蠔仔煎”，但是滿足感不在口中，而是在心中。

（二〇一一年一月二十五日原載世界日報《故事新說》專欄）

大快朵頤

筆者曾讀過一則故事，不知真實性如何。話說八十年代初，日元升值，日人橫行全世界，萬分囂張。一團美食家，十餘人到了廣州，找了某馳名老食店，拿出兩萬美元向店家挑戰：辦一席物有所值的美食。店家答覆：“行，一星期後，請來品嘗。”一星期後，日人依約而來，並帶來攝影機。第一道菜是熱炒，香脆無比，食客狼吞虎嚥，吃個精光。第二道菜是像豆腐腦的熱湯，清鮮異常，日人大叫：OISHI！伸長脖子期待第三道菜。店家說菜上齊了，兩萬美元用完了。日人抗議：店家宰客。店家不慌不忙，帶客人到廚房觀看：第一道菜原來是燕子舌，數千隻燕子的舌頭炒成一大碟熱葷頭盤。第二道菜不是豆腐，而是數千條活鯉魚“腦”做成的，日人啞口無言。

當時義兄民哥在大陸做生意，在泉州《華僑服務社》宴請筆者，他豪氣干雲地向餐廳經理說：“我要請菲律濱的人客，你辦一桌最好的菜。”餐廳魚、蝦、蟹、鰻、鱉……出齊十道菜，廚藝平平，不過份量十足。付賬時，筆者問：“多少錢？”民哥答：“兩百人民幣。”筆者和二姑母都大驚，筆者認爲折菲幣六百元，便宜得令人難以相信；二姑母卻連連拍胸：“咳！咳！咳！這麼貴，那是一般人的半年薪金！”事隔近三十年，相信現在沒人敢如此點菜，因爲大陸很多東西有令人難以置信的天價：

一粒“增城掛綠”原樹荔枝叫價五、六萬人民幣，數兩“大紅袍”茶葉開價數十萬！

彬哥《武協》師侄阿強姓邱，是個成功的青年企業家，菲中兩地跑。他在《建明》貴賓室宴請我們，阿強深知菲華文明人士的作風，不喜浪費，食物高檔精緻。雖備好酒，但不強灌客人，“我乾杯，你隨意”賓主盡歡。席上盡是珍饈，一道龍蝦，不是粵式上湯焗，不是日式刺身，也不是菲式烘烤，用閩式淋汁煮法，又鮮又嫩。另一道所謂“健康首長菜”，是一大盆各種蔬菜熬成的湯，湯呈白色，清鮮得沒法形容。各道風味不同的美食，令我們舌頭味蕾一再受“刺激”，深深感到什麼叫做大快朵頤。

（二〇一一年一月二十七日原載世界日報《故事新說》專欄）

失落的故鄉

應該是二十年前了，筆者在《泉州晚報》菲律濱版看到一則新聞：《開元寺》唐朝古樹桑蓮蟲害嚴重，日漸枯萎，奄奄一息。經過專家研究，原來市政府在東西塔安裝了無數高瓦數電燈，整夜亮著，要爲市標增加風采。哪知燈光趕走在塔裡棲息的鳥雀，鳥雀遷居了，各種蟲類失去天敵，迅速繁殖，摧殘桑蓮古樹；幸好它在專家悉心照料下，終於活下來了……筆者思鄉之情大發，不能自己，立刻整裝回鄉。

當時開元寺很雜亂，寺內有不少小販在營業。記得有小販擺了一個銅製面盆，放著半盆清水，付款一元，可以向清水吹氣，面盆會發出嗡嗡聲響，久久不絕，十分神奇。筆者當然不會錯過這個玩意。筆者用正宗的泉州話和年輕小販說話，她好奇地問：“先生從哪裡來？怎麼說泉州話，腔調怪怪的？”

這次故鄉行，筆者特別建議到泉州一遊，重訪開元寺、關帝廟、清真寺，如果有時間再“看”（聽不懂也）一場“南音”演唱，那就十全十美了。可惜遇上堵車，我們要放棄各景點，只能在開元寺停留二十分鐘左右。

西塔旁石壁刻有一個怪字“心”，心上三點，中間一點被放在心下面。彬哥問：“這是什麼字？”筆者隨口亂編：“這是佛教字，世人將名、利、權三塊大石頭放在心上，佛勸人應該將它們放下。”彬哥首次沒說筆者亂“LIAP”。（註一）

黃昏時分，天色灰暗，開元寺分外肅穆清靜，遊人稀少，不見本地人，也沒和尚，只見兩名西方遊客極興趣地看著佛寺主殿姿態各異的“飛天”。一個中年女導遊領著一群來自北方的本國遊客，拿著擴音機，用極刺耳的聲調介紹：“你們吃過龍眼吧？這就是龍眼樹……”筆者急急走離噪音，探訪桑蓮去了。它還活著，也許是冬季，樹葉凋零；不遠處的普提樹倒是枝葉繁盛，生氣勃勃。筆者撿落在地上的桑葉留念，並和一位善眉慈目的本地人談話，中年婦女看見筆者“番氣”穿著，笑問：你是“倒落”（註二）來的？泉州話講得“凡那”好。筆者難以解釋，是的，自己身在何處？怎麼到處都是普通話，鄉音難覓，故鄉在哪裡？

（二〇一一年二月一日原載世界日報《故事新說》專欄）

註一：說。

註二：閩南話，那裡。

回鄉雜感

筆者到過中國不少城市，但最常去的還是廈門，因此目睹她的蛻變，也看到中國的進步。開放初期，廈門老舊破落，基本上保持解放前的情況，《湖里》是臭水溝，現在綠波蕩漾，“小新加坡”豈具虛名？數年前，筆者在鼓浪嶼對岸欣賞風景，海風徐來，心曠神怡，但見一白色塑膠飯盒隨波起伏，十分刺眼，突然不知何處馳出一艘小艇，將它撈走。筆者想起美麗的馬尼拉海灣近岸處浮著無數垃圾，恨不得身旁有菲國官員，驕傲地告訴他們，中國是何等的文明。不知不覺，汽車的喇叭聲也聽不到了，人們的衣著也相當時髦。一葉知秋，廈門已臻第一世界境界。這回我們在《鹿港小鎮》用餐，令筆者驚喜的，不是它的閩南風味美食，而是店內公開擺著台灣出版的《聯合報》、“中華民國”年號不會“動搖國本”，只昭示政府的自信。

石獅也進步了，她的市府大廈就比菲國首善 MAKATI 市府龐大宏偉（是否有需要，那是另外一個課題），以前街頭到街尾都有人相罵或打架，現在只有少數逆向行駛的“魔”托車，表明石獅“獸”氣尚未完全消除。筆者也親歷空中彩紙飄蕩，原來高樓有人將吃完的零食包裝往窗外丟；還有一回，一個塑膠袋垂直下墮，看其“加速度”，不知裡面有什麼“寶物”。

筆者最憎恨說一套做一套的官僚和官場陋習。共產黨標榜平等，要打倒階級制度，但中國官場最看重階級、排名、排座和發言，敬酒次序一點也錯亂不得。最可笑的莫過於一些官式宴會，

“頭兄” — 一般是各級書記，低至鄉鎮級，也必作出日理萬機，惜時如金狀：打三幾句官腔，敬三幾杯酒，就匆匆而走，讓客人爲打擾了“父母官”內疚不已。這些噱頭早已讓人生厭，奇怪的是官僚們仍樂此不疲。

港哥身爲其家鄉菲國同鄉會理事長，我們原來計劃是要在《圍頭》碼頭大排檔吃海鮮，但鄉人敬意，安排到大酒樓。菜是好的，主人也熱情，但半途也冒出“書記”要敬我們這些“愛國華僑”。筆者將杯中“藍帶”乾了，我們自問“愛國華僑”當之無愧。

（二〇一一年二月八日原載世界日報《故事新說》專欄）

正友 DOS PALMAS 遊蹤

DOS PALMAS（雙棕櫚樹）島相信是菲國最馳名的旅遊點，可惜是惡名昭彰。十年前就是在那裡發生 ABU SAYAF 驚天大綁架案，十八名人質中有菲人、華人、美國人。華人付出龐大贖金後獲釋，其中一名蔡姓女學生是女兒同學，花錢消災。一名美籍男子 SOBERO 被斬首，慘絕人寰。美籍傳教師 MARTIN 和 GRACIA BURNHAM 夫婦和菲籍女護士 EDIBORAH YAP 被劫持了三百七十七日。MARTIN 和 EDIBORAH 死在政府營救軍隊子彈。倖存的 GRACIA 後來寫了回憶錄，很讓菲國在國際出了一陣負面“風頭”，令旅遊業，尤其是 DOS PALMAS 一蹶不振。

金子蒙塵，終也會發亮，現在遊客漸漸回頭。筆者在報上看到《正友》總會在二月廿五日有三日兩晚遊，立刻報名，成爲全團六十一人之一。當我們抵達小島碼頭時，聽到迎賓音樂，那是旋律簡單，節奏明快的南部回民民樂；看到的是一張張友善的笑臉。小島綠化成功，綠草如茵，樹木茂盛。每座客舍，上下兩層，有四間寬大的房間。不知是心有餘悸，還是價錢問題，建在海上的懸空客房無人入住。DOS PALMAS 位於 PALAWAN 公主港市附近的 HONDA 灣（它不是日文本田，而是西班牙文深水），離岸約一小時餘航程，入夜只聽到沙沙風過樹梢聲，海濤有節奏的拍岸聲，客人可靜享天籟，安眠。

我們首個遊覽景點是正在申請爲世界新七大奇景之一的“地下河流”（註）。河流長達八公里，可航河道達四公里，載著九人的小舟由一名船夫用槳劃行，在寬闊的河道徐徐前進，在一公里半處折返。“探險”沒有想像中的驚險，感覺只是進入一個黑暗的大山洞而已。

船頭有一個探照燈，掌燈者依船夫指示，或左或右，或上或下，照射所謂“耶穌像”、“聖母像”、“裸女像”、“大教堂”等等石頭，最吸引人的還是無數倒掛在洞頂睡覺的蝙蝠。牠們和常見的黑蝙蝠不同，身軀細小，只有兩三寸大，棕色。船夫說小舟用人力，不用摩托，是爲了環保和不想打擾洞中生物。乘舟處有許多腐葉飄浮在河上，有礙觀瞻，管理員說不打撈是要供魚兒食用，也不知是真是假。

（二〇一一年三月三日原載世界日報《故事新說》專欄）

註：申請成功。

PALAWAN 風光勝畫

DOS PALMAS 被報紙音譯爲多斯巴爾馬斯，冗長又不知所謂，筆者爲行文方便，依字意爲它起名：雙棡島。它離陸地及其他島嶼均有一段距離，要走長長的水路。

早上出發，水波不興。近岸處，海水呈翠綠色，深處則是深藍帶綠；近山也是綠色，遠山前藍後灰，層次分明；天空淺藍，白雲飄蕩，色彩之和諧，風景之美麗，非人工彩筆所能描繪。

下午回航，波濤洶湧，雙翼船破浪前進，隨著海浪起伏，有如過山車。不知可有人擔心土造船隻是否經得起折騰？但見年青人不時尖叫歡呼。船頭船翼撞出無數雪白浪花，浪花在豔陽照射下，生出一道道一瞬即逝的彩虹。筆者心中讚歎造物者的神奇，目睹如此美景，爲自己的幸運感恩。也許千百年後，人類科技發達，可以移民月球、火星；但人生活在那種醜陋的環境中，會快樂嗎？

雙棡島附近有許多小島嶼，最奇特的，莫如《蛇島》，蛇島無蛇，只是島形細長如蛇。它遠觀像一條米色玉帶浮在碧海上，海灘上有一排 MANGROVE（紅樹）林，退潮後，粗壯樹根裸露在水上，但牢牢抓著海沙。它們除了美觀，更有保護土地功能。蛇島有數公里長沙灘，更確切地說，應是沙堤，它將海水圍成一個“海中海”。它的沙質雖比不上 BORACAY，但亦相當細白，赤腳在沙上行走，十分舒服，海水清澈見底，極多小魚遊曳其中，與魚共泳，一樂也。

《正友》一行十分幸運，天氣風和日麗，氣溫宜人。海風吹來，十分涼爽，不似別的地方，既濕且熱，甚至帶有腥味。楊濟誠說海上負離子多，莫怪正友們個個精神煥發，活力充沛。

旅遊是賞心樂事，但也講天時、地利、人和。天時是季節，地利當然就是旅遊地點好不好，而人和最重要，那就是遊伴熟不熟，是否有共同語言、話題。正友這次雙欄島遊可說天時、地利、人和三大要素都具備。

（二○一一年三月八日原載世界日報《故事新說》專欄）

正友之夜

雙欄島酒店供應早餐自助餐，雖然味道平平，但份量足夠，菜餚也該有的都有。值得一提的是晚餐地點設在沙灘上，環境一流，燈光略暗，卻增羅曼蒂克氣氛。二人樂隊自彈電吉他，唱FREDDIE AGUILAR“ANAK”之類抒情歌。第一晚有三人表演“火焰舞”，表演者手持長繩，兩頭繫著燃燒鐵罐，上下左右飛舞，背景是黑暗大海，但見火焰變成或大或小火圈，可算精彩。

第二晚，晚餐將近結束時，歌手忽然宣佈：請 BERNARD CHUA 先生爲我們演唱。他不是別人，就是正友“珍寶”之一的歌王楊少森。楊少森號稱“菲華張學友”，不但歌藝不遜張學友，而且面貌，尤其是鼻子竟有七分相似。在座正友們鼓掌歡呼，他和吉他手略爲商量，菲人果然極有音樂天份，立刻彈出《月亮代表我的心》的節奏。美麗大方，漂亮活潑的中正舞蹈老師，來自大陸的志願老師李如玲在會長許峻榮，副會長黃俊圖又勸又求下，答應上台表演舞蹈。楊少森唱來有點拘謹，而李如玲則一下子就依歌曲拍子，用芭蕾舞步手勢演釋歌詞。她秀髮過腰，姿態優美，讓正友們有極佳的視覺享受。楊少森應熱烈要求，唱出他拿手的《吻別》，吉他手的伴奏，李如玲的舞蹈配合得絲絲入扣，筆者想這個表演的精彩，簡直可上大陸中央電視台的《春晚》。

筆者看見一位正友唱將吳禮鎮也在場，大叫：吳禮鎮！他上台唱《榕樹下》；接著陳瓊華也應邀，用輕快的拍子唱出一首久違的抗日歌曲《杜鵑花》："淡淡的三月天，杜鵑開滿山坡上，杜鵑開在小溪旁……"她雖清唱，但大家拍著手掌相和，一下子，好像時光倒流，回到學生時代。正友骨幹秘書長蔡懷強、詹麗麗夫婦合唱 APO HIKING SOCIETY 歌 PUMAPATAK NA NAMAN ANG ULAN（又要下雨了），接著唱歌有兩把刷子的許榮昌等一一上台獻唱。最後大家合唱周華健的《朋友》："這些年……風也過，雨也走……還記得堅持什麼……"

夜深了，大家不得不意猶未盡地結束別開生面，山寨版"正友之夜"。

（二〇一一年三月十日原載世界日報《故事新說》專欄）

山好水好人更好

巴拉灣 PALAWAN 島地形狹長，位於菲國西南部，山上有森林，山中有礦物，海中漁產豐富，而且不在颱風區，但和其他地方一樣，進步緩慢。首府 PUETO PRINCESA 街道狹窄，全市只有數處有交通燈，繁榮程度可想而知。公共交通工具只有摩托車改裝的“四輪車”，甚至沒有“集車”。十年前曾陪表哥到公主港爲其父母“移靈”，這次重訪，市容沒甚麼改變，但出奇的清潔。導遊 ANN 說市府有市律授權市民可作“公民逮捕”，抓到亂丟垃圾者，可和政府平分罰金。

上世紀六十年代筆者蘇姓姑父和姑母在公港經商，姑母說她買了數隻母雞和一隻公雞放在後院，結果牠們生傳了幾十隻，要吃雞，就叫菲工隨便捕捉；而活跳跳的石斑魚，五角錢就可以買到。姑父母很不幸，某晚十餘名喝醉匪徒，其中有地方警察，進入他們店裡搶劫，並將他們殺害。當地華人組織很熱心，挺身而出，將匪徒逮捕，繩之以法。

巴拉灣華人應該不少，設有華校，蔡姓女校長是筆者同屆同學，但不知現在情況如何。去年《法雨寺》落成，我們往機場時，因時間充裕，進入一遊。筆者喜愛名山古刹，該寺雖然高約五層樓，相當宏偉，但爲曾經遊過普陀山的法雨寺，自然而然將兩個比較，巴拉灣法雨寺失之太新，而且裝飾色彩也太俗氣。正友們有許多虔誠佛教徒，誠心禮佛，但願他們心想事成。

這次雙檲島行，筆者看到第七屆的許玉意師，她精神瞿鑠，身體硬朗，作爲弟子輩，真爲她高興。另一個年過八旬的學長是第十屆的丁文欽，全程吳約瑟學長對他照顧得無微不至，兩人如兄如弟，令人感動。雙檲島酒店人員都謙恭有禮，主動向人問好。在此特別介紹一位 SHANG 小姐，她是典型的馬來族少女，身材健美，黛眉明眸。碼頭下面有無數遊魚，筆者向餐廳討了一些麵包餵魚，並將麵包分給其他團友，大家看魚兒躍上水面爭食，感到很有趣。麵包一下子餵光，正考慮要不要走回餐廳，SHANG 小姐善解人意，已取來一大包。我們乘船離開時，她揮手送別，久久不去……

（二〇一一年三月十五日原載世界日報《故事新說》專欄）

憶舊碧瑤

八月中旬大女兒亦慧說，總統府宣佈月尾有四日長假，她說：“好久沒有去碧瑤了，我們去渡假好不好？”筆者打蛇隨棒上：“好啊，你請客。”亦慧一反常態，爽快回答：“沒問題。”車子到達松市，就在《愛國中學》前面，街道大堵車，亦慧將車窗搖下，集車長龍吐出的烏煙瘴氣撲面而來，我們還在大岷區？碧瑤怎麼了？

五、六十年前，如果稱碧瑤是菲國最漂亮城市，是世外桃源，相信沒人會反對。不管是否盛暑，車子一接近山頂市區，清涼的山風帶著松樹清香徐徐吹來，令人心曠神怡，不必用眼睛，用鼻子也知道“瑤池仙境”已到了。

上世紀六十年代初的某年暑假，筆者到父親設在碧瑤山下ROSARIO 社的菸葉收購站學習。ROSARIO 當時只有一家華人商舖，張姓主人是父親“一表三千里”的表兄，筆者尊稱他爲表伯。表伯唐山兒子“表兄”是父親合夥人，“大歹人”一個，筆者小時了了，在菸棧工作，令他難“伸腳手”，險遭他的“陷害”（那是一段很曲折的故事）。在 ROSARIO 搭巴士走KENON（昆崙路）到碧瑤只要一小時，車資五毛錢。筆者星期天常常上山遊玩，留下無數美好回憶。

碧瑤別號松市，名符其實，松樹遠比人口爲多，全市除了菜市，只有西廂路 SESSION 較熱鬧。市府清廉有效率，治安良好，警察、本地人很友善，笑面迎人，有問必答，問路更詳細指點，也許生活太悠閒了。市中有許多“內山”出來販賣土產的 IGOROT 族人，他們不論男女老少，均只腰圍顏色鮮豔布條，有的臉上更塗了黑、白、紅等色寬線條，令人望之生畏。表哥說他們是很“乖”的，他睜大眼睛向年輕婦人胸部“赤赤看”，果然無事。筆者情竇未開，欣賞的是廣東華僑開設的餐館，他們數毛錢一碗的雲吞麵不遜岷市的。

碧瑤因氣候關係，處處花朵盛開，《文咸》BURNHAM 公園湖邊垂柳迎風搖曳，就像夢中江南。令人印象深刻的，是菜市乾淨，毫無異味。更令人驚奇的是賣菜小姑娘，膚色黝黑，閒談所用語言，竟是字正腔圓的中國“國語”！原來她們是菲華混血兒，是《愛國中學》的學生。

（二〇一一年九月六日原載世界日報《故事新說》專欄）

碧瑤已失色

二十餘年來，碧瑤變化極大，首先 PINATUBO 火山爆發，北上公路被火山灰覆蓋，要到碧瑤必須繞道而行，費時費事，十分不便。現在有了 SCETEX 新高速公路，車子已直達 TARLAC 省的 LA PAZ 社，不經 PAMPANGA 省，可節省一小時左右的時間。根據政府計劃，北呂宋高速公路將延長，也許在二〇一三年將抵達碧瑤山下 ROSARIO 社，再走較近但曲折的“昆崙路”或較遠但平坦的《馬可斯公路》大約三小時就可到達。問題是有價值嗎？仙境似的碧瑤已經失落了，取代她的是離大岷區只有數十公里，交通利便的 TAGAYTAY 市。

碧瑤的 MINE'S VIEW（礦山觀景）一向是遊客必到的景點，但上數次到訪時，美景不再，山坡密密麻麻都是違建貧民屋。溫馨高雅的渡假旅店 PINE'S HOTEL 被火焚毀，現已改建成 SM 商場，商場人頭湧動，令人以爲置身 MAKATI。SM 爲碧瑤市民帶來休閒購物好去處，只是懷舊的筆者無處憑吊古色古香的旅社大廳，想起當年和幾位好友圍著燃燒松枝壁爐，品着咖啡，說古論今，憧憬未來，彷如隔世；想起舊侶難覓，愁思油然而生，惆悵無比……

唯一值得慶幸的是以前門禁森嚴的美軍基地 CAMP JOHN HAY 回歸菲國，政府向大眾開放；高級牛扒館《舊金山》原址建成了五星渡假旅社 MANOR《莊園》。莊園環境、建築、設備、氣氛、服務一流，旅遊淡季，即六至九月雨季，房價五折，竟比市內一些三星不到酒店便宜。站在房間露台，山嵐拂衣，但見松林煙雨濛濛，四周寂靜……也許會重臨碧瑤，莊園酒店絕對是最大原因。昆崙路又名 ZIGSAG（彎曲）路，道路險峻，何止十彎九曲。半山處，《獅子》用一塊巨大天然岩石雕了一個威猛獅子頭，後來不知誰的餿主意，將它漆了俗氣的色彩，焚琴煮鶴，以此爲最。

碧瑤遠不如 TAGAYTAY 市美食餐廳中、菲、西齊全，但有一餐館 FOREST HOUSE（森林屋）極具特色，離 CAMP JOHN HAY 不遠，木材建築很有格調，晴天在小露台進餐，山色盡入眼中。它的食品相當可口，賣相氣派，最重要的是價格便宜，到碧瑤切勿錯過。

（二〇一一年九月八日原載世界日報《故事新說》專欄）

碧瑤“鬼話”

碧瑤樹多人稀，氣候寒冷，風過樹梢，發出怪聲；夜間燈光昏暗，樹影幢幢，十分嚇人。據老華僑說，碧瑤是極“陰”之地，常有鬼物出現，靈異事件發生，只要見怪不怪，久而久之，就會和平相處。

青年時代曾和《飛雲文社》一群男女朋友上碧瑤尋幽搜奇。我們爲了節省費用，不住酒店，在近郊租了一間小屋作居停。入住之後，好心鄰居老菲婦說該屋“不乾淨”，有異物作祟，睡前要關門戶，我們又驚慌又興奮，但畢竟色厲內荏，大家在客廳打地鋪，亂蓋離奇故事。筆者不懂憐香惜玉，看到三、二“小女子”擁被畏縮，更是越講越恐怖。忽然有人指著玻璃窗大叫：“鬼呀！”大夥望去，果然玻璃窗貼了一張“鬼臉”，男生們衝向窗口，要來個“鐘馗捉鬼”，真相是：鄰居一個頑皮小男孩將面孔緊貼玻璃窗，好奇地觀看我們這些陌生人。次日我們遊鐘壇濟公廟，健哥面色蒼白，神色慌張，著急地問：“你們可聽見有人呼喚我？”眾人一致回答：“沒有。”筆者的“科學”解釋是他前晚睡眠不足，又有感情問題困擾，所以產生幻覺。

內弟華漢是個誠實青年，從不打誑語。某年他夫婦和我們一家同遊碧瑤，住在 V 酒店。他一進房間就雞皮疙瘩，混身不自在，但當時正值旅遊旺季，欲換房間而不得，只好硬著頭皮住下。隔日早上，他的妻子問他：“你有沒有感覺整夜都有人要騷擾咱？”最難思議的是要回家時，他們剛拿出行李，房間“啪”

地一聲，就像有“人”生氣把門大力關上！

筆者一向對“超自然現象”十分興趣，可惜曾經遇到的，都乏善可陳。這次遊碧瑤我們有一晚住進各方面都好的 MANOR 套房。筆者單獨睡在客廳的沙發床，床的前後都有電燈，躺著看好書，快樂勝神仙。因爲腳尾的電燈很耀眼，筆者很肯定地把它關掉，也不知什麼時候進入夢鄉。凌晨上廁所，發現一“奇事”；關掉的電燈竟然開著！筆者沒有害怕，以爲終於碰到“真正”的靈異事件。爲了“小心求證”，早上問遲起的妻子、女兒有沒有開燈？期待否定回答。唉，筆者大失所望，原來內人看筆者被單單薄，特別開燈爲筆者取暖。

（二〇一一年九月十三日原載世界日報《故事新說》專欄）

碧瑤探險

上世紀六十年代尾，麗姐成爲獻哥太太前曾在碧瑤《愛國中學》任教。《飛雲文社》訪碧瑤時，她盛情招待，並帶我們做了一次真正的探險 —— 鑽 CRYSTAL CAVE（水晶洞）。

稱水晶洞爲山洞不恰當，因爲它是一條穿過大山的隧道，至少有一公里長，位於碧瑤某山山中。它不像武夷山等地的“一線天”，如何形成不得而知，也許是雨水千萬年侵蝕而成，更可能是探礦人挖掘的探礦礦道。在麗姐再三恐嚇下，部份不立危牆下的“君子”退出，留下的“勇士”則手執火把，跟隨麗姐進入伸手不見五指的洞穴。隧道崎嶇不平，狹處要側身而過，低處則要彎腰前進；火把照射下，不見五彩水晶光芒，四面都是黑黝黝岩石，還好通風尚好，不至有窒息感。彷彿天長地久，前面出現豆子似的一點白光，豆子變成西瓜，再變車輪，終於走出“地獄路”。勇士們吐出長長的一口氣，火把黑煙灰佈滿眾人的臉孔。我們用清澈的山泉洗滌，神魂回竅，有人開始吹噓說什麼如果碰到地震，大家同時歸天，同葬一穴，也不枉結交一場。如果他在洞裡開這烏鴉嘴，很可能被眾人就地活埋。回程沒人提出走原路，寧願走長長的山路。後來碧瑤真的發生大地震，《海悅》酒店倒塌，死傷三百餘人。水晶洞被堵得死死的，碧瑤從此失去一個“好玩”去處。

以前 MINE'S VIEW 有一項很驚險表演：一些身手靈活敏捷的小孩子在觀景台前懸崖接遊客丟下的硬幣。他們好像金庸筆下的“千手如來”趙半山，用一個小網子或赤手接硬幣，左捎右接，上下跳躍，將硬幣一一接去，絕不落空。後來可能發生意外，政府嚴加禁止，這項極危險殘忍的“表演”才絕蹟。

碧瑤範圍並不大，來來去去就是那幾個景點，訪客著重的是她全年清涼的高山氣候，清新帶有松香的空氣和安靜清幽的環境。到碧瑤常常會和一些親戚朋友不期而遇，這次也不例外，碰到廿一屆陳友民、蔡文世等學長。他們花費萬元到松市打一千元的小麻將！和他們共進早餐，愉快地談話，令人忘記早餐的食物味道欠佳。

（二〇一一年九月十五日原載世界日報《故事新說》專欄）

走馬看花遊檳城

菲律濱濟陽柯蔡宗親會十一月有兩個出訪邀請，一是十一月十一日的檳城辛柯蔡宗親會成立一百五十週年紀念；二是十一月二十日假福建石獅市舉行的《柯蔡世界總會年會》。理事們大都選擇參加《世總大會》，可惜它因政治問題延期，並改換地點。筆者參加檳城行，人數雖少，倒是順利起程。

檳城位於西馬西北部，是大馬第二大城市。岷市沒有飛機直航，必須在新加坡或吉隆坡轉機。筆者乘搭馳名機新、服務好、準時的新航往新加坡。飛行時間三小時又十分，飛機飛行平穩，時速九百公里。樟宜機場極大，我們要從一號機場乘電動火車到第二號機場，芳板宗長說，如果單身，很可能走錯。筆者回答機場人員通曉各種語言，指示詳細，不必過慮。我們轉搭 SILK AIR（絲航）百餘人"小飛機"往檳城，飛行時間一小時二十分。空姐大都是馬來人和印度人，皮膚黝黑，相貌平平，制服也不美。時值晚餐時間，絲航只供飲料和一客三文治，饑腸轆轆，感覺味道不差。抵達檳城已是晚間八點，機場不大，規模和宿務不相上下。

根據蔡姓導遊 JIMMY 介紹，檳城原名檳榔嶼，是一個島嶼，人口一百五十萬左右，百分之六十八是華人，餘者馬來人和印度人。筆者所見，似乎印度人比馬來人還多，做掃街、侍應、駕駛等"粗工"。商店店員大都是華人，講字正腔圓閩南話、鄉音入耳，十分親切，幾乎忘了身在異域爲異客。

數日的逗留，筆者認爲檳城絕對是一個治安良好，宗教民族和諧的社會，因爲不曾遇到維安軍警，也不見有人爭吵，禮義之邦石獅市，街頭街尾，沒碰到三幾次惡言相罵，甚至"起腳動手"算你好運。

受過英國人統治者，一般較守法自律，受西牙統治者，則較懶散，凡事無所謂。檳城街道相當乾淨，一些較貧困區域也不見

“佔地者”違章建築。馬來人和菲人同種，在絲航飛機上，空中小姐嘰哩呱啦說了一大堆馬來話，指著“太平門”說“PINTO”。筆者大樂，後來上廁所，看到 LELAKI（註）一字，勇往直入，果然沒被打出來。

（二〇一一年十一月二十九日原載世界日報《故事新說》專欄）

註：與菲文 LALAKI（男）相似。

和諧富裕社會

大馬檳城是一個和諧富裕城市，各種招牌以中文爲主，繁體簡體並用，繁體多毛筆字，較氣派，簡體多美術字，稍呆板；或由左至右或由右至左。筆者認爲橫寫招牌，應由左至右，較易配合英文地址。市區種植了不少奇異大樹，枝葉繁盛，美觀並提供氧氣，賞心悅目。我們的居停 GURNEY HOTEL 外觀宏偉，五星級，內部設備陳舊，只及三星。酒店環境極佳，位於海旁，風景稍遜馬尼拉灣，岸邊有參天松樹，距離緊密，遠勝渾身是寶，但醜陋的椰子樹。樹下綠草如茵，有三數印度人在打掃修整。清晨有老年華人作晨運，動作怪異，不知操練何種氣功，也未引人注目。

馬來西亞是回教國家，但檳城對各種宗教很包容，可說是宗教博物館。單是佛教，就有傳統的中國式寺院，建築混入馬來色彩的觀音寺，金碧輝煌的泰國、緬甸式佛寺。印度教堂各式偶像排得密密麻麻，色彩繽紛。基督教教堂一般較簡潔，菲國是天主教國家，平時看慣宏偉華麗的天主教堂，檳城天主教堂就相對矮小寒酸。奇怪的是洋蔥形的回教教堂反而較少見，證明馬來人確實很少。

檳城公車似乎不多，大概市民都擁有私家車代步，從旅遊車上遠眺屋邨停車場，車子很多，且不乏歐美名車。檳城很多高樓大廈，單從外型設計來看，不及菲國新穎。也許菲律濱工錢較便宜，一般住宅較有 KOTE（花式）。

導遊曾帶我們到展示了檳城富裕的商場 GURNEY PLAZA，它的設計和香港《時代廣場》極相似，也是中空的口字型，不過面積更大，樓層更多，也像菲國 SM 商場，集商店、餐廳、電影院於一處。地下大堂很寬敞，正舉辦汽車展覽，汽車沒特色，倒是不少俊男美女穿插其中。

馬來西亞可能稅律極嚴，商場入口貨物價格遠比香港、岷市爲貴，款式也較少；中國製造貨品很多，但比岷市“免稅”一六八商場貴數倍。當然“血拼”不可靠蠻力，清池宗長就憑慧眼買到正宗歐製皮鞋，款式大方，質地優良，而且減價後，比 SM 賣的皮鞋更便宜。

（二〇一二年一月十二日原載世界日報《故事新說》專欄）

柯文明的智慧

東南亞的華人熱情好客，尤其是對有血緣關係的同姓宗親。檳城辛柯蔡宗親會這次爲了辦好一百五十週年紀念，出盡全力，讓所有來賓感到賓至如歸。我們菲律濱宗親抵達檳城時，已是晚上八點多鐘。會長蔡傳國準會督親自在機場迎接，他安排其他理事帶我們去吃晚餐，因爲他要留在機場迎接各地接續而來的宗親，直到深夜十二點。十一月十二日慶典完畢，我們回國，他和夫人又一早到機場送行，送走我們，他也是留在機場，因爲整日有其他宗親乘搭不同班機回去……

蔡傳國會長說他很感激很多宗親遠道而來捧場，更感激本地宗親，尤其是青年組給他鼎力的支持。檳城的每次聚會都有條不紊，更難得的是有不少別開生面節目，處處顯出主辦者的細心、用心、誠心。令人印象深刻的是慶典晚會有一個祝酒節目，但見兩個壯碩小夥子扛著一古色古香大酒醰，踏著舞步上台，主禮者不用玻璃小杯子，而用大瓷碗盛酒敬客，盡禮、瀟灑、豪邁！晚會另一項創舉是使用科技，在室內燃放煙火，但又謹慎控制，確保安全；又用一架遙控直升機運送禮儀物品，動作精準，相信花了不少時間練習。東南亞華人喜歡"老歌"，一位女歌星高唱葛蘭六十年代名曲《說不出的快活》，讓聽眾拍爛手掌。

夜已深，但壓軸節目 ── 大馬歌唱比賽冠軍蔡明國的演唱尚未開始，許多來賓紛紛離座要回酒店。但見菲律濱柯蔡宗親總會理事長柯文明上台宣佈："請所有宗親暫勿離座，因爲接送賓客的大旅遊車還未到達。"各離座者果然一一回座，觀看最後節目，而蔡明國宗親也沒讓人失望，演唱十分精彩。

柯文明宗長也是擅唱歌手，蓄著小鬍子，有點像香港歌星林子祥。他精通數國語言，國、閩、粵一流，和各地宗親交通談話，十分利便。他後來告訴筆者一個秘密；他也常常登台表演，了解表演者的心情。爲了避免觀眾減少，讓表演者和主人尷尬，越俎代疱，撒了"車未到"謊言，留住賓客，讓大會完滿結束。妙哉，相信所羅門王的智慧也不過如此。

（二〇一二年一月十七日原載世界日報《故事新說》專欄）

蔡襄千禧

蔡襄公（一〇一二至一〇六七）字君謨，謚忠惠，北宋名臣，是傑出政治家、文學家、書法家、科學家，人格高尚，爲官清正，肯爲民謀福利。蔡襄是福建仙遊人，離閩南不遠，相信東南亞，包括菲律濱，有他的後裔。

蔡氏始祖叔度公是周文王第五子，武王之弟，成王之叔，因被封爲蔡國國王，以國爲姓，是第一個姓蔡者。蔡叔度因涉及“三監之亂”，被周公旦流放。三千年前政治事件，誰是誰非，極難肯定，或另有內情。他貴爲皇叔，有自己的封國，何需追隨兄長管叔、霍叔叛亂，待事成之後，再成皇弟、皇叔？近代史有一個極好例子：劉少奇貴爲國家主席，他會叛國？

三月四日福州蔡氏宗親會、蔡襄學術研究會舉行紀念會，慶祝蔡襄千歲誕辰，筆者和蔡金鐘宗長父子受邀參加，目睹盛況。慶典有兩項主要節目：上午海內外宗親齊集《蔡忠惠公祠》向蔡襄銅像跪拜祭祀。銅像座出自名家雕塑，忠惠公面貌正氣滿面又不失祥和，遠勝岷市和新加坡所掛畫像。祠堂在福州蔡山區，佔地六百平方公尺，明式建築，十分精緻，九十年代重修，修舊如舊，遊客到福州，不論是否蔡氏子孫，應該一遊。

中午慶祝餐會假綠島酒店舉行，因大廳不大，賓客又多，所以分坐三個餐廳聽演講和用餐。音響很差，貴賓發表什麼高論，相信大部份會眾是聽不清楚的；賓客也不守規則，室內幾乎人手一煙，吞雲吐霧，讓人窒息。

貴賓的演講或長或短，大都是平常應酬話，倒是蔡金鐘敘述他如何發現蔡襄古墓，發起修建陵園的經過，吸引了不少人的注意力，電視台也訪問了他。另一個驚奇是《台灣台北市濟陽柯蔡宗親會》和《台灣一國兩制研究協會》理事長蔡武璋的演講。《蔡》在台灣是大姓，在各界極具勢力，筆者的印象他們多數親綠。蔡武璋說："兩岸是同胞，兩岸終統一"獲得熱烈掌聲。

福州蔡氏宗親會蔡明森會長是國家一級導演、作家、教授，文質彬彬，談吐不俗，認識他是福州行收獲之一。

（二〇一二年三月二十二日原載世界日報《故事新說》專欄）

林則徐紀念館

福州旅遊勝地《三坊七巷》多唐宋建築物，尤多清代民初名人故居，《林則徐紀念館》也在該處。

民族英雄、世界反毒品先驅林則徐的紀念館佔地甚廣，有蘇州式園林，又有歷史文物、圖片、蠟像、銅像。中國旅遊景點處處沒錢莫進，這寶貴的博物館可免費入場，遊客萬勿錯過。遊人參觀完畢，無疑上了一堂歷史課，增強愛國意識；外國人看到百年前中國所受欺侮凌辱證據，對了解一些中國人有仇外心態，應有幫助。館中有許多青銅塑像，其中一座放鶴銅像，造形優美，栩栩如生；也有白鶴朝日圖，飼鶴圖等國畫。林則徐愛鶴，也許他以白鶴的清白純潔，志向遠大自勉。銅像有一林則徐便服坐像，面目慈祥，仔細觀看說明，它竟是《菲華聯誼會》所捐，作爲菲華人，親切之情油然而生，自覺面上有光。

故美國總統 KENNEDY 甘迺迪有一句名言“ASK NOT WHAT THE COUNTRY CAN DO FOR YOU, ASK WHAT YOU CAN DO FOR THE COUNTRY”（別問國家能爲你做什麼，但問你能爲國家做什麼），廣被傳誦，激勵了無數青年的愛國心。林則徐則有一詩明言：“苟利國家生死以，豈因禍福避趨之。”慷慨激昂，令人讀後熱血沸騰，層次又高過 KENNEDY 名言。

紀念館旁邊有許多古民俗攤子，曾在李翰祥電影出現過的“西洋景”幻燈木箱也有，一中年婦人吆喝：“往裡面看，往裡面瞧”，無人理睬。另一攤“捏麵人”也無人光顧，筆者明知八十元人民幣稍貴，但怎能不資助這種快絕跡的民間藝人？坐了下來讓他塑面像，想不到引來十餘遊人圍觀，還攝影錄像，筆者大窘，自嘲，“我又老又醜，麵人如果三分像人，七分像鬼，我是不付錢的。”觀眾笑哈哈，老師傅雙手靈活快捷，搓了一塊麵團，加上高高的鼻子，薄薄的嘴唇，長長的耳朵，大大的眼睛，灰白的頭髮，最後用筆畫了眼鏡，在面頰點了一顆痣，十餘分鐘大功告成。一小姑娘拍手叫好：“好像喔！”筆者小心翼翼將麵像放入行李箱，要傲示妻女，豈知回家後，麵像生滿綠色菌毛，真的十分像鬼。

（二〇一二年三月二十七日原載世界日報《故事新說》專欄）

尋找宿燕寺（一）

筆者心目中的寺廟應在深山老林，如此才有空靈氣氛，讓善信能夠體會禪意。蘇州的《寒山寺》是中國最出名的佛寺之一，它因唐朝張繼的《楓橋夜泊》一詩：“月落鳴啼霜滿天，江楓漁火對愁眠，姑蘇城外寒山寺，夜半鐘聲到客船。”聲名遠播。日本人痴迷詩中那種淡淡的鄉愁，寂寞、淒美意境，每年以百萬計的人次前往禮拜。筆者亦曾懷著朝聖心情訪寒山寺，豈知大失所望，發誓不再重遊以免將想像中的寒山寺失落殆盡。現時的寒山寺所在地，已是蘇州鬧市，寺院似乎是新建，色彩繽紛，庸俗無比，寺方也市儈，付錢可敲鐘。

泉州開元寺是最美的寺廟之一，雖然也在市中，但面積廣袤，高牆將市囂隔離。《中正》故國文老師蔡景福師每堂課必留十分鐘左右講述課外文史掌故，同學說他“賭抄”（即拖延時間），筆者卻十分喜愛，得益不少，甚至懷疑蔡師是特別講給筆者聽的。蔡景福師說東西塔是世界級文物，而寺院主殿大柱上面持著各式樂器，形態各異的“飛天”更是獨一無二的藝術珍品。後來筆者遊開元寺，看到許多石雕被紅衛兵斬首斷腳十分憤怒痛心，還好飛天無恙。

泉州另有一鼎鼎大名的佛寺《宿燕寺》和菲華極有淵源，筆者三月初泉州行決定獨自前往遊覽。酒店櫃台竟無人知曉該寺，還好一位泉籍小姐打電話到旅遊部門，才得到明確答案：可在溫陵北路乘搭九號公車，出南門的十公里處下車，向紫帽山方向直走，宿燕寺就在山頭。寺在市郊，又在山頭，寺名《宿燕》又何等高雅，豈能錯過？車資兩元，真便宜，筆者其實也不是要節省計程車車資，是爲了搭公車才會熟悉環境道路。公車司機和售票員都是本地人，筆者坐在第一排和他們交談。售票員是位少女，很健談也熱心，但也不知宿燕寺，打電話到處查詢。不久司機忽然開口：“你在這裡下車，向右直走就是。”小姐嗔說：“你知道也不早說。”

筆者不放心，再問路旁小販：“宿燕寺可在附近？”小販回道：“沿路直走，不遠。”筆者有的是時間，迎著毛毛細雨，在稍冷的氣溫中，愉快地朝紫帽山漫步……

（二○一二年三月二十九日原載世界日報《故事新說》專欄）

尋找宿燕寺（二）

行行復行行，忽見道左有一群巍峨教學樓，原來是在菲律濱有很多校友的《晦明中學》。筆者已走了不只一公里，用泉州話問守門人：“宿燕寺……”中年守門人用普通話回答：“宿燕寺在前面，不遠。”筆者一愣，發現《宿燕寺》泉州話和普通話同音。

再走一公里餘，怕走錯路，問在路旁水溝洗衣小婦人。小婦人頭也不抬：“直走，不遠。”筆者明白路是正確的，但雙方對“不遠”的概念有極大的差距。又走了一公里左右，人煙漸少，路旁只有樹木，偶有汽車、摩托車呼嘯而過，前有三叉頭，筆者沒人可問，選擇中間的路，不久，抬頭一望，樹梢露出屋檐一角，宿燕寺終於找到了！

宿燕寺很大，應該有十公頃，青山環繞，背靠紫帽山；前面視野廣闊，遠山如黛，是風水寶地，地理環境有點像宿務市《定光寶殿》。佛寺一切齊全：牌坊、廣場、池塘、宿舍、食堂、亭塔、大殿……且有佛經故事石雕牆壁。筆者獨自細細觀賞，後來一位老婦人前來招呼，交談後才知宿燕寺是尼姑庵。筆者好奇地問：你是“菜姑”嗎？怎麼不見香客？她回答她不是“出家人”，但已在庵中居住九年了，她說時間還早，等一下就會有香客。果然談話中，一輛白色豐田車抵達，她和一男二女來客應該相當稔熟，笑問：“你們來了？”筆者原想和他們搭話，等一下搭順風車到大路，但回頭一想，還是隨緣好了。果然三人，應該是夫婦和母親，看到筆者孤身走路，也不動問，車子高速離開。如果互相易位，筆者會送他們一程的。

宿燕寺和菲華確實因緣非淺，記載的捐款人大都是菲華人，可說是“菲華名人錄”，其中不少是筆者熟識的，如蔡金鐘宗長、莊金耀學長等等。

筆者來回徒步十公里遊覽宿燕寺，可說盡興而歸，但也有不少感觸。泉州號稱“海濱鄒魯”，南宋理學家朱熹更說：“此地古之佛國，滿街都是聖人”。如今故鄉人對陌生人，尤其是問路人都有介心，愛理不理，是怕對方有不良企圖？是什麼令人心有這麼大的改變？

（二〇一二年四月三日原載世界日報《故事新說》專欄）

宗教博物館

宋朝可說是中國歷史上最開明的皇朝，而泉州是宋時對外貿易港口，號稱東方，甚至世界第一大港。各國商賈雲集，也帶來了各地宗教，泉州包容性也大，容許各種宗教建造教堂，被譽爲宗教博物館。

泉州擁有世界唯一存在的摩尼教教堂，摩尼教或稱拜火教，在華被稱爲《明教》。明教經武俠小說大師金庸的描述，成爲如雷貫耳的“名”教。筆者尚記得其教歌數句歌詞：“生有何歡？死有何苦？憐我世人，憂患實多！”摩尼教堂在泉州被稱爲《草庵》，極簡陋矮小，金庸曾參觀，不知感想如何。

回教清真寺在塗門街，筆者買票進入參觀，建築、文字、環境果然極“異國”；很清靜，因爲整個寺院，除了兩位售門票小姐，只有筆者一個遊人。同一條街，相隔不遠的關帝廟則香火鼎盛，擠滿男女老少信徒。關帝廟其實是《關岳》廟，神祇是關羽和岳飛，只是一般人認爲關羽是神，岳飛是民族英雄，是人。善男信女手中握的不是一柱，或者三柱清香，而是幾十條的一束，廟屋又低，筆者被香燻得睜不開眼睛，大聲咳嗽，未能仔細一一觀看。有一幅對聯，令人印象深刻也感動：“詭詐奸刁，到廟傾誠何益；公平正直，入門不拜無妨。”

廟前依舊有很多乞丐，這裡求乞較容易？拜神者較大方解囊，以向神明表達自己是樂善好施善人？順便記敘一實事：一個中年人指者一隻躺在廟前地上的大黑狗稱讚說：“這隻狗真肥！”他的同伴，二十餘歲，頭髮不梳，亂如雜草，輕佻大聲地說：“牠又不是住在菲律濱，沒得吃！”他年少無知，五十年前，如果泉州僑村不是有菲律濱僑匯，相信會有很多人餓死，關帝爺可以作證。

人是需要宗教慰藉的，窮人求發財，富人求健康；何況人無遠慮，必有近憂。中國政府現在慢慢地尊重憲法明文規定的公民權利：宗教信仰自由。筆者六嬸是退休公務員，虔誠基督徒，她一週中參加數次宗教聚會，她說偶有陌生人來聆聽講道內容，但從沒干涉動作，這真是政府一大德政。

（二〇一二年四月五日原載世界日報《故事新說》專欄）

保衛釣魚台

共產黨執政的中國雖有種種的不是，但衛國有功，對外是寸土不讓的。

上世紀五十年代初，中國為著“唇亡齒寒”派出百萬志願軍和聯合國聯軍（當然主力是美軍）在韓國惡戰三年，犧牲數十萬條生命，包括“太子”毛岸英，和美國打個兩敗俱傷的“平手”。事後公開的內幕，讓人捏一把汗：幸好當時美國總統 TRUMAN 不聽聯軍統帥 MAC ARTHUR 的建議，即使用原子彈，並將戰火燃燒到中國富庶的東北。

六十年代中國一窮二白，奸詐陰險的印度侵略中國西藏南疆。當時印度是所謂“民主國家”，獲得世界輿論的支持，只有英國哲學家 BERTRAND RUSSELL（羅素）為中國仗義執言。中國不畏印度國大人多，揮軍反擊，印軍數日內被擊潰，大量被俘。那面對國勢當強，“窮兇極惡”的蘇聯呢？毫無經濟價值的珍寶島也是照打，揭下蘇聯欺善（東歐小國）怕惡（美國、中國）的真面目。

七十年代，越南挾著趕走美軍，統一全國的餘威，竟打起中國西沙群島的主意。鄧小平對這個“同志加兄弟”的國家，也是不客氣“給他們一個教訓”。筆者一位不曾謀面的堂侄，就犧牲在“友誼關”附近大山。

也是七十年代，美國慷他人之慨，把琉球，包括釣魚台交給日本。留美的港台學生發動“保衛釣魚台運動”，很可惜中國對這個海外發起的運動，表面支持，暗中阻撓，怕它變質成爲民間反政府運動。周恩來勸大家以“大局爲重”，鄧小平則要和日本“暫時擱置爭議”。中國不怕蘇聯，不怕美國，但對小日本就是“硬不起來”，莫非八年抗戰，被日本打怕了？

因日本扣押中國漁船，最近有很多有關釣魚台文章，但大部份都是“虛火上升”式，千篇一律的“罵日”八股。筆者最欣賞的還是“雙重校友”林英輝在其“我行我素”專欄所寫的《說釣魚台太沉重》一文。原因：一、依文獻的正確稱呼，叫它《釣魚台》，它的正名不是什麼島。二、指出中國政府只是第“N”次提出抗議，讓中國人很無奈。三、提到第一位，也是到目前爲止，唯一爲保衛釣魚台而犧牲的香港保釣義士陳毓祥。陳毓祥烈士似乎已被人遺忘，悲哉！

（二〇一〇年九月二十一日原載世界日報《故事新說》專欄）

英靈不泯

筆者首次訪韓，最大的震撼，是街上看不到風行全世界的日本汽車；除了少數高檔的歐洲名車，到處都是現代、基亞、大宇等韓國車。友人金先生說，雖然沒有明文規定，但是韓人很自覺地避免購買日本貨，不管它們品質優良，價錢合理。筆者裝傻：爲什麼？他理所當然地說：我們記取先人在日治時代所受的恥辱！記得李登輝執政時，筆者曾隨《正友》訪問團返台參加《雙十節》慶典，事後遊覽名勝日月潭（那是一個很大的淡水湖泊，爲什麼稱做“潭”至今不明），曾遇到一個雜貨鋪老店主，他以擁有日本名，會說日本話，沾沾自喜，大談日本統治種種好處，氣得陳長善學長直罵他爲：漢奸！

因爲歷史遺留下來的問題，世界各國之間有疆界、土地主權爭執平常事也，處理方式全憑執政者智慧。南韓和日本也爲著日本海中一個蕞爾小島《獨島》吵得翻天覆地。南韓國力和兵力比之日本如何？但南韓毫不猶豫，派軍殖民，予以實質統治。比之韓人，中國能不汗顏？

一九九六年，筆者訪港，在崇光百貨公司門前碰到一些香港“保釣”人士（誰說香港人不關心國事？）在抗議日本侵佔釣魚台，在島上立碑或建燈塔（己記不清）。他們在“招兵買馬”，要租船前往東海保衛釣魚台；其中一位中年男士頭紮“保釣”頭巾，手持擴音機慷慨激昂地演說，後來看到登在報章的照片，才知道他就是陳毓祥烈士。當時筆者熱血沸騰，幾乎要報名參加，但理智讓我想到年邁父母，稚齡子女，立刻退縮。年青時筆者很“浪漫”不識愁滋味，自怨未能生在反清革命或抗日戰爭激情年代，以熱血報國。但“慷慨歌燕市，從容作楚囚：引刀成一塊，不負少年頭。”又豈是一般凡人做得到？

陳毓祥烈士率領的“保釣”號漁船通過波濤洶湧的台灣海峽，駛到釣魚台水域，遇到日本軍艦阻撓，未能靠岸。陳毓祥烈士奮不顧身，跳入海中，欲游泳強行登陸，可惜敵不過巨浪急流，葬身海底。偉哉陳毓祥烈士，人們也許忘記了他，但相信他的英靈不泯，一定還守衛著釣魚台。

（二〇一〇年九月二十三日原載世界日報《故事新說》專欄）

傅瑩高招

有人分析日本人性格，入木三分：日本人最害怕美國人。美國人三分天真，七分野蠻，持著科技先進，武器精良，橫行霸道。日本自二戰挨了兩顆原子彈後，“懼美”已成“基因”。日本人最佩服德國人，因爲德國人辦事認真，聰明能幹，日本人會的，他們也會，而且做得更好。日本人最喜愛英國人，因爲擁有相同的“君王立憲”政制，一樣謙恭有禮（也就是一樣虛僞），也面對國勢日頹，國際地位不斷下降的相同問題。日本人內心最瞧不起中國人，認爲中國人自私、不團結、沒公德心；中日戰爭，日本從未戰敗。事實確是如此，八年抗戰，中國贏得的戰役，如《台兒莊》大捷，屈指可數。二戰後，曾有一則謎語：“日本投降”，猜中國古人 — 右派猜：《屈原》，即屈服原子彈；左派猜《蘇武》，因爲二戰德國戰敗後，蘇聯對日宣戰，調兵東進，不久日本即無條件投降。

校友們舒適地坐在五星酒店喝咖啡，“隔岸觀火”議論釣魚台事件，大夥一致認爲中日打不起來的，大國之間絕對不會真刀真槍開戰，因爲怕引起世界大戰，地球被核子武器摧毀。有一則不是笑話的預言：第三次世界大戰，雙方使用的武器不知道，但第四次世界大戰所用的武器必定是原始的石頭和木棒！

中國副外交部長傅瑩美貌多智，可能是中國未來第一位女外交部長。她駐菲時曾發生菲國宣佈《黃岩島》是菲國領土，扣押在那裡捕魚的中國漁民事件，傅大使以子之矛攻子之盾，祭出菲國官方地圖，明白指出《黃岩島》在菲國國界之外，讓菲方啞口無言。

不是筆者異想天開，既然共產黨和國民黨已經好得“欠一粒米粒位就絕”（閩語），何不為中華民族再來一次“國共合作”，前“保釣鬥士”馬英九派出台灣漁船到釣魚台水域，當日艦阻撓，胡錦濤立刻派出巡洋艦、潛水艇、導彈艦前往救援，合力演出“雙英戰倭寇”好戲？事件鬧大時，馬英九可學傅瑩拿出“日治”時代地圖，明確指出釣魚台是台灣屬土，歸宜蘭縣管轄！

日本人本性吃硬不吃軟，止戰最佳方法是用“武”。武字拆開是止戈，漢字是極有意義的。

（二〇一〇年九月二十八日原載世界日報《故事新說》專欄）

暗潮洶湧

曾在《鳳凰衛視》周立波脫口秀中看到他說一個笑話：兩個男人同搭巴士，甲向乙說：“你爸爸是李剛嗎？”乙答不是。“那你是李剛親戚嗎？”乙答也不是，甲對乙說：“那請你把踩著我的腳移開！”現場觀眾和筆者哈哈大笑。對中國事務毫無認識的內子，莫名其妙，但要從頭說起，得花多少時間？也會讓這個“華僑”更加看不起中國腐敗的官僚，官官相護的官場和不公正的法庭。

“茉莉花革命”蔓延北非和中東諸回教國家，引起骨牌效應。本文見報之日，靠軍變上台，統治利比亞四十一年，眾叛親離的 GADHAFI 上校可能已倒台了。據報，中國一些大城市也有網絡發起的聚會，要求工作、房屋、公平。中國開放，採取市場經濟以後，一部份人富起來了，政府稅收增加，似乎有花不完的錢；但付出的代價也不少。民間貧富差距越來越大，官場腐敗也越來越嚴重。共產黨如何起家，國民黨因何失敗，胡溫十分清楚。為社會和諧，化解矛盾，糾正歪風，胡溫宵衣旰食，溫家寶總理連續七年沒回家吃年夜飯；但"為人民服務"的地方官員呢？

對民怨壓力越大，反抗就越大；民怨如洪水，只能疏導，不能圍堵。有些事實在做錯了，就讓他成為歷史，不必違言，也遮蓋不住。中國人很善良，最多用腳表示抗議，六、七十年代的大逃亡，美其名曰：移民、經商、留學。筆者曾和國內同胞傾談，很多平民有一股"仇官"情緒，當局切勿將一切抗議活動都視為外國陰謀。

說回李剛兒子酒醉駕車撞死撞傷人，肇事後還想逃逸，大家原以為法庭會予重罰，還社會一個公道，樹立正義形象。豈知法庭只以"交通事故"處理，輕判徒刑六年。筆者預測李啓銘服刑期間必定"行為良好"，大約三年後就會獲釋。筆者還有一個疑問，李剛小小一個市級副公安局長，竟能買車給還在讀書的兒子，賠償苦主四十七萬人民幣，錢從何來？

（二〇一一年三月一日原載世界日報《故事新說》專欄）

又被"被"了

筆者故意用這個怪題目，畢竟凡關心中國情況的人，一定明白。

筆者和文誠校長雖相識不久，很少聚首，但言語很投機。六月四日其《“活雷鋒”盧安克》一文令人義憤塡膺，痛恨廣西官僚不已。盧安克是德國人，他放棄優渥的生活，義務在廣西山村執教十年，爲中國鄉村教育事業盡心盡力，因言論讓某些人心中不爽，“被迫”離開大陸。中國領導人胡、溫，費盡心力要整頓吏治，糾正貪污、浪費、不管民生等不正風氣，無奈被地方官員如此“消費”。廣西政府爲了招商，每年花在廣告、出國訪問、招待外商的款項數以億計，因“活雷鋒”被迫離境，可謂“一切功德都做在草上”！

筆者對廣西風景，尤其是桂林山水，極爲欣賞，但和廣西官員兩度接觸，都留下惡劣印象。

筆者不知如何給朋友一個能言善道的錯誤印象，常常有被邀請“跟吃跟喝”的“好康”（台灣電視女主播朗朗上口，其實是極不文的閩南話粗話），也曾被委託招待外賓。淞哥生前曾邀請廣西某省級大官訪菲，並將筆者手機號碼交給對方，要筆者負責迎接。是日手機提前響起，筆者大驚，以爲記錯時間，“蔡先生請你和香港機場國泰航空公司負責人說話。我有機票和護照，他們竟不讓我搭機，真是豈有此理！”“先生，不知貴公司爲何不讓某某先生搭機，他是中國高官。”“對不起，他沒有菲律濱入境簽證。”“請你讓他上機，菲方我們會安排，沒問題的。”“對不起，讓沒簽證的客人上機，我們會被罰的。”大官說：“我們有問題自己處理還不可以，真官僚，真豈有此理！”“真豈有此理！”筆者罵的對象和他不同。

廣西某國營大企業也是受淞哥邀請訪菲，陣容龐大，上自書記、總經理、各部門經理到某“外務主任”。淞哥在某名店設宴招待，筆者作陪，坐在某女經理旁座。酒過三巡，地位最低的“外務主任”小夥子，不知哪裡僭越了階級，我們外人也不甚了了；女經理面色一變，將酒潑在地上。筆者倒是將杯中的 XO 一口乾了！

（二〇一〇年六月十日原載世界日報《故事新說》專欄）

一字判生死

漢字很奇妙，有時只要更換一字，甚至一兩筆就會改變一個人的命運，判定生死。

明朝皇帝除了前期三數人，都是昏庸無比的壞皇帝。清世宗雍正勤政（領導人勤政就是愛民）英明，絕對是好皇帝，可惜他生性狡詐兇暴，對付漢人士族，手段十分殘忍，不時發起文字獄，屠殺讀書人。漢人恨雍正入骨，製造不少關於他的醜聞，指他篡改康熙遺詔，將傳位“十”四皇子，改為傳位於“于”四皇子。這項傳說是經不起考查的，因為遺詔寫明雍正名字“胤禛”，而且滿漢對照。另一則流傳很廣的傳說是他死於呂四娘劍下，並被割走頭顱。雍正暴斃應該是為了心臟病，也許將來考古家挖開他的陵墓，就會真相大白。

雍正七年，詩人徐駿寫了兩句詩：“清風不識字，何故亂翻書”，慘被判“斬立決”，只為雍正認為徐駿諷刺“清”人是蠻夷不識字，為“清”字一字喪命，真是冤天下之大枉。

清朝打官司必需有訟書，訟書文字可以左右官司輸贏。有一莽夫盛怒之下，用刀殺了人，按大清法律，殺人償命，是罪無可宥的。殺人犯家屬用重金請了一位名訟師，即現代的律師，但清朝是不容訟師代辯的，只能以訟書陳情。該訟師十分高明，在對方訟書“用刀殺人”一句輕輕地加上一筆，變成“甩刀殺人”。“用”刀殺人是謀殺，斬頭的罪名；“甩”刀殺人，則是無意的誤殺，罪名極輕，訟師一筆救了一條命。

現代中國則有一名無良黑心法醫，一字害人一命。某法醫爲了配合辦案警察，竟將死者胃中證物“蘋”果改爲“水”果，以符合起訴書證物“橘子”，無法無天，真是令人髮指。

中國發生聶樹斌、呼格吉勒圖、杜培武等等冤案，罄竹難書；更可悲的是明知是冤案，但爲了官官相護，遲遲不肯爲無辜被槍斃犯人翻案，還他們一個清白。

欣聞今年人代有代表提案改革司法制度，處罰犯錯執法人員，真是功德無量，現在就看中央政府的魄力了。

（二〇一一年四月十四日原載世界日報《故事新說》專欄）

呼格吉勒圖

呼格吉勒圖？這是一個蒙古名字，一個因犯了姦殺罪被槍斃的內蒙青年。月前鳳凰衛視曾子墨在其節目中報導了他的案子，筆者看了既憤怒，又悲哀，更多的是無奈，天下不平之事何其多！

一九九六年四月九日晚上八點左右，內蒙古呼和浩特市卷煙廠工人呼格吉勒圖放工，在國家公路旁上公廁，他聽到女廁那邊有呼救聲，不敢輕舉妄動，跑回工廠和同事閻鋒一起去查看，結果看到一具下身裸露的女屍。他們立刻向公安局報案，公安局認爲呼格吉勒圖有嫌疑，加以扣留。經過四十八小時審問（按：如何審問？），嫌疑人對罪行供認不諱（又按：可用科學方法證實，如 DNA 檢驗？）。六月十日，即案發後六十一日，呼格吉勒圖被判罪名成立，立刻執行死刑（再按：有人急著要立功，升官發財？），受刑時，他才十八歲。

二〇〇五年七月，一名強姦殺害十多名女子的慣匪趙志紅落網，他所供認的罪行中赫然有呼市公廁姦殺女子一事，清楚地交代了犯罪的時間、地點、人物、過程！呼格吉勒圖無疑是冤枉的，被稱爲聶樹斌第二。

聶樹斌又是何人？另一個死在顢頇法院槍下的冤魂！聶樹斌是河北省石家莊人，他被控於一九九四年八月五日下午五時在玉米田姦殺女工康菊花。法院經過“合法審查”，定下“適合刑量”，在聶樹斌從未被允許和家人接觸的情形下，於一九九五年被執行死刑。

二〇〇五年真兇王書金被捕，他承認曾在石家莊玉米姦殺一個卅歲左右女工，自稱因受到良心責備，要還聶樹斌一個清白。

兩案有一個共同點，就是確定是冤案後，有關部門不顧家屬要求，互相推諉，不肯翻案（官官相護？），反正人死不能復生。電視中呼格吉勒圖白髮蒼蒼的父母拖著蹣跚的步伐，到處上訪，要爲兒子伸冤的畫面令人心酸。

包公戲劇歷久不衰，表明小百姓對大公無私，不畏權勢清官的渴望，黃河已不再泛濫，但何時水清？

（二〇一一年四月十九日原載世界日報《故事新說》專欄）

兩岸烏鴉一般黑

前些日子台灣電視台的清談節目都在談論江國慶的案子，發言者一致憤憤不平，譴責辦案人員顢頇，造成冤獄。

江國慶是台灣空軍兵士，被控於一九九六年九月十二日在某空軍軍營廁所姦殺五歲謝姓女童，次年八月十四日被處死刑。案子發生在李登輝執政期間，江國慶被槍斃前已有另一個嫌犯顯露，但有關當局仍然一意孤行，倉猝行刑，他死前仍然大呼："我沒有殺人！"

大陸和台灣官僚產自同一個"醬缸"（柏楊語），也就是閩南話的"同店買"，英語"同羽毛的鳥兒"。辦案人員急於立功，草菅人命，只求升官發財（爲什麼兩者就像連體嬰），即使現代已有科學方法取證，依舊使用中國數千年"傳統"方法：恐嚇、體罰、誘騙。江國慶被"誘騙"向空軍作戰部長陳肇敏下跪求情，希望被赦免；而他的下跪就被視爲認罪的舉動，犯罪證據不足，就無關緊要了。也是一九九六年，內蒙古呼和浩特市也同樣發生一宗公廁姦殺案，嫌犯是蒙族青年呼格吉勒圖。辦案人員手法如出一轍，辯護律師竟"勸告"嫌犯認罪，以身屬少數民族爲由，向法院求情，希望法外施恩。結果，用腳也想得出，既然認罪，那就槍斃。"英明"的執法官辦案迅速，兩個月裡就把嫌犯處決，升官發財去了！

江國慶死時二十一歲，呼格吉勒圖則只有十八歲，真兇都另有他人。前者辦案人員是軍人，因功肩上多了"腥"星，後者是福某公安，據說現在已是廳級高官了。

不是筆者偏心，冤案公開後，台灣處理方式遠比大陸高明。馬英九以“總統”之尊兩度到江家道歉謝罪，研究賠款，追回“立功”人士所得獎勵。立委邱毅更向法院控告陳肇敏等人“謀殺”。“人民當家做主人”的大陸呢？千萬人還睜著雪亮的眼睛看著！

不久之前，內蒙古一漢族貨車司機輾斃一蒙族人，當局處理不善，引起二千名蒙族學生示威。在中國國內還分什麼漢族蒙族？但種族問題在各國都是敏感問題，千萬要慎重處理，勿予人燎原火種。

（二〇一一年六月七日原載世界日報《故事新說》專欄）

蔡英文的歡迎晚會

六月十八日筆者應間接的邀請到青山區《富臨酒家》參加歡迎台灣民進黨主席蔡英文的晚會。進入會場，看到“菲律濱各界歡迎蔡英文主席蒞菲參訪餐會”橫幅，不禁一愣，再而莞爾。各界不是專有名詞，但環顧四周，出席者大都是旅菲台商、台僑，號稱各界確實誇大。

蔡英文衣著樸素，到會時面上掛著略帶羞澀的笑容，拱手抱拳和人打招呼，步伐快速；不像一些老油條政客，一路吻小孩子，擁抱大人，親熟人面孔。她可能長期伏案工作，缺少運動，所以有點“蘇腰”（即 KUBA）。憑良心說，她的外形相當和藹可親，不像李登輝、陳水扁、謝長廷，小孩子一看，也知是

“反角”。

早期的民進黨人士原是有理想有抱負，令人肅然起敬的民主鬥士；台灣有今日的開放民主，是他們用鮮血、坐牢換來的。可惜崇高的形象被爲求目的，不擇手段，奸巧又貪婪的陳水扁“消費”殆盡；爲選票不惜搞“台獨”，走省籍分裂的“歹步”，更令全球華人寒心唾棄。

蔡英文這次訪菲是受菲國執政黨《自由黨》邀請的，菲政府派出“騎警”爲她開道護行，甚有“官式訪問”派頭，不知中國駐菲大使館可曾提出抗議？蔡英文隨員包括四名民進黨立委，即知名度甚高的余天，蕭美琴（據說是“美人” — 美國人）、蔡煌瑯以及葉宜津。

晚會主辦人很失職，所租音響器材奇差，加上出席者又是典型“菲華聽眾” — 不管台上演講人是誰，各桌照開小組會議，吵雜無比。蔡英文演講時，工作人員四處示意安靜噤聲，但徒勞無功。蔡英文的演講倒是相當得體，百分之八十使用純正國語，沒有“獨味”，只訴求政府資源公平分配，提倡公正安全社會，盡顯學者風範。她講完，筆者基於禮貌，也認同她的主張，衷心鼓掌。蔡煌瑯堂堂男子漢，卻像潑婦罵街，說什麼不要做“中國奴”，真不知他是否周文王、蔡叔度公的子孫。

晚會的義賣也很冷場，主持人竟有“請給點面子”的哀鳴！最後三位高大威猛，黑、紅、金面“太子爺”上台賜福 — 信不信由你，三大神隨著西方音樂，大跳“迪斯科”。

（二〇一一年六月二十三日原載世界日報《故事新說》專欄）

共同開發太平島

二〇一一年六月二十八日原載世界日報《故事新說》專欄

余天是筆者喜愛的台灣歌星，其名曲《榕樹下》是筆者唯一能夠從頭唱到尾的歌曲。他不愧是名歌星，在“各界”歡迎蔡英文晚會中，如魚得水，到處和歌迷握手拍照。余天妻子李亞萍亦是歌星，以唱《雷夢娜》一曲成名，兩人結婚三十餘年，是模範夫婦。他們廿餘年前曾來菲演唱，屈指一算，年齡應都在六十左右；余天仍然英俊蕭灑，望之如四十，李亞萍豔麗性感如昔，真是駐顏有術。余天少不了獻唱《榕樹下》，筆者第二次熱烈鼓掌。

歡迎晚會不時出現台灣特有競選場面，台上有人高呼：“好不好？”台下聽眾則回應：“好！”台上台下一起嘶喝：“蔡英文凍蒜！凍蒜！凍蒜！”凍蒜應該是走音的閩南話：“當選”。筆者是海外華人，關心各地華人福祉，但非紅、非藍、非綠，雖然周圍都是華人，但很難認同他們的舉動，感到自己很“OUT OF PLACE”。

最近中菲、中越為南中國海（菲稱“西菲律濱海”，下同）主權鬧得不可開交，菲越在美國撐腰下，擺出不惜一戰姿態，但相信只止於口水戰，畢竟軍力太懸殊了。《太平島》是南沙群島中，面積最大，唯一有淡水資源的島嶼，設有碼頭，也有飛機跑道，和另一島嶼永興島都屬台灣高雄縣管轄。國民黨執政期間，太平島駐有“國軍”，後來陳水扁不知抱什麼心態，將軍隊撤離，改派少數警察留守。馬英九今年四月派出海軍陸戰隊駐守太平島，並擴建飛機跑道，以容納較大飛機起落，值得一讚。筆者沒機會，但很想問蔡英文一個問題：如果中選“總統”，將如何處理太平島和永興島等南沙島嶼？

中國人對日抗戰八年，犧牲數千萬生命，而且要拜美國原子彈之福，才打敗日本，收回東北，台灣以及南沙等被日本佔領的國土。無論中國還是台灣都有保衛祖宗留下國土的責任。筆者有一個異想：中國和台灣為何不合作開發太平島，將它建成香港、澳門之外的“第三個特區”。中國負責防衛，讓投資者放心，台灣負責行政；共同發展它成為一個旅遊勝地，最重要的是可以名正言順地開採周圍無窮的石油寶藏。

（二〇一一年六月二十八日原載世界日報《故事新說》專欄）

終於踢到鐵板

人性很奇怪，嫌貧怨富。嫌貧好理解，怨富較複雜，也許是忌妒，也許看不慣一些富人囂張言行。暴發戶最“乞人”憎恨，因為炫富不但令人自卑不快，更常常會妨礙到人。

中國開放後，國家強大了，一部份人也富有了，只是發財不立品，充滿了暴發戶特色 —— 怕別人不知道自己有錢。有錢了，理所當然出國旅遊購物。可惜很多人不懂基本禮儀，在公眾場所大聲說話、不守秩序，橫衝直撞。

前些日子本地報紙紛紛報導一則新聞：十二名中國記者受菲律濱旅遊部邀請訪問觀光，他們在岷市往宿務的飛機上喧嘩，騷擾了其他乘客，一名菲律濱人示意他們噤聲安靜，結果兩名中國人竟然發怒動粗，抓住該菲人的衣領，在飛機服務人員干預下才放手。

身為記者應該不是老粗，也許在國內橫行慣了，將惡習帶到國外。不幸他們施暴的對象竟是菲總統姐夫 ELDON CRUZ，EDDON 和雷雷總統大姐 BALLSY 一向低調，與人無爭；他也沒有向動粗的人提出控訴，但機員報警，將他們逮捕。該兩名記者經大使館調解，被遣送回中國，平息風波。但菲移民局仍將他們列入黑名單，不准再訪菲。這事件是非曲直，昭然若揭，他們踢到鐵板，也許還怪人小題大作，真讓中國人蒙羞。

一個月前，筆者到王彬街《達華》購買零食，該店生意極好，顧客要排隊付款。筆者排在第二位，前面一位老華人手中拿著數包綠豆餅，突然一位新僑徐娘大咧咧插入，將一大籃糕點放在櫃台，要爭先付款。老華人用菲語向櫃台和收錢小姐說："此人不排隊，不要收她的錢。"小姐們不知所措，筆者於是用閩南語插嘴："你著排隊。"徐娘回答："唔擱我真趕緊，趕點鐘。"（註）筆者說："大家嘛趕點鐘，你唔排隊，因是未收錢的。"徐娘滿面不悅之色，但終於走到後面。

筆者曾向一位新僑同行說："現在這行業都是你們的天下了。"他當著辦公室華菲女職員大聲說："沒什麼，夠X番那婆而已。"唉……

（二〇一一年八月二日原載世界日報《故事新說》專欄）

註：閩南話。

未富先傲

鄧小平是中國人民真正大救星，他隻手扭轉乾坤，救民於水深火熱中，帶領他們走向小康社會。他的治國方法很簡單：對外韜光養晦，對內走實踐路線，即“不管黑貓白貓，會抓老鼠就是好貓。”兩者也可以濃縮成一句話：“不自己折騰”。胡錦濤主席遵循鄧政策，某次向外國記者說：中國不再“自己折騰”。這句話如何翻譯成英文，難倒在場翻譯，事後不少學者加入討論，研究如何翻譯。筆者管見是先把它翻譯成中文“不自己製造麻煩”，或“搬石頭砸自己的腳”，英譯就迎刃而解。胡主席一針見血，中國一建國就打韓戰，犧牲數十萬大好青年生命。再而發動“大躍進”，全民不事生產，造土爐伐林將鐵成品煉成廢鐵塊，如此折騰，怎不餓死人？至於“文化大革命”，什麼都有，就是沒“文化”！

多年前香港名經濟學家張五常教授就曾為文指出中國朝野“未富先傲”，情況嚴重，後果堪憂。民間一些先富的人有暴發戶心態不要緊，可怕的是官方也有“中國可以說不”。“中國不高興”態度，忘了鄧小平韜光養晦政策。

去年中國國民生產總值首先超過日本，成為僅次於美國的第二大經濟體，不少人沾沾自喜，在外國一些別有用心的“分析家”吶喊助威下，說什麼可能在二〇二〇年追上美國。中國人口十倍於日本，換句話說，中國人均收入，尚只有日本人十分之一，何富之有？而且貧富懸殊，沿海地區，有人喝上萬元的名酒名茶，西北黃土高坡還有人步行十數公里挑水喝。台灣《慈濟》為他們建蓄水窯，收集雨水，免得每日為飲用水奔波數小時，真是功德無量。

前蘇聯中了美國“奸計”，窮兵黷武，和美國競爭軍備，開發太空，結果弄得國庫空虛，國貧民困，在外國慫恿下，一個強大聯邦，就此分解，前車之鑑，豈可不防。

“馬善被人騎，人善被人欺”，一個國家擁有適量防禦力量無可厚非，但過度投資軍備則無必要，超強美國已外強中乾，連北韓、伊朗等“小國”也不敢動手。中國真的要解放台灣，豈需動武，喊聲就可以，台灣必應聲股市崩潰，資金人口外逃，不戰而降！

（二○一一年九月二十七日原載世界日報《故事新說》專欄）

造艦不如造海

英文有一個名詞 WHITE ELEPHANT，直譯是“白象”，真正字義是“大而無當的東西”，也就是閩語“好看不能吃”沒實際用途的好看東西。用白象來形容航空母艦最確切。在現代先進導向飛彈的攻擊下，它好比池塘的大笨鵝，很難在獵人獵槍下生存。中國如果花費龐大資源製造“白象”又給世人擴軍威脅他國的印象，是極不智的。

香港專欄作家張立是筆者最佩服的作家之一，他審時度勢，高瞻遠矚，文章極具啓發性，讀者如果肯聽從他的投資指南，肯定發財。他去年的一篇文章《“超級工程”構建》，讓人震撼，特此做一次“文抄公”，摘要介紹：

中國西北不停的沙漠化，已對中國的國家安全形成威脅；徹底解決乾旱只有增加降水量，而增加降水量的根本方法是增加空氣濕度，改變生態環境。據說中國正在研究一項“超級工程”，就是抽汲渤海海水，經河北、內蒙、甘肅，直到新疆中部的塔里木盆地，人工建造一個巨型內陸海 — 塔里木海。塔里木盆地造成的海，面積可達二十萬平方公里，將成世界第二大內陸海。

當塔里木海形成後，繼續造新疆北部的准格爾海，淹沒古爾班通古特沙漠，再在青海的柴達木盆地建造柴達木海。這些盆地形成的海，使新疆和青海有巨型的內陸海。這些大海的自然蒸發水氣將提高整個西北空氣濕度，只要其中一兩成變成雨水，就能停止沙漠化趨勢，增加天然淡水供應量，製造出森林成片，草原無邊的新西北方。

這個巨大工程需時四十年，完成後可改變北中國生態，大大改善中華民族的生存條件，爲子孫後代謀福利。

筆者認爲張立所說工程，看似天方夜譚，但實在可行的。中國現在擁有數萬億美元外匯儲備，到處購買風險極大的“富有”窮國債券做冤大頭，不如用來進行是項大工程。這不但可以製造千萬個就業機會，還可以長期維持高經濟成長。三峽工程涉及龐大投資，數百萬人口被迫遷徙，開工前反對聲音蓋過贊成者，現在說法是：爲什麼沒早點開始。造海工程比三峽工程大千百倍，但所得利益將是億萬倍！

（二〇一一年九月二十九日原載世界日報《故事新說》專欄）

中國男籃該換血了

中國已成世界體育大國，金牌常居各運動會榜首，但金牌大都得自體操、跳水、乒乓、射擊等小項目，最受重視的田徑，各種大球比賽，卻幾乎交白卷。是的，田徑有劉翔，他曾打破世界紀錄奪得奧運金牌，但受傷後，成績大退。女排曾打遍天下無敵手，主教練陳中和帶領球隊奪得奧運金牌，並以臨危不亂氣勢贏得所有觀眾的敬佩，竟“被退休”，換上名不經傳“菜鳥”。政治介入乎？男排始終是亞洲二流隊伍，最近亞洲錦標賽也未能奪冠。女足是世界勁旅，但要奪冠尚須努力。男足是國人恥辱，球員生活糜爛、踢假球，足壇烏煙瘴氣，職員受賄，裁判吹黑哨，十三億人口只出這種“寶料”，只能令人大嘆一聲：唉！

中國男籃相對成績、拼搏精神好多了，以前“土教練”浪費了好球員，最近數年聘了“洋教練”，籃球意識大進。姚明時代零八年北京奧運差點打敗金牌得主西班牙，加時賽體力下降，又因規定時間該贏未贏，士氣受挫，未能爆冷門，太可惜了。

姚明退役後，男籃實力削減三分之一以上，最近在武漢舉行的“亞籃大賽”雖然大熱勝出，得到奧運唯一入場券，但弱點顯露無遺。五位首發是易建聯、王郅治、孫悅，這三人在 NBA 打過球，球技高出隊友一籌，另兩名是前鋒“三分王”朱芳雨和控球後衛劉偉。筆者觀看了男籃對菲律濱、韓國、約旦（預賽）數場比賽，覺得可靠可用的球員正是這五人，也許可以加上易立。

易立技術全面，但身軀太單薄了，如何和壯碩的歐美球員碰撞？朱芳雨年齡已大，投籃已不如當年神準。王郅治和劉偉也是老將，剩下的籃球生命也只有三數年，嚴格來說，只有易建聯和孫悅兩人技術和身體在巔峰。

中國男籃這次奪鏢有點僥倖，衛冕冠軍伊朗在準決賽意外被約旦淘汰出局，不然鹿死誰手，尚是未知之數。中國男籃對韓國打得相當吃力，決賽也只勝約旦一分。觀看球賽的家人說他們全場提心吊膽。中國男籃急需換血，否則奧運分組賽就會被攆出局（註）。據說中國現在有一個出類拔萃青年球員敦艾倫，希望他及時成熟進入國家隊。

（二〇一一年十月六日原載世界日報《故事新說》專欄）

註：不幸言中。

太讓華僑寒心了

十月十四日兩大華報刊登了一則由署名者負責的全版廣告：《致劉建超大使公開信》。街頭巷尾一時議論紛紛。公開信理直氣壯，敘事詳細，內容可濃縮爲：“投資者遇到強盜，強盜被捕下獄後，贓物，即財產未歸還原主。”說清楚一點，投資者是海外華僑，強盜是廈門市思明區地方官員，財產則是價值不菲的房地產。

上書者是中呂宋華僑蔡明賜。筆者和蔡明賜宗長只有一面之緣，未曾深談，但知道他是一個取之有道的正派生意人，他出身香港著名愛國學校培僑中學。培僑老校長吳康民是香港大紫荊勳章得主，最值得欽佩的是他剛正不阿，是錚錚鐵漢，無論在什麼環境下，愛國矢志不渝。吳康民不求個人名利，敢仗義執言，對大陸一些貪官污吏，錯誤政策，大力鞭撻，政論文章極受各方重視。最近溫家寶總理設家宴和吳康民夫婦私下長談，報章說這是溫家寶夫人第一次公開露面，溫總理說他常讀吳康民文章。培僑學生在這個偉大愛國者熏陶下，個個都是熱愛祖國的知識分子。

以莊金耀學長爲首的旅菲培僑子弟，人數眾多，校友會聚會，常常高唱“歌唱祖國”，真情流露。他們在祖國最艱難時期，不離不棄，無償接濟親友，修路造橋，建校興學。中國開放後，踴躍投資，或且有將本求利之心，但愛國是主要動機，否則世界哪裡不可投資？華僑熱愛祖國，但祖國如何對待他們？嫁出的女兒，潑出的水？

蔡明賜的公開信有效嗎？筆者存疑，也許會揭開更多熱心回國投資華人的舊創傷，好友港哥、人哥、舫哥……哪個不是被官僚耍得焦頭爛額，鍛羽而歸？

《大公報》報導國際人士對世界五十個國家的聲譽品評，作爲超強之一，被歐美視爲“救主”的中國排名第二十六。政治清明，人民守法的日本以及一些西方國家排名前茅，理所當然，到處惹事生非，財政陷入困境的美國竟排名第一，原因何在？法治！一切依法行事。中國有法律，但人治，一切掌權者說了算數，唉……

（二〇一一年十月二十七日原載世界日報《故事新說》專欄）

“半仙”預言

大約三十年前，筆者和朋友在王彬街《來來》餐廳吃點心，看到不少人圍著一位仙風道骨老者問話，好奇趨前。原來老者是預言極準的“半仙”，業餘免費服務，鐵口直批，聽者動容。當時筆者意氣風發，不問個人兇吉，問了兩件大事：一、菲國政治前景；二、香港、台灣何時回歸中國。半仙斬釘截鐵說馬可斯總統將下台，繼任者是一個“女的”，而台灣將在香港之前，回歸中國。

半仙預言半對半錯。一九八三年反對派領袖亞謹諾回國被刺殺，菲國經濟惡化，貨幣大幅貶值，政局動盪。八六年亞謹諾遺孀《許莉》經過革命，成爲菲國第一位女總統。香港在鄧小平拒絕英國“將主權換治權”獻議後，於一九九七年七月一日順利回歸中國。

多年後筆者仔細思考，半仙實是一個學識淵博，智慧高超凡人，一切預測不過是依分析而下的結論。馬可斯執政後期，第一夫人伊美黛權勢薰天，野心勃勃，預測“女的”續任總統順理成章。許莉被軍變者擁立爲女總統，是“瞎貓碰上死老鼠”，湊巧言中。八十年代初蔣經國執政，台灣和大陸關係漸漸解凍，兩岸民間開始來往。英國政府妄想將主權交回中國，換取繼續治理香港五十年。當時香港對中國來說，是下金雞蛋母雞，世人以爲中國應爲經濟利益妥協，鄧小平不按理出牌，讓半仙不準。

明年二〇一二年是歷史轉折點，美國、台灣將有大選，香港特首也將換人，最重要的是對台灣一向採取懷柔政策的胡錦濤將退休，換上內定接班人習近平。蕭規曹隨，習近平對胡政策大幅改變的機會雖然不大，但他是中國各派政治勢力妥協人選，如果不能平衡要肅貪開放和要保衛利益權位者力量，爲了轉移視線，對外以及台灣採取強硬政策也不是沒可能。

不說蔡英文有可能中選，馬英九浪費民脂民膏，購買美國過時武器，要和大陸對抗，言行不一致，實是“藍皮綠骨”。其“不統不獨”政策，用另一角度解讀，不統豈非獨立？兩岸不談統一，擦槍走火意外不能消除，也許半仙的預言成真也說不定。

（二〇一一年十一月八日原載世界日報《故事新說》專欄）

法理不外人情

執筆時，中國終於應允菲國副總統 BINAY 訪問中國，爲被判死刑，即將行刑的三名菲人“運毒騾子”求情。消息傳來，死刑已延期，雖然中方沒說明刑期被延多久，或者死刑已降爲終生監禁，但這已讓菲國上自總統，下至平民，感激歡騰。

中國的法律很特別，國家總理、人代主席、甚至國家主席都沒有特赦權，只有最高法院才能更改刑期，或者赦免罪犯。中國不輕易爲運毒死囚減刑是可理解的。畢竟中國曾經是受毒品禍害最大的國家，幾乎亡國亡種。

前年中國不顧英國女皇求情，毅然處決運毒英籍巴基斯坦裔，全球華人莫不額手稱慶，吐盡鴉片戰爭失敗“鳥”氣。去年也是抵住日本政府壓力，讓販毒日人伏法，真是大快人心。共產黨百般不是，但敢不看強國面色，值得一讚。當然有強大國力做後盾，當國者不必“忍辱負重”，“韜光養晦”；菲國窮困弱小，人民到處操傭工等低等職業，特赦菲人反可表現“吃軟不吃硬”，泱泱大國之風。

最近菲國輿論界，國會議員也自我檢討，批評政府執法不嚴，無疑包庇毒梟；又未能爲國民提供就業機會，讓他們必須離鄉背井，出國謀生。許多人受金錢誘惑，被毒販利用，充當“騾子”。憑良心說，三個被判死刑的菲人實在罪無可宥，二人運送四公斤“海洛因”，一人更帶了六點八公斤，數量龐大。依中國法律，只要攜帶五十克，就是死罪（新加坡更低至十五克）。一個菲官員用麵粉示範，四公斤足足一大包，怎能解釋不知情？但他們其情可憫，爲了家庭子女，冒險走上絕路。

法理不外人情，中國如果放“騾子”一馬，二條“賤命”可換來無可限量政治外交利益，中國應小心衡量。RAMOS 總統時代，新加坡一意孤行，將罪有應得的 CONTEMPLACION 處死，兩國幾乎因此斷絕外交關係，可爲殷鑑。

題外話：三十二歲的死囚 SALLY 容貌姣好，五官端正，牙齒整齊潔白，眼光祥和，柳眉細長，依面相來說，應不致遭受極刑。

（二○一一年二月二十四日原載世界日報《故事新說》專欄）

註：三菲人終被處死，中國此舉極缺外交智慧。

毒梟逍遙法外

三月三十日，三名菲毒騾終於被中國法院處死，筆者可憐他們三人，但更惋惜和不滿中國法院的固執。

筆者是贊成死刑的，每次看到罪大惡極的罪犯被處死，均感到痛快，認爲天理尚存，公義未泯。菲毒騾被執行死刑，雖然覺得咎由自取，但想起他們因貧窮而被誘犯罪，感到萬分悲慽，也湧起不少疑問。

以 SALLY VILLANUEVA 一案來說，不說菲方招募者、毒品供應者、出境護航者沒被捕，原因衆所周知；問題是她有中國方面接貨人的電話，中國警方爲何不順藤摸瓜，逮捕接頭人，進而將幕後毒梟一網打盡。須知 VILLANUEVA 和 CREDO 分別於二○○八年十二月廿四日和廿七日（證明極頻）帶到廈門八點五公斤海洛因（俗稱白粉，是由鴉片精煉而出的高級毒品，遠比化學品合成的冰毒昂貴），數量不可謂不多，毒梟勢力不可謂不大，客戶不可謂不廣。當局抓毒騾而放過毒梟，是否有“會損和尙，不損佛”之譏。也許廈門的烏鴉跟菲律濱的烏鴉一樣，都是黑色的？

中國地大人多，使用重典，無可厚非；每年被處死罪犯數以百計，其中不少相信是受冤的，血淚斑斑，菲律濱國情不同，因爲窮困，九百萬人被迫出國謀生，幾乎每個菲人都有海外勞工親友。因此每有海外勞工犯事被判刑，大家都有切膚之痛，全國新聞媒體詳細報導，倒也不一定是小題大作。

菲國這種“護短”情況相信中國駐菲大使館必向國內匯報，可惜法院沒有加以接受。中菲兩國表面上均表示這次事件不會影響中菲友誼，但有可能嗎？菲國舉國苦苦哀求被拒，傷痕豈是三數日就能癒合？

有消息說在美國教唆下，《雷雷》總統正在考慮取消訪問中國或者緩延日期。也許菲律濱國小民窮，不被中國重視，但她鄰近中國，地理位置十分重要。筆者敢斷言，中菲糾紛將陸續不斷；爲了三毒騾殘命，太不值得了！

（二〇一一年四月七日原載世界日報《故事新說》專欄）

中菲將沒寧日

中美菲三國關係可用男女三角戀愛來比喻。菲律濱是美麗的小家碧玉；美國山姆大叔財勢兩全，佔盡天時人和；而中國這熊貓小子新發家，也有“近水樓台先得月”的地利。好感是長時間醞釀的，美國統治菲律濱近五十年，其間全力發展基層建設，修橋造路，真心推行教育，引進西方思想。菲人能移民美國，就如魚躍龍門。六十年代曾有政客 CABANGBANG 發動 US STATEHOOD MOVEMENT（成爲美國一州運動），一般平民熱烈支持。當時筆者瞠目結舌，怎麼“菲奸”如此之多？中國是菲國近鄰，領土糾紛不斷，爭取菲國芳心，美國是遙遙領先的。

菲毒騾被處死是中國的事，干美國何事？但美國國務院豈肯錯過這天賜良機，力挺菲國立場，指責中國殘忍沒人權。在美國挑撥離間下，中菲將沒寧日。（註）

前些日子菲監獄當局發表聲明表示將全力保護中國囚犯，這是什麼意思？筆者對菲監獄黑暗情況略知一二，相信一般中國人囚犯已成菲洩恨對象，他們被侮辱的情景可以想像。

菲律濱水產豐富，尤其是巴拉灣一帶水域，某些中國漁民，越境進入菲國近海捕魚，撈捕被宣佈臨近絕種，受國際公約保護的大海龜（海龜被製成標本，高價賣給有錢的中國人，據說可以避邪，而且招財進寶。）蔡金鐘宗長和巴拉灣華人商會基於血濃於水的同胞情，爲他們的釋放無償奔波，歷年來付出不少心血，漁民們一般都能夠在短期間被釋放回國。

三月又有六名中國漁民犯境被捕，菲護漁首長 JUANCHO SABBAN 少將於菲毒騾被處死後向法新社發出狠話：“我不知道以前的案子結果如何，但我要向所有的人保證，我們將採取不同的行動。”他威脅要以牙還牙，以其人之道還治其人之身。SABBAN 少將針鋒相對：“中國大使告訴我們要了解他們國家的法律規則。同理，我們也是在執行法律，就像中國大使所告訴我們的那樣。”

命運很奇特，六名中國漁民原可通過“疏通”獲釋，現在只能怨嘆“罪”不逢時了！

（二〇一一年四月十二日原載世界日報《故事新說》專欄）

註：不幸言中。

政治意志

好的政治家必有堅強的政治意志和魄力。上世紀華人很幸運，三個“中國”都有智慧超群，政治意志堅強的國家領導人。新加坡由於華人佔人口絕大多數，執政者又是華人，被人稱爲“第三個中國”。但她的公民以新加坡公民自居自豪，政治立場以國家利益爲最高考量，處處避嫌，甚至是最後和中國建交的東協國家，如今無人再以“第三中國”稱之。新加坡採“內閣制”，受擁護的總理可以長期執政。李光耀也不負眾望，採取“嚴父”、“仁慈獨裁者”手法治國。三十年間新加坡從第三世界發展成第一世界，國民平均收入是“四小龍”之首。李光耀愛權不愛錢，新加坡是世界最清廉政府，公民最守法。

“小蔣總統”蔣經國也是在七十年代掌權的。台灣“中國”政制奇特，“弱勢總統”嚴家淦碰到“強勢行政院長”，大權在“行政院”，像內閣制。蔣經國登上大位，權力又回歸“總統”。蔣經國勤政愛民，他推行“十大建設”，讓台灣經濟起飛，“錢淹腳目”；他開放黨禁、報禁、允許兩岸民間來往，締造富裕、民主社會，莫怪台灣人民對他感恩戴德。

鄧小平身材矮小，政治意志氣魄卻比天高，讓中國放下政治教條，採取市場經濟，釋放了民間經濟力，激發了積極性。中國脫離了毛澤東時代物質缺乏，衣、食、行，事事要“票”的困境，走上小康之路。今年中國高層換屆，希望接班人習近平肅貪扶貧，不要讓人民居無屋、病無醫、學無錢，匯成仇官、仇富洪流。

菲律濱雷雷總統和台灣馬英九一樣，給人的印象是清廉有餘，而能力不足，缺乏主見，凡事舉棋不定。還好雷雷最近終於拿出政治意志，將貪瀆的前總統亞羅育下獄，並對大法官高倫那提出彈劾。這項多數國民贊同，整肅貪官污吏的舉動竟也有大半輿論以枝節問題反對，可見改革是何等的艱難。菲國政壇之所以烏煙瘴氣，官場貪污積習難返，是歷任總統沒政治意志，畏前畏後，不敢大刀闊斧整頓，怕"剃人頭者，人亦剃之"。雷雷總統敢旗幟鮮明肅貪，證明自己走"清廉直路"決心，也許菲國終於盼到了"明君"

（二〇一二年二月七日原載世界日報《故事新說》專欄）

中國人何時站起來

一九四九年毛澤東在開國大典豪氣干雲地宣佈：中國人站起來了！毛澤東時代中國人確實站起來了，雖然肚子凹下去；改革開放後，中國人肚子凸出來了，但人卻蹲下去。清末中國人以《義和團》爲代表，"虛火上升"，硬了一下子，但被洋人尤其是被洋鬼子打怕了；懼外、媚外、自卑植入基因，見到老外，自動哈腰。

不久之前，南京市代表團訪問日本姐妹城市名古屋，名古屋市長河村隆之當著中國客人面前否認南京大屠殺。以劉志偉書記爲首（中國新聞八股說法）的中國代表團噤若寒蟬，唾面自乾。其實也不能責怪他們沒有"偉大志氣"，甲午戰爭後，中國人懼日成癖，蔣介石抗戰"勝利"了，以"以德報怨"做遮羞布，不要日本戰爭賠償（菲國就爭取到戰賠不少，包括東京使館地皮）；毛澤東急和日本建交，放棄"免費"戰賠，接受有償援助。七十年代，海外、香港，尤其是美國華人留學生發動"保衛釣魚台"運動，中國和台灣政府都是暗中阻撓的。最近中國政府似乎硬起來了，捍衛主權，和日本對著幹，對"釣魚台"諸島一一命名；但不知何故，放著古籍名稱"釣魚台"不用，改稱"釣魚島"，莫非要和七十年代"保釣"人士，包括馬英九劃清界線？

三月初，筆者在廈門乘搭南方航空公司飛機回岷，航機誤點，筆者到候機室小餐館吃東西防饑。三個年青漂亮女店員懶洋洋站在一旁，其中一人經呼叫放下餐牌又走開。筆者叫了一客牛肉麵（五十八元人民幣，比市內貴三倍）。小姐似乎嫌消費太小，再三詢問要不要別的東西。突然間三個店員興奮地叫著：老外！老外！"眾星伴月把白人老外帶到座位。尊貴的老外也沒有高消費，指著筆者的牛肉麵也叫了一客。付賬時，雙方互道："THANK YOU"不停。

廈門 — 馬尼拉是黃金航線，飛機席無虛座，乘客大部份是閩南同胞。因爲"阿珠呀！阿土呀！"隔空喊話不絕。筆者的鄰座是一位禿頭德籍白人，空中小姐將手中唯一的一張"入境卡"給了他。筆者不知趣用華語索討，她白目一翻，冷冷的說："分完了，你到機場去拿。"美麗的空姐儀態萬千，就是不肯"站起來"！

（二〇一二年三月十五日原載世界日報《故事新說》專欄）

中國政壇地震

從前大連市長薄熙來和台北市長馬英九常常被相提並論，因爲兩人均年青、英俊、高學歷、好背景，有政績，政治前途一片光明。兩岸的亮瑜：馬英九保持清廉形象，仕途一路順利，做到台灣最高領導人，且連任總統。薄熙來也青雲直上，有可能成爲中國未來主席或總理的候選人之一。

中國政府上次換屆，據說因溫家寶總理劇烈反對，薄熙來沒當上副總理，被“貶”到重慶市。他不甘止於地方“諸侯”，高調在重慶“打黑唱紅”，企圖闖出一條道路重返中央，爭奪大位。但是不久之前發生“王立軍事件”，中央以迅雷速度免去薄熙來重慶市委書記之位，看來他的政治生涯接近終結，甚至會被“雙規”。

薄熙來執掌大連市政時，筆者曾到大連旅遊，看到當地綠化成功，清潔美觀，讚不絕口。導遊驕傲地說：“我們的青草是從美國進口的！”什麼？筆者滿腹疑問，大連真的和台北一樣“錢浸腳目”？後來小道消息說薄子《瓜瓜》在西歐留學，駕紅色法拉利招搖過市，錢從何來？令人對他好感大打折扣。

中國現在風風火火地推動“學習雷鋒”運動，不知是否另有目的。改革開放後，中國人得到了物質財富，喪失了精神道德；民間不滿情緒高漲。筆者有機會和不同階層人士傾談，年青人不知雷鋒是何人，年老人認爲時機適當，以免人心繼續淪落。也有文革時被整得死來活去的人，“一朝被蛇咬，十年怕草繩”，怕它又是一個要折騰人的政治運動。薄熙來被免職前兩日，溫家寶在記者招待會表情嚴肅地說：中國要“改革”，不要“文革”，並表明政府將慎重調查“王立軍事件”。筆者不寒而慄，空穴不來風，莫非有野心家要利用民間仇官仇富情緒，要“借屍還魂”，發動另一次文革？文革禍國殃民，已有定論，問題是官場太腐敗，民憤極大，似乎不動“大手術”救不了。

薄熙來引起的政壇地震不知是否有更大的餘震，中國的命運如何，要看新舊領導人胡錦濤、溫家寶、習近平、李克強的智慧、能力、良知了。

（二〇一二年三月二十日原載世界日報《故事新說》專欄）

“反骨仔”沒好下場

朝鮮在舉世反對下，一意孤行，發射攜帶衛星火箭。奇怪的是很多菲華老華人力挺朝鮮，認爲美、日、韓等“只許州官放火，不准百姓點燈”太霸道。但朝鮮情形特殊，她是答應停止核試，換取美國、韓國糧食援助的；它好比一個乞丐大放煙火，慶祝生日。她有種學學毛澤東時代的中國，自力更生，寧願餓死人，也不彎腰向國際求助。朝鮮西鄰中國，北接蘇俄等友好國家，不挑釁別人，就沒有安全問題；窮兵黷武，莫非是要鎮壓國內異己？話說回來，如果朝鮮像韓國一樣民主，人民豐衣足食，又何愁政權不穩？

朝鮮科技力量不足，打腫臉孔充胖子，火箭升空一分餘鐘，第一節火箭未能脫離第二節，在大氣層中爆炸，墮落黃海。據說

第二節火箭購自蘇俄，如此雜拼，能成功才怪。菲國在朝鮮發射期間，火箭所經路線，飛機改道，漁船不能出海，經濟損失不菲。筆者對朝鮮極反感，認爲它是“反骨仔”（粵語，即忘恩背信小人），中國曾經勒緊褲帶餓肚子援助朝鮮、越南和柬埔寨。柬埔寨尚知感恩圖報，除了將首都金邊第一大道命名爲《毛澤東大道》，亦在東盟爲中國執言。越南和朝鮮這兩個“兄弟和同志”呢？前者忘恩負義，曾和中國兵戎相見，現在更到處拉攏盟友，要和中國作對，爭奪西沙石油資源。上世紀五十年代初，中國不顧剛建國，“抗美援朝”，犧牲了數十萬志願軍生命，保住了朝鮮金日成政權。中國援朝所用武器大部份來自蘇聯，但不是無償的，三年天災期間，蘇聯落井下石，向中國逼債，對還債物資還百般挑剔，讓中國吃盡苦頭。中蘇交惡，“反骨仔”明守中立，暗中傾向蘇聯，言行就像欠人情的是中國。這次發射火箭，時間也不預先通知處處維護它的“恩主”，朝鮮真是太“反骨”了。中國也許該檢討對朝鮮的政策了，肉包子餵狗，狗還會搖尾。

輝哥應請以“朝鮮”兩字測其國運。輝哥說：“朝字日小月大，君臣失調，小日上無去路，下無退路，上下不得，不出十月十日，必有巨變。鮮字拆開，成魚和羊（肉），人爲刀俎，我爲魚肉；國際虎狼橫行，魚、羊能有好日子？”輝哥一派胡言，但不無玄機。

（二〇一二年四月十九日原載世界日報《故事新說》專欄）

讓國際法庭仲裁

菲律濱自去年二月駐華大使周清琦離職，至今已過一年沒派新大使，在外交史上極爲罕見。菲中兩國各種來往密切，又是近鄰，不派大使，莫非菲國有意將兩國關係降級？四月濟陽宗親會月會，筆者遇到新大班蔡其仁宗長，其仁宗長一度傳說被委爲駐華大使，因其母反對他介入政治接下“熱番薯”不果。筆者笑說：“菲中要開戰，還好你沒做大使！”他笑笑，不置評。

菲中最新糾紛來自菲國軍艦要扣押在黃岩島海域捕魚的中國漁船；兩艘中國護漁船介入阻止，演變成外交大事。某晚我們在母校思源體育館打完球，在更衣室聊天，陳友民學長說黃岩島在菲國兩百海里經濟專區內，應屬菲國。吳勝利學長則說聯合國經濟專屬區不能作爲主權依據。筆者插嘴，距離不是理由，不然英國怎能保衛《福島》FOLK LAND 和阿根庭開戰？筆者注意菲國朝野言論，很遺憾地發現，一涉及到領土，民族感情必掩蓋理智。喊和中國開戰有之，喊根據互防條約向美國求助也有，更多的是要向聯合國投訴。報上言論，無論專欄作家、政客官員、法律專家，都極膚淺，唯一理由是黃岩島離菲國一百二十海里，離中國八百海里。

中國大使館四月十七日發出新聞稿，對七個問題自問自答。其實大使館早就應該像前大使傅瑩召開記者會，提出理由，解釋立場。PHIL. STAR 在頭版登刊大使館新聞稿，其中三點極具說服力：一、菲國領土範圍是由一八九八年《美西巴黎條約》，一九〇〇年《美西華盛頓條約》，和一九三〇年《英美條約》確定，上述條約無一將黃岩島列入。傅瑩大使曾示出菲國官方地圖，指明黃岩島在菲國國界之外，讓記者啞口無言。二、《聯合國海洋法公約》允許沿海國建立兩百海里專屬經濟區，但沿海國不得以此損害他國固有領土主權。三、國際法和實踐，“地理鄰近”不是解決領土歸屬原則。

菲國最近提出由國際法庭仲裁建議，黃岩島自古屬於中國，證據十足，中國應該接受挑戰，一勞永逸。執筆時，中國已拒絕提議，也許是不願第三者介入領土糾紛。

（二〇一二年四月二十四日原載世界日報《故事新說》專欄）

應該克制

名報人吳先生對菲華被稱爲文化沙漠十分不平，他認爲菲華在文化各領域都有出色成就，依人口比例，更是豐盛綠洲。很多人可能不知名揚國際的交響樂作曲家莊祖欣 JEFFREY CHING，“教育家”虎媽媽蔡美兒 AMY CHUA 都是菲華人。他批評說：反而國內有一些所謂學者，學養不足，貽笑方家。筆者極贊同吳學長說法，並常常舉出一個例子，說明有人不學無術，且不肯用心考查，將 PALAWAN 譯爲“巴拉望”；真怕曾是世界名港口，古籍也有記載的怡朗 ILOILO 他們譯爲“一樓一樓”或“衣落衣落”。某晚看中國中央電視台第四號國際台，評論員評論中菲領土事件，言語十分刺耳。有人說菲國總統尋“連任”，要轉移國內人民視線，因此挑起南海爭執。該“國家級”評論員敢信口開河，也不怕誤導聽眾，或被恥笑。

中國改革開放後，經濟突飛猛進，已成世界第二大經濟體，第三軍事大國；雖然國民平均所得還遠遠落後第一世界，但已與美國並稱“超強”。可惜一些國民素質仍有問題，沒公德心如上海《世博》期間，竟有人被斥不守秩序時，大聲反駁：“臉早已被別人丟光了，不差我一人。”國家也漸離鄧小平韜光養晦政策，處處要“硬”起來；在西方媒體抹黑下，形象也不好。中國二千餘年前戰國時代就有藺相如、晏子、蘇秦、張儀等傑出外交官，不戰屈人。“今朝風流人物”哪裡去了？還是鳳凰台的阮次山說得好，中國應該和東盟大國泰國等交好，尋求強援。他說今年東盟年會，如果不是地主國柬埔寨仗義，不將中菲南海糾紛列入議程，東盟可能被迫對不是會員的中國採取敵對立場。

中國應暫時擱置南海問題，讓美國到處“搞搞陣”（粵語，生非），虛耗國力，自己則養精蓄銳；不妨像上世紀五十年代不時向“美國侵略”提出外交抗議和警告（達數百次），向侵權國家再三抗議。養晦期間，中國宜克制自律，同時告誡漁民切勿違法捕捉海龜等瀕危物種，以免授人口實。當時機成熟，四、五艘航空母艦同時駛入“內海”南中國海，誰敢抗衡中國捍衛領土？國際事件，強的說了算！

（二〇一二年四月二十六日原載世界日報《故事新說》專欄）

大失人心

莊姓是閩南晉江大族，上世紀五十年代，《三家莊》富可敵國，是東南亞首富。最近“三家莊”重要一支《希信》再三在華報登刊《告全菲華僑華人公開信》。公開信敘事清楚，理直氣壯，仔細一讀，又是大陸地方官員做出令人“極爲不解，且深感痛心”之事。原來《菲律濱希信聯誼會》及僑領莊杰文、莊長泰、莊金耀等人於一九九七年，經政府批準，捐款建立功德堂；安放先人骨灰，促進了殯葬改革，節省了大量土地。功德堂成爲海內外二萬多人尋宗、祭祖、掃墓集中地，凝聚海外華僑對祖籍國家鄉的向心力，意義重大。豈料十五年後，晉江市政府竟命令不阻礙市政建設，按政府規劃建設的希信功德堂，限期搬遷。莫怪莊姓族人痛心疾首，登報抗議。

公開信有用嗎？筆者十分懷疑。數年前港哥家鄉《石厦》亦發生政府強行徵地，低價向鄉人購買農地、墓地，高價轉售開發商。部份鄉人不服，政府竟出動武警動粗。石厦旅菲鄉人一向熱愛祖籍國，修橋造路，對公益事業貢獻良多。他們爲了聲援故鄉親人，也在菲律濱華報刊登公開信，請求大使館，甚至國務院幫助，事隔數年，公開信如石沉大海。

二十餘年前，蔡金鐘鄉賢曾聯合筆者堂兄蔡揚賦，蔡元吉，蔡榮輝向鄰村購買土地，出資築路，讓柴塔村鄉人出入不必借路。兩年前地方政府將《柴塔村大道》回收，另加發展，甚至將葉飛題字的牌坊也拆除。蔡金鐘等人無異議，只要求對被徵收的十畝土地作合理（六百萬人民幣）賠償，以在家鄉設立基金會（按：不是還給原捐款人）發展公益事業。無奈政府只肯賠償一百萬，你說合理嗎？

中共中央政治局常委、中央紀委書記賀國強四月二十三日在濟南召開“基層黨風廉政”座談會，強調發生在群眾身邊的腐敗問題有十個，而頭一個就是徵地拆遷的腐敗問題。如廣東烏坎村，很多地方官員利用職權侵佔他人財產，貪污受賄，公款飲宴出遊，違規購買豪華汽車，不知喪失了多少民心！

（二〇一二年五月一日原載世界日報《故事新說》專欄）

該重視人權了

二〇一二年四月十日《文匯報》菲律濱版刊登了一則附有像片的新聞，標題“偷兩塊麵包　女人被綁示眾”，內容是故鄉晉江安海鎮一名三十餘歲婦人偷竊兩個麵包時，當場被店主抓住。店主林先生為了防止她再次作案，將小偷綁在電線桿上，並在其胸前掛上“我是小偷”紙板。

筆者不明白晉江區（泉州）經濟繁榮，到處都有招請工人紅紙，該婦人為何不找工作？上個月在故鄉目睹餐館客人大魚大肉，剩菜甚多，也不像菲律濱打包回家，而是讓侍者倒入垃圾袋。故鄉人發達，令人欣喜，但浪費食物，不怕天譴？而事實上，還有人肚餓偷麵包。店主保護私人財產，理所當然，但動用私刑，漠視人權，豈是文明社會所容？豈非對人道犯了更大罪過？

十一年前，筆者和家人遊北京東方市場，妻女興趣盎然“血拼”便宜衣物，筆者和兒子站在路旁欣賞市井風光。忽然行人紛紛分開，一名穿著綠色制服的公安踩著腳踏車行走，車後拖著一條長長的繩子，繩子另一端綁著一個少年的雙手，少年大口喘氣隨著車子奔跑。他大概犯了什麼“小”罪，要被帶到公安局。當地人似乎司空見慣，無動於衷；三數西方人士或搖頭嘆息，或不以為然冷笑。筆者顧忌多多，不知如何是好，當“俠”氣上湧，要干涉時，人車已遠，心中為著自己懦弱，沒有即時反應，深深感到羞愧。人人冷血，袖手旁觀，人權怎能改善？

岷市《雨傘巷》有一小餐館，女主人很“辣”，三十歲左右，常穿熱褲，露出修長大腿。她原來是在重慶經營淫業，迫良爲娼的逃犯。一年前她被來自中國的國際刑警解押回國，兇多吉少，因爲同案的姐姐已被槍決。重慶書記薄熙來打黑大快人心，贏得喝釆。現在他一些不法行爲被揭發：打黑監禁了五萬人，其中只有一萬五千人被判罪，其餘三分二強的人呢？可獲應有賠償？還是像文革時代，自認倒霉？

中國人一面唱衰美國，一面千方百計要移民美國，經濟原因之外，應是爲了自由和人權，執政者豈非要好好檢討？

（二〇一二年五月三日原載世界日報《故事新說》專欄）

炫富者沒好下場

中國人積數千年生活經驗，得到一項智慧結晶：財不可露眼。可惜一般人的本性是閩南話的“淺學（廁）裝不了屎”，說得淺白一點，就是有錢不炫耀，好比錦衣夜行。

報載，一名海關低級文員駕駛高級跑車 PORSCHE 在南線高速公路和一輛豐田車發生了小小交通摩擦。該芝麻小官和中國富二代、官三代一樣，“忘了自己是誰”，和同伴毆打豐田車司機，一名學生。事件原可不了了之，但他意猶不足，連續向學生車子開了四槍。該 ELEVADO 姓文員月薪不足一萬，如何買得起昂貴名車？難道像某大法官，也是得到妻家財？雷雷總統聞訊大怒，予以革職，大快人心。

中國歷史上最“牛”炫富者首推西晉石崇。石崇多財，可惜

IQ、EQ 均低，窮奢極侈。他如廁要美女侍候，馬桶裝滿細鵝毛，完事後，必換新衣，舊衣拋棄。古時蠟燭是珍貴物品，他用來當柴燒。最愚蠢的是和帝王家鬥富：晉武帝舅父王愷獲賞奇珍兩尺高珊瑚一枝，王愷向石崇炫耀。石崇也不打話，隨手將珊瑚打碎，王愷大驚，石崇哈哈大笑，叫家人拿出六、七枝高三、四尺珊瑚讓王愷選擇。某日晉武帝穿了外國進貢的火烷布做成的衣服，得意揚揚到石崇家作客。石崇"牛氣沖腦"，叫五十名僕人身穿火烷布衣服列隊迎接皇帝。石崇如此囂張折福，能保住腦袋才是奇蹟。他還是幸福的，死後美麗愛妾綠珠跳樓殉情，也足讓他在地獄炫耀了。

台灣中天電視曾播出一個節目，名嘴們輪流評論大陸暴發戶炫富行徑，如"王公子"在北京的豪華婚宴，以及一些"小富翁"用鈔票點燃香煙，抹鼻涕，小家氣派炫富。他們個個面露不屑譏笑之色；忘記了台灣"錢淹腳目"時，台灣人到香港買ROLEX金錶如買花生的氣焰。

貴州省錦屏縣是中國最貧困的地區之一，人民年均收入只有二、三千塊人民幣。副縣長尤成華的年輕女兒尤美美在網路展示名牌包包，開懷大笑。尤美美名叫美美，人也長得不錯，但行徑只讓人感到醜惡、噁心。有其女必有其父，應該"雙規"尤成華。

（二〇一二年五月八日原載世界日報《故事新說》專欄）

中國人的驕傲

六月十九日《大公報》菲律濱版頭條新聞是"三傑進天宮"，新聞首段說："二〇一二年六月十八日十四時七分，神九和天宮兩個航天器在距離地球三百四十三公里的太空緊緊相擁；三個小時後，景海鵬、劉旺、劉洋像魚兒一樣，依次從神九“游”進了天宮。圓夢天宮，使中國成爲世界第三個具備向在軌航天器送人員和物資能力的國家，標誌著中華民族在叩開太空站時代大門之後，又向前邁出重要一步。”

六月十六日下午，筆者提前回家，雙眼盯電視，觀看中央電視台的現場轉播。電視播放的是中國神舟九號的發射，當火箭於十八點三十七分三十四秒順利升空，筆者情不自禁鼓掌歡呼，爲中國人的成就感到無比的自豪。

上世紀六十年代，大陸和台灣勢不兩立，母校中正視“共匪”爲洪水猛獸，談論中國是大逆不道的。一九六四年十月十六日，中國原子彈試爆成功，當時是了不起的科技、軍事、政治成就。隔日平時不苟言笑的化學老師陳天佑師一反常態，萬分激動，高聲談論中國人的成就、光榮、聰明。陳師興高采烈的形象，事隔數十年，猶印象鮮明。六十年代中國一窮二白，不知是毛澤東還是陳毅曾說：“中國人沒有褲子，也要原子彈。”中國第一顆原子彈確實是省下買褲錢製造的。

中國號稱文明古國，有三大發明：指南針、火藥、造紙術。可惜二千年來，西方利用指南針航海，中國用來看風水；西方利用火藥造槍炮，中國用來放煙花。西漢起中國獨尊儒家，排斥百家，捏死知識分子思想；紙張用來傳播“聖賢”學說，寫八股文。清朝末年，中國守土高官竟以西方戰艦大砲爲“邪物”，“胸有成竹”要用糞尿、狗血、女人經血來破除。如今思之，不可嘲笑，因爲還有人信仰“法輪功”。

航天工程最能彰顯國力和科技成就；中國現在富有了，發展太空事業，能促進經濟成長，提昇工業層次，遠比製造航空母艦實惠。航空母艦是第二次世界大戰前就有的產物，科技含量不高，而且製造保護費用龐大，是大而無當“白象”，對提高國家聲譽毫無助益。

（二〇一二年六月二十六日原載世界日報《故事新說》專欄）

中國人的恥辱

百餘年前，日本產品被稱爲“東洋貨”，精巧好看，但不耐用；日本又擅模仿，別人一發明，它跟著製造出來，便宜的假貨是世人恥笑的對象。日本民族優點是極自重，即有廉恥心；奮發圖強，極有上進心。經百年努力，日本不論是輕工業或重工業產品，品質都有保證，深獲用戶信任。上世紀六、七十年代台灣是東洋貨繼承人，價廉物差，也是毫無顧忌地仿造他人精心設計產品，依樣畫葫蘆，當然價格及質量和原裝貨差一大截。台灣後來也“發財立品”，也許廉價貨品拼不過大陸，轉向電子和農業發展，產品成世界一流產品，馳名品牌。

中國開放後成爲“世界工廠”，也成了廉價貨、冒牌貨、劣質貨的生產地之一；人們向錢看，唯利是圖，道德良心放一旁。三十餘年前，筆者熱愛故國，盡可能買中國貨，可惜除了棉質背心、毛巾，貨品不多，尚記得曾購買 PEM 牌電機（即 MOTOR），三十匹馬力，體積龐大，價錢便宜，也甚耐用，印象不錯。一、二十年來，中國製造已成劣質品代名詞，惡名遠播。以電線來說，偷工減料，銅質不純，屢引發火災，傷人生命，已屬謀財害命了。

筆者和兒子最近開了一間小小工廠，“沒錢娶老某”，當然採用中國貨；不料“斷電器”使用數小時，即生故障，筆者檢查，發現它的體積只有日本貨一半，更大膽的，上面竟敢貼上《三菱》牌子。電機情況也差不多，去熱風扇竟是極次塑膠舊料所製，兩月不到，四分五裂，導致電機燒毀。軸承（BEARING）也差，壽命只有三數月，令人痛心疾首；日本軸承很貴，但如保養得宜，可用數十年。

中國科技列國際先進水平，能造太空站、第五代戰機、高速火車、每秒運算上億次超級電腦。但一般日常用品，品質竟如此低劣，更可惜的，什麼都有假貨；毒奶粉、工業鹽當食鹽、地溝油……危害國民健康，政府官員也半目開閉，至少也是監督不嚴，或官商勾結，真是中國人的恥辱！

（二〇一二年六月二十八日原載世界日報《故事新說》專欄）

中國人的悲哀

中國號稱有五千年歷史，其實有文字記載的所謂信史只有三千餘年。三千年來，最高領導人代代都有暴君，中國人逆來順受，雖有“君爲輕”民主理論，但從未實施。

中國人最好時光應是唐朝李世民執政時的《貞觀之治》。主政者英明又開明，國力強盛，國際和平交往；日本人大量西渡學習，恨不得一切“唐化”。筆者敬佩唐太宗，除了文治武功，主要原因是他對人的信任，對人性的看好。唐太宗曾釋放二百九十名死囚，讓他們回家團聚，安排後事，相約行刑日期前回獄報到。結果囚犯如期回來，一個不少；唐太宗也因囚犯守信，饒了他們一命。

李世民是極稀少的例外，歷史上多的是商朝紂王、隋朝楊廣，明朝朱元璋等暴君。滿清入關，強迫漢人剃頭易服，守舊的漢人被迫懷念史上最荒唐、腐敗、下流的朝代 —— 明朝。許多英雄豪傑矢志反清復明，如今回顧，中國好運，他們沒有成功。開國皇帝朱元璋心理有問題，心胸狹窄，多疑善變，惡毒殘忍，注定明朝皇帝"歹種"。兒子朱棣篡位，屠殺方孝孺十族。英宗殺民族英雄于謙，朱祁鎮令人感到的是忘恩負義，不明是非，何英之有？朱厚照這個弱智少年就是戲劇上花花公子正德皇。數十年躲在深宮不理朝政的朱翊鈞卻盡量斂財，繼位者朱由校起用太監魏忠賢，殘害忠良賢能《東林黨》，死後弟弟朱由儉接位。朱由儉自高自大，自毀長城，把抗清大臣袁崇煥凌遲處死，怪東怪西，就不怪自己，終於亡國。明朝在這些怪胎折騰下，不亡國才是奇蹟。一六〇三年，佔領菲律濱的西班牙屠殺華人數萬人，明皇朝不聞不問，甚至認爲被殺者離棄天朝，咎由自取。

很多人喜歡清朝乾隆皇帝，弘曆在位六十年，又當了三年太上皇，自稱"十全老人"確實是中國最好命的皇帝。但好命未必是好人，他揮霍無度，敗壞吏治，大興文字獄，讓中國走上衰敗之路。俱往矣，還看今朝的"大救星"又如何？還不是以百姓爲芻狗，中國人受到最大最廣最深的蹂躪。

（二〇一二年七月三日原載世界日報《故事新說》專欄）

中國人的無奈

本文所指的中國人，是泛稱擁有中國人血統的華人。華人的無奈，就是不論其國籍，外人都認爲他們是中國人。這次菲中兩國爲領土爭執，互出惡言，華人夾在中間，很難做人，真無奈。

菲中建交前，台灣和菲國有邦交，台灣爲了國際生存空間，錢沒少花，但處處低聲下氣。以菲國來說，台菲因屬美國附庸，反共同盟，台灣間中也派了陳之邁、杭立武等傑出外交官，無奈弱國無外交，華裔處境極可憐。華僑爲了保護自己，只有自求多福，組織《商總》，作爲護僑機構，抗爭"菲化"法案，抗拒不法人員騷擾。菲國華僑沒埋怨，率先組團回台示忠，勞軍、投資（當然也養了不少二奶）；台灣第一家觀光飯店，第一家外資銀行都是菲華人投資的。筆者求學時，要撥出一角錢（當時可買一瓶可口可樂）零用錢作"日日捐"，寄給台灣。

中國建國首二十五年，口中說"我們的朋友遍天下"，事實只有三數有所求"食客"。中國與世爲敵，獨力抗衡美國、蘇聯兩大超強，爲了"革命需要"，拿走百姓口中的食物。上世紀五、六十年代，菲國"紅帽子"滿天飛，充滿紅色恐怖，不少華僑爲之傾家盪產，甚至身陷囹圄。當時台灣是助紂爲虐，而中國大陸則是向外輸出革命，一切爲了國際共產主義利益，華僑算老幾。

時勢變遷，中國領導人胡溫有開明、關懷民生的良好形象。執筆時，《大公報》菲律濱版報導中國財政部長謝旭人的財政報告，報告說二〇一一年，中國中央財政收入達五萬億人民幣。令人吃驚和不解的是二〇一二年國防和公共安全支出近七千億，而教育不足一千億，文化體育和傳媒預算一百八十八億，醫療衛生只有七十一億。這種預算案在民主國家是難獲國會通過的，中國人代代表所爲何事？（按）

根據報告，二〇一一年所謂"三公"支出，即公費出國（還不是旅遊），買車（三數年一換，而且多是名車），接待（大吃大喝）竟達九十三億（按二）遠超醫療衛生預算。這種本末倒置的預算，怎能促進和諧社會，怎能不讓人大嘆無可奈何？

按：報告數字太小，似乎有誤。

按：應是駭人的的六千億

文友柯林幾篇談拆字的文章，寫得生動活潑，趣味無窮，讓人讀後發出會心的微笑。他在一篇文章中說，中國大陸把“葉”字寫成“口加十”，把“蔡”字寫成“艸加尺”，然後議論一番，並加以發揮。這種遊戲文章輕鬆活潑，別具一格，有一定的讀者。

簡體字實行了幾十年來，但仍褒貶不一，有的人喜歡，有的人“深惡痛絕”，雖然目前大陸等地推行簡體字，但還是有一些地方仍沿用繁體字，菲律濱就是這麼一個地方，大部分華人還是使用繁體字，雖然有人疾呼改變這種狀況，不過一時還是改不過來。

應該說，簡體字自古有之，在二千多年前的《論語》裡，就出現了“於”這個字，但是系統地對繁體字進行改革則是新中國成立後於一九五四年開始的。就記憶所及，已經公佈了數批簡體字，總共有二千二百三十六字。簡體字方案獲得大部分人肯定，但有一些個別的字卻受到非議，這是事實。

就筆者所知“蔡”字目前仍沒簡體字，也就是說，官方歷次公佈的簡體字並沒有把“蔡”字加以簡化，仍然保持原來的模樣。柯林說的“艸加尺”，可能是地方改的，但未經官方的認可。有人把“蔡”字寫成“艸加才”，這也是地方改的，未經官方同意。對這些民間流行的字體，只能把它們當成俗字。

談到俗字，除了“蔡”字有許多不同的寫法外，還有一些字也是這樣，例如：“停”，有的地方把它寫成“人丁”；

“感”，有的的地方把它寫成“干心”，等等。這些字是地方上使用的，未經官方機構認可，只能算是俗字，不是正式的簡體字，不能把這些俗字算在中國政府的頭上。

關於簡繁的問題，《廣場》曾經進行討論過，結果是見仁見智，各有看法，未能取得一致。無論簡體字還是繁體字，都是中華民族的文化遺產，無須相互攻訐，應該說，各有優點，也互有不足，應該取長補短，繼續加以改善，這是中華兒女應盡的職責。

（二〇一二年七月五日原載世界日報《故事新說》專欄）

天佑菲國

今天是 EDSA 革命的廿四週年。菲國 EDSA 不流血革命成功震驚全世界，也贏得全世界一致的讚揚。

一九八六年二月二十二日離今已有四分之一世紀，但當時的情景仍歷歷如昨：那是一個星期六的夜晚，王彬街歌舞昇平，好不熱鬧。我們一群蘇浙校友如常在《裕華》聚餐，“講天抓皇帝”；“家事、國事、天下事，事事關心”的蘇友們說到二月七日舉行的“臨時總統選舉”均憂心忡忡，認為馬可斯 MARCOS 明顯偷票，自行宣佈中選，美國、日本、歐洲各國均未予以承認，許莉 CORY 發動抵制運動，菲國局勢極為動盪。交遊廣闊的獻哥（當時手機尚未流行，全菲只有幾千部，筆者因生意的需要，以極大的代價在汽車安裝了一部）傳呼機響起，他到櫃台打了一個電話後，面色凝重地說：“總統府朋友通知，國防部長茵里禮 ENRILE 叛變，發動兵變！”校友們急急互道珍重：“大家執生（小心）！”作鳥獸散。

第二日（星期日），茵里禮和副參謀總長藍慕士 RAMOS 聯合發動兵變的消息全國皆知，電視上的畫面是：三軍參謀總長未爾 VER 將軍向馬可斯報告：“飛機、坦克、大砲均已準備好，請總統下令消滅叛徒！”氣氛緊張。

天災窮人受苦，人禍富人遭殃。獻哥神通廣大，一早將家小送上飛機，到香港避難；筆者則趕到崇仁醫院，將剛出世不久，寄養在育嬰室的次女亦真接回家。

星期一，學校停課，商店關閉，還好市面平靜，沒有發生暴民乘亂打劫、放火、殺人的情況。好友謀哥多人“一竅”，夥同筆者用盡資源和關係以廿九菲幣比一美元的高價購買黃金，要乘機發點國難財。星期二（廿五日），馬可斯乘美軍機逃亡；許莉宣誓出任新總統，讓原央行行長芬蘭地斯 FERNANDEZ 保留原識。星期三，銀行和政府機構復開，一切恢復原狀，天佑菲國，讓她逃過一場大難。

謀哥和筆者這兩位“奸商”呢？菲幣和美元匯率保持兵變前的廿五比一，讓他們受到了當頭一棒！

（二〇一〇年二月二十五日原載世界日報《故事新說》專欄）

菲國大選

菲律濱曾是美國殖民地，被統治了將近五十年，學到了美國民主政制的形式，但因選民素質卻得不到它的精髓。菲國每隔三年就有一次選擇，民眾一聽選舉，莫不興高彩烈，生意人更是笑逐顏開。因爲選舉年，政府必定加速公共建設，討好選民，政客大撒鈔票，“還錢於民”；所以百業生意興隆。至於隨之而來的通貨膨脹，財政赤字，讓下任執政者去頭疼。

筆者是菲國公民，隨著住宅和工作地點的變遷，曾在人潮熙熙攘攘的岷市和計順市投票，最後選擇 VALENZUELA 市。原因是投票站（公校）地點是工廠區，日間人口（工人）衆多，實際居民不多，投票過程快捷，可以和鄰居，小政客們（BARANGAY）打打招呼，聯絡感情，當然有事還是免不了要請“ROXAS”　“AQUINO”（註一）幫忙。

憑良心說，傳說有選民在投票站高舉尙未沾墨的右手食指（即表示尙未投票）高價待沽的情景，不曾見過。上次總統大選，筆者在家睡大覺，在現任總統 GMA 和影帝 FPJ 之間，有什麼好選？這次候選人則完全不同：有得父母餘蔭，孚民望的 NOYNOY；有捲土重來的前總統 ERAP；有財力雄厚的 VILLAR，有執政黨支持（也不見得）才華出衆的 GIBO，有打著宗教旗幟的 EDDIE 弟兄，也有……SALING PUSA”（註二）可供選擇。

這次選舉首次使用電腦，筆者好奇心重，同時也爲了要投雷雷一票，一早就出門，但見街道“水靜河飛”，如聖週黑色星期五。走進學校投票站卻被嚇了一跳，但見各間課室都擠滿了人，排隊長龍移動緩慢，卅六度高溫令人汗流浹背，如要盡“國民天職”非三數小時不可。

有人說選舉勞民傷財，但這次大選，相對公正，得到國內外一致好評。股市牛氣沖天，指數達兩年來最高；菲幣升值，倫敦財經公司 CAPITAL ECONOMICS LTD 甚至預測年尾可望四十四比一美元，明年可達四十三比一（註三）。菲幣升值是雙刃刀，未必全是好事，但有助物價的穩定。大選後，國民一片樂觀，士氣大振；外資，因泰國大亂（註四），在亞謹諾政權下，將大批湧入則是可以肯定的，否極泰來，菲國前景一片光明！

（二〇一〇年五月二十五日原載世界日報《故事新說》專欄）

註一：菲幣上面人像。

註二：沒中選機會，參加搞亂者。

註三：二〇一二年菲幣站穩四十二點七比一美元。

註四：本文見報時，泰國出現政治風波。

天之驕子

為菲國民主犧牲生命的前參議員 NINOY AQUINO（尼蕊·亞謹諾）曾經說過：一個政客，通過努力，可以做到參議員，至於總統，那就要憑天意了。而天意之詭譎，非人能料。尼蕊之才幹和聲望與前總統馬可斯是一時亮瑜。有這麼一說：馬可斯統治後期，自知沉疴難起，有意和尼蕊和解，安排他接任，以換取家族平安。無奈他手下野心家另有私心，讓尼蕊變成烈士，做不了總統。

一九八七年許莉執政第二年，賀那彬上校發動菲國歷史上最血腥軍變，死者達三百餘人。NOYNOY（雷雷）在返回總統府途中遇襲，同車的女朋友當場喪生，他幸好有一位赤膽忠心的保鏢捨生用身軀掩護，讓他逃過大難。雷雷至今身上仍留有彈頭。許莉患腸癌多年，她不早不晚，在去年八月去世，讓菲國民眾對她的懷念、崇敬、擁護之情，轉移到她獨子雷雷身上；他在“黃袍加身”的情況下，順利中選總統，可謂天意！

筆者曾在三月的專欄中預測雷雷必定中選，根據的五大理由，不是什麼真知灼見，而且漏掉了兩個最大因素：一、INGLESIA NI CRISTO 教會宣佈支持雷雷；二、美國通過新聞媒體，暗示青睞他。這次大選，如果說有什麼意外，那就是 ERAP 的表現，他得票超過 VILLAR，只輸雷雷五百萬票。INGLESIA NI CRISTO 鐵票有三百萬票，一減一加，如果它支持 ERAP，那鹿死誰手，還真說不準。當然，該教會有自己的民調，一向的作風是押寶在勝算較大的候選人。

菲律濱雖然已經脫離美國，獨立六十餘年，但一向被美國視爲“禁臠”。雷雷如何在美國和“崛起大國”中國間，順得哥情又不失嫂意，實在需要所羅門王的智慧。（註）

雷雷上任後所要面對的是一個法官全是 GMA 委任的大理院、未佔多數的國會、空虛的國庫；新人民軍的叛亂，南部回教徒的擾亂，跋扈軍人的搗亂，好權親戚的添亂；還有怎樣實現競選諾言，將國家帶上康莊大道。也許雷雷是天之驕子，在尼蕊・許莉保佑下脫胎換骨，變成菲律濱的“鄧小平”、“蔣經國”、“李光耀”！

（二〇一〇年五月二十七日原載世界日報《故事新說》專欄）

註：雷雷向美國一面倒，有欠智慧。

雷總統好樣的！

菲律濱對大人物，尤其是總統的傳統稱呼是其姓名的第一個字，如 FIDEL VALDEZ RAMOS 被稱爲 FVR, GLORIA MACAPAGAL ARROYO 被稱爲 GMA。當然也有例外，如 CORAZON AQUINO 喜歡別人以小名 CORY 稱呼她，正式場合叫她“MRS. PRESIDENT”即總統夫人這個不甚適當的稱呼，因爲她是總統，不是“總統夫人”。影星總統希望別人以他的小名“ERAP”加上總統頭銜來稱呼他，以表親切。新總統全名是 BENIGNO SIMEON COJUANGCO AQUINO III，音節甚多，用閩南語音譯是“敏尼諾　沈米旺（名）　許寰戈（母姓）　亞謹諾（父姓）三世”長達十四字，他表示希望民眾以 P.NOY 即雷總統來稱呼他。

當國會宣佈雷雷・亞謹諾正式中選總統後，紫茗兄要筆者用“諾”替雷雷政權測個字。筆者的答覆是：“諾”字義正面，字形亦方正，拆開爲“若言”，意思是他會實現所許諾言；最重要的是和他母親許莉的革命政府不同，“若”字下方是“右”，具“石”形，根基是盤石，穩固無比。當然“若”形似“苦”，他的擔子很重，會做得很辛“苦”。事實上，菲國新聞太自由，雷總統上任的第二日，INQUIRER 某專欄就已“雞蛋裡挑骨頭”說總統就職典禮有失隆重，好像流行歌曲演唱會；而晚間的慶祝會，雷總統的歌喉不好，歌星們不必害怕被他搶去飯碗。各方 UNSOLICITED ADVICE 鋪天蓋地，連卸任女總統在前往 QUIRINO 檢閱台的短短幾分鐘車程也“沒話說樹蕊”要雷總統注重教育。

雷總統被傳木訥，不善言辭，真象是他得令尊 NINOY 遺傳，親自執筆的就職演講字字珠璣。雷總統中氣十足，吐字清晰，警句不少：“你們是我的老闆”、“我不會讓我父母蒙羞，辜負你們”、“人人得到完整真正的公義”。他的演講保證數

“無”：無特權、無偷竊、無賄賂、無浪費、無警號……更博得近五十萬出席者掌聲如雷，熱淚盈眶。

雷總統坐言起行，第一日從住宅到總統府上班，車隊全程不用警車開道，遵守交通規則，遇紅燈依法停車。雷總統以身作則，好樣的！雷總統不住象牙塔深知民間疾苦，菲律濱在他領導下，興隆在望！

（二〇一〇年七月六日原載世界日報《故事新說》專欄）

立竿見影

筆者有一位朋友有多年駕駛經驗，技術高超，因為計劃在香港居住，向香港當局申請駕駛執照。他以為在岷市“打過十八木人”，取照還不是易如探囊取物。路試時，他輕鬆自如地超車、換線；最後將車放在空檔，讓它滑行，然後輕輕地踏剎車制，瀟灑地把車子停在指定的地方。考試結果，試官給了他一個大“肥佬”（不及格），原因是他換線時，雖然打了訊號燈，但沒有盯著後視鏡（朋友說，眼睛瞄一下，就知道前後左右車子的距離）；至於停車，絕對不能讓車子空檔滑行。

筆者表哥長居香港和澳洲，有一次訪菲，坐在筆者車子前座，他看到街道各種大小車輛橫衝直撞，集車公然隨意在路中央上落乘客，行人亂過馬路，不時下意識地作出踏剎車制動作。他奇怪地問：為何碰到紅燈時，有時停，有時走？筆者笑說：“紅燈附近沒有警察，沒有車子，那就直走，不然跟在後面的車子，可能會鳴笛抗議。”

秦國在孝公時代，政府威信不足，政令難行，他起用衛國人“法家”商鞅為相。商鞅只用一招：他貼出公告，誰將一條放在城南的木棒送到城北，將賞金一千。一個年輕人不顧圍觀民眾譏笑，姑妄將木棒拿到城北，商鞅實現賞金千金諾言，政府威信立刻建立。秦人從此奉公守法，秦國也因此強盛。

目前的菲國就像公元前四世紀的秦國一樣，政府腐敗無能，權貴仗勢欺人，執法者往往就是法律破壞者。最明顯、最常見、也最令人忿忿不平的，就是警車從不遵守交通規則，不是闖紅燈，就是闖單行道。芝麻大的官員車子也安上警笛，一路呼嘯而過，讓嚴峻的堵車更加火上加油，他們顯盡威風，也惹來他人的怒罵詛咒。

街道上的秩序反映了政府的執政能力，公民的素質、國家的文明水平。雷總統上任，各種問題千頭萬緒，他以遵守交通規則，放棄特權，不用警笛開道來宣示守法、執法決心，實在有大智慧，效果立竿見影，由小見大，也許人所盼望的清廉政府，不是可望不可求。

（二〇一〇年七月八日原載世界日報《故事新說》專欄）

失匙夾萬

“失匙夾萬”是一句香港俗語，意思是一個人擁有價值不菲的保險箱，但沒有鑰匙開啓，即空有寶山。前第一夫人IMELDA曾說過一句貽笑國際、經典的IMELDEFIC話：“菲律濱是一個裝窮的富國”。從天然資源角度而言，她的話不無道理。

據說，菲國各種礦物綜合蘊藏量居世界第五。別的筆者不知道，得自中國地質專家的消息，菲國有兩個地方：中呂宋的 ZAMBALES 山脈有儲量極多的黃金；SAMAR 島則有成色極佳、藏量也大的鋁礦。菲國有大小島嶼七千多個，海岸線長過中國、美國等大國，而且因工業不發達，水域水質大部份未受污染，是優良的海產養殖場。菲民族英雄黎剎在他的名詩《我的訣別》說："菲律濱是陽光撫愛的土地"。菲國土地肥沃，陽光雨水充沛，稻米一年三熟，可供開墾荒地極多，實在是得天獨厚。

ARROYO 眾議員不知爲何在國會尚未開幕就已提出修憲提案。憲法專家 JOAQUIN BERNAS 神父是有道之士，罵人不帶髒話，只稱其舉動爲"幽默"。因爲在其權勢巔峰時做不到的事，現在還"不到黃河心不死"，不是搞笑嗎？不過一九八七年實施的"許莉憲法"至今已有二十餘年，其間國際金融風波一波接一波，經濟蕭條威脅揮之不去。也許某些有關經濟的條款是不得不修了，當然不要涉及政制的更改，讓某些野心家有機可乘，捲土重來。

筆者認爲修改憲法是開啓"夾萬"的鑰匙。一、讓外國人有權購買土地，房地產可望立刻興旺。二、開放天然資源開發權，讓外國人可以從事礦業、農業、漁業、造林業，國際資金必定湧入。三、讓外資可以全資擁有本地公司（目前只可佔百分之四十），撤出的跨國公司必定回歸，人民的就業機會將會大增。四、要繁榮，先造路。放寬 BOT（建造、經營、移交）限制，鼓勵外國建造"收費高速公路"、"鐵路系統"，物流加速，物價將下降，商機必多。

上述措施傷及國家主權，盲目愛國者、環保人士必定反對。

但是國家財富讓人民分享，而不是長眠地下，何樂而不為？

（二〇一〇年七月十三日原載世界日報《故事新說》專欄）

改善治安

上世紀六十年代，筆者有一位同學，年紀輕輕就懂得修心養性，每逢假日，常到馬尼拉灣釣魚。他所釣到的魚大多是一種模樣醜陋的有毒小魚 BUTETE。BUTETE 很貪吃，數量又多，容易上鉤，同學將釣到的魚都送給菲人鄰居餵鴨。有一日，兩個“政府人員”問他：“你是中國人？”“是的。”“那你就犯法了，魚是天然資源，外國人是不能捕魚的！”老天，釣魚竟會違反“菲化法”，結果同學掏出身上所有鈔票，換取“免受遣配”。

數年前，筆者在一位朋友辦公室看到一位比“黑霸馬”更黑的“養魚人”在抱怨。正在奇怪這“黑人”閩南話怎麼說得那麼流利，而且粗話連篇，原來他來自閩南。朋友說現在有很多“新客仔”從事養漁業，個個風吹日曬，黑溜溜比菲人還黑。朋友和“黑人”合作在北部某海灣養殖石斑魚；眼看就可收成，當地“地頭蟲”潛入水中，割破漁網，讓魚逃走，他們則守在海灣口捕捉，但捉到的只是小部份，朋友和新客夥伴則血本無歸。

也是數年前的事了，淞哥要筆者陪中國來的地質專家到 SAMAR 島的礦區勘察。但其駐 SAMAR 的人員說，該島地方不靖，新人民軍勢力龐大，如果要平安出入礦區，每人要繳交五萬元“革命稅”，四個人總數要二十萬，一仙也不能少，而政府駐軍方面也要應酬。中國專家“牛仔不識虎”，以為“中共”“菲共”同屬“共產”，應該是“兄弟”，豈知兩黨早已斷絕關係，毫無瓜葛。淞哥聽了大怒，說：“算了！算了！”

當時筆者和友人開設一家塑膠水泥袋廠，某日眾股東和白人技術人員聚餐，會中發現有親人，或本人曾被綁架者，竟超半數；其中一位股東獨子在付完贖金，還被撕票，慘絕人寰。

生意人將本求利，無可厚非，即使是唯利是圖，在求財過程中也會創造就業機會，繳交稅金，促進經濟繁榮。政府有責任保護他們的安全、財產。所以雷總統首要工作是改善治安，嚴禁政府人員騷擾商人，讓他們能夠在安定的環境下發展，爲他們個人以至國家創造財富。

（二○一○年七月十五日原載世界日報《故事新說》專欄）

“GOOD OLD DAYS”

美國基督教名佈道家 JOEL OSTEEN 的宣道節目可在有線電視《好消息台》GOOD TV 看到，它是筆者最喜愛的電視節目之一。OSTEEN 影響觀眾對人生的看法，讓人樂觀，對未來有信心。他勸人不要緬懷過去的好日子 GOOD OLD DAYS，因爲好日子在前頭。上了年紀的人，好提當年勇，認爲“舊日子”都是好的，其實當時他們也是日日怨天恨地，抱怨日子難過。

THE PHILIPPINES STAR 肥胖的專欄作家 WILLIAM ESPOSO 八月二十二日在其極具影響力的專欄說，他在八月十一日到總統府拜訪雷總統，事後到黎剎大街附近晚餐，勾起舊日子的美好回憶。ESPOSO 先生認爲上世紀六十年代初是菲律濱最後的好日子。當時菲國經濟在亞洲僅次於日本；菲幣和美元是四比一，最低工資每日四元，高級汽油每公升十五仙，車資和可口可樂都是一角，中等住宅三萬元一座，兩房高級公寓月租一百二十元，“龜仔車”VOLKSWAGEN 一輛不到六千元，首輪電影收費一元。當時亦是中國餐館黃金時代，CHINA（筆者按：即《中國》，華人婚喜壽慶首選）、TO HO ANTIGUA（即《和興》現尚在 T. PINPIN 原址營業）、AROMA、WAH NAM 等等，八道菜，供十人用的筵席只要二十元。

筆者有幸，躬逢盛世，在此補述：當時 AYALA 集團尚未開發 MAKATI，筆者訪堂兄在 BUENDIA 街附近的印務館是走“田岸”過去的，地價五至十元。ESPOSO 先生記錯了，“龜仔車”車價應是三千元左右，而街上到處跑的的士是奔馳一八零型。那時餐館幾乎都是廣東籍華人開設的，設在共和國市場大廈五樓的《聯合國》是例外。榮哥、健哥、筆者等創立的《旅菲蘇浙校友會》常在那裡聚餐。每桌從冷盤到甜點足十道菜，供十二人食用，只收二十五元，我們這些“等大”的中學生個個吃得飽飽的。值得一提的是當時硬幣除了一仙、五仙是銅做的之外，一角、廿五仙、五角、一元都是純銀做的。

當時華人認爲人生最大的享受，是坐的士、看電影、吃《仕記》。啊，GOOD OLD DAYS!

（二〇一〇年八月二十六日原載世界日報《故事新說》專欄）

“VERY BAD IMPRESSION”

旅菲蘇浙校友會將於今年十一月七日換屆，舉行兩年一度的就職典禮。校友會“大老”獻哥、彬哥和筆者八月十九日特別聯袂赴港邀請王寶明校長、蔡金鳳副校長等師長涖菲主禮。獻哥看到我們居住的怡東酒店大堂擠滿各國遊客，很感慨地說：“菲律濱不知道何時才有這種盛況。”我們都是菲公民，“坐人船，愛人船走”，實在衷心希望菲國能夠經濟起飛，脫離窮國臭名；一致認爲旅遊這個“無煙工業”，是國家賺錢捷徑。

想不到我們返菲第二日，岷市就發生被革職警察劫持香港遊客事件，造成八名遊客和劫持者喪生的悲劇。在整個過程中，菲律濱成爲全球電視焦點，政府的顢頇無能，軍警動作的笨拙、魯莽，裝備的原始，暴露無遺，讓整個國家蒙羞，讓旅遊業受到巨大的打擊。

獻哥晚兩日返菲，剛好 GMA 七號電視台在機場訪問抵境旅客，獻哥（身穿黑色上衣，有意表示哀悼乎？）答記者：旅遊車被劫持，八名人質喪生，讓人對菲律濱有“VERY BAD IMPRESSION”！八年前筆者再次出任蘇浙會長時，岷市發生一連串炸彈事件，香港祝賀團人數銳減，希望這次不幸事件不致讓香港貴賓裹足。

拯救被劫持人質是很熱門的電視和電影題材，觀眾數十齣看下來，個個都是專家，懂得如何處理，也知道人質安全第一。吾家“小婦人”的“婦人之見”：答應敏多沙（劫持者）的要求算了，等人質釋放了，才以綁票罪辦他。香港一位親友一面看電視，一面打電話詢問，筆者當時想也不想地說：“沒事的，鬧劇而已！”

香港特首曾蔭權明知“八二三”事件是個別的，但仍然將菲律濱列入“黑色警示”名單，相信是要抗議菲方處事失當，草菅人命。而菲國警察“青槍”（註一），“投鼠不忌器”例子是罄竹難書的。CHARLENE SY 和吳大班王姓女婿都是和綁匪一起死在警察亂槍下的！

雷總統剛上任，爲菲國政壇帶來一股清流，人們對他寄予厚望。但他第一個考驗無疑是不及格的，筆者無奈以“忍”（註二）字形容他：求好之心有餘，而辦事能力不足！

（二〇一〇年八月三十一日原載世界日報《故事新說》專欄）

註一：閩南語，魯莽。

註二：忍字折開，心多一點，刀不成力。

喜見“大作”

“小題大作”是一句負面成語，但這次八名香港遊客被劫持，因菲國政府處理不當，慘被槍殺，中國和香港特區政府“藉題大作”，高調抗議，令海外華人內心欣喜莫名。

八月廿八日《世界日報》的頭條是“李克強無限期推遲訪菲”，新聞說明訪問取消，是在八月廿三日發生香港遊客在菲律濱遭到劫持，導致八死七傷事件之後所做出的。《商報》的頭條是：“香港人被殺真相未明　中國拒菲副總統訪華”。《PHILIPPINE DAILY INQUIRER》頭條是：“FLAG ON CASKET IRKS CHINA”（國旗蓋棺激怒中國）。內容是中國駐菲大使館在電視看到冷血兇手靈柩竟然覆蓋菲國旗，十分憤怒，向菲政府表達強烈的不滿。菲政府立刻表示蓋旗是未經授權的，並命令拿走國旗。

老實說，中國人多命賤，毛澤東時代，認爲海外華人是“嫁出的女兒”也就是潑出的水。蔣介石統治的台灣，則以“弱國無外交”爲自己遮羞。鄧小平和蔣經國都“養晦”拼經濟，中國人“死一百人，五十雙”而已。上世紀六十年代，筆者蘇姓姑父、姑母在 PALAWAN 經商，其商店被僞裝土匪的警察洗劫，雙雙遇害，台灣“大使館”不聞不問，倒是當地華人商會出面緝盜，將匪徒繩之以法。

這次遇害者都是香港居民，但胡溫第一時間向遇害者家屬致信慰問，令人“窩心”，劉建超大使趕回菲律濱親自向菲總統“施壓”，表現大國應有的姿態。香港政府鼓勵民眾上街遊行抗議，表示出中國人不再是“蟻民了”：“踩死就踩死，不然你想怎樣？”

菲報報導參議院副議長 JINGGOY 前幾日訪港，他使用普通護照，香港移民局官員不認識他（筆者認爲是故意的），在護照蓋章後，滿面怒氣，很不禮貌地將護照“丟”給他。

筆者的手拖行李箱是名牌“MENDOZA”，它是布製的，外型美觀，又很能容納東西。筆者剛訪港回來，行李箱尚放在房中，女兒亦慧指著它笑說：“老爸，以後訪港不要用它，不然你會被誤會是 MENDOZA 家人，被揍一頓，那就慘了！”

（二〇一〇年九月二日原載世界日報《故事新說》專欄）

SWAT 新解

有一則舊笑話：有一天三國，美國、英國、菲國警察在一起喝酒吹牛。英國警察說，我們很有效率，當有罪案發生，警察一定會在十分鐘內趕到現場。美國警察說，我們通訊設備先進，五分鐘內一定趕到現場。菲國警察說，你們都太慢了，我們在第一時間就在現場。英美警察同聲說："兄弟，吹牛不要過份，這怎麼可能？"菲警察"自負"地說："因爲犯案者一定有警察在內！"

菲律濱華人對警察一向有很深的成見，也許是因爲常常看到他們躲在街角暗處等待犯交通律的駕車者，但對公然違法的集尼車（註）又視若無睹；叫他們爲臭"PHIAH"。筆者不明它的寫法和意思，但"臭"字在前，肯定不會有什麼好字。華人看見警察都敬而遠之，怕被敲詐。有一位好朋友數年前在鬧市被綁架，他說當時他最擔憂的一件事，是怕有人看見報警，警察在半路攔截，那生命就危險了。吳大班的女婿就是在公司門口被綁，目擊者報警，結果警察不管人質安全，向綁匪汽車掃射，致使綁匪和人質一起死在槍下。

SWAT 的全名是 SPECIAL WEAPONS AND TACTICS 即特別武器和戰術。當今恐怖分子到處橫行，所以各國都有由警察精英組成的特別部隊 SWAT 以應付各種突發事件。"八二三"後，幽默的菲人賦予 SWAT 新解：

＊SORRY WE AREN'T TRAINED，對不起，我們未受訓練。或 SORRY WALA AKONG TRAINING。

＊SANA WAG AKO TAMAAN，希望我不會中彈。

＊SUGOD, WAIT, ATRAS, TAGO，攻擊，等候，撤退，躲藏。

＊SORRY WE ARE TAKOT，對不起，我們害怕。

＊SO WEAK ANG TEAM WORK，團隊合作太弱。

＊SOBRANG WASTED ANG TIME，太浪費時間了。

“八二三”長達十餘小時的電視直播中，有一幕令人啼笑皆非的鏡頭：一個警員頭戴鴨舌帽，表情嚴肅，全神貫注，右手食指和中指合併，作手槍狀。該警員要施展金庸小說中的“六脈神劍”？也許這是他的特別“武器”和“戰術”！

（二〇一〇年九月七日原載世界日報《故事新說》專欄）

註：菲國小公車。

是時候了

前些日子有兩則有關人口問題的新聞，但內容全然相反。一是中國考慮放寬“一胎”政策；一是菲國雷總統贊成進行“家庭計劃”，即使用人工物品避孕。

上世紀五十年代，中國強人毛澤東一句人多好辦事，把主張控制人口的學者馬寅初整個死去活來；中國人口因他老人家一句話，多了幾億人。鄧小平發現人口暴漲的災難性，用嚴厲的手段執行“一胎”政策，保證了經濟成長不被人口增長抵消。但高壓制度成果顯著，後遺症也暴露出來：一、人口老化，社會福利負擔沉重。二、男女數目差額太大。據調查，適婚男女竟相差二千萬，“娶不到老婆”問題嚴重。三、獨生子女成爲高 IQ 低 EQ 的“怪物”，在家受到父母、祖父母、外祖父母的溺愛，養成唯我獨尊的驕性，走入社會，碰到同樣情況成長的“對手”，誰讓誰？這些低情商的小皇帝、小公主如溫室花草，受不得半點挫折，許多留學尖子動輒殺人自殺，豈是偶然？

中國放寬“一胎”政策是時候了！

某日筆者駕車往 CALOOCAN 市辦事，誤入一條窄街，時值黃昏，短短的街道擠滿了數十名髒兮兮的兒童在玩耍，不少年青婦人挺著大肚，一手抱著嬰兒，一手拖著流鼻涕的孩子在漫步，讓車子寸步難行。筆者不是沒愛心的人，但厭惡感油然而生，菲國人口太多了，是該節育了！

第二次世界大戰前，菲國人口只有一千六百萬，天然資源豐富，在美國人統治下，父輩說人人安居樂業。六十年代，人口二千餘萬，菲國也是小康社會，出國謀生者都是醫生、工程師等專業人士。現在人口九千四百萬，本國資源負擔不起這麼多的人口，約有一千萬人被迫離鄉背井，出國擔任家傭、粗工，產生不少破碎家庭。

筆者大膽說一句話：菲國現時兒童極大部份先天不足，營養缺乏，後天失調，未能接受較優良教育，在競爭如此劇烈的世界，他們的前途實在暗淡。希望天主教會不要再阻撓雷總統的節育運動。

（二〇一〇年十月七日原載世界日報《故事新說》專欄）

小丑變英雄

駐中國大使是菲國外交部僅次駐美國大使的重要職位，位尊權重。雷雷總統上任後，華社盛傳事業如日中天的蔡姓“新大班”將被委任爲新駐中國大使，華報亦有報導。後來據說蔡母反對，蔡宗長事母至孝，所以沒有接受。黃姓僑領從最高華社組織退任後，報章亦有他將出使中國消息。黃博士學識淵博，原是最適當人選，但他不是追名逐利之人，也婉拒總統好意。筆者揣測他們拒絕的主要原因應該是中菲關係複雜，領土糾紛難解，大使一職是“熱蕃薯”，華裔出任該職，可能弄得裡外不是人。

菲中領土糾紛有兩處，其一是菲國西北部的《黃岩島》，傅瑩大使使菲時，以子之矛攻子之盾，拿出菲國官方地圖，證明黃岩島在菲國版圖之外；其二是菲國南部的南沙群島，菲國稱之爲KALAYAAN（自由）群島，公正的說，一八九八年的《巴黎條約》，上述島嶼確實不屬菲國。

筆者初中曾就讀 TETUAN 街“黑龍江”畔的中山中學，母校附近有一所海員訓練學院 PHIL. MARITIME INSTITUTE，學生穿著白色制服，相當神氣，常常在該臭水溝劃著舢舨，似作航行訓練。該校校主是一名叫 THOMAS CLOMA 的律師，他於一九五七年駕船在南沙群島水域探險；回來後以哥倫布發現新大陸的姿態，宣佈發現一些地圖上沒有的島嶼，並命名它們爲“FREEDOMLAND”。六十年代初，也就是筆者在中山求學時，CLOMA 先生忽然異想天開，宣佈 FREEDOMLAND 獨立，自任總統，委任內閣，發行郵票和護照。當時菲國朝野以“鬧劇”一笑置之，《大中華日報》施穎洲先生的專欄《話夢錄》曾加以反駁和嘲笑。世事多變，小丑也變英雄，後來菲國就以 CLOMA 的“發現”爲依據，佔領其中一個較大島嶼，並將 FREEDOMLAND 意譯爲菲文的 KALAYAAN。

南沙群島最大和唯一有淡水資源的海島是《太平島》ITU ABA，面積半平方公里。第二次世界大戰時，日本曾以它爲海軍基地，戰後盟國將它交回戰勝國《中華民國》。今年四月馬英九因中國大陸、菲國、越南、印尼、馬來西亞、汶萊都在覬覦南沙海域的石油蘊藏，派出戰鬥力強的海軍陸戰隊防守。馬英九是英雄還是狗熊，就看他如何保衛太平島了。

（二〇一一年五月十九日原載世界日報《故事新說》專欄）

國慶日雜感

執筆時剛好是六月十二日菲律濱國慶日，也許稱獨立節更恰當。筆者是菲公民，“坐人船，愛人船走”。但不像“巴例”華清愛菲一面倒，對她的一些缺點是抱批評態度的，說“恨鐵不成鋼”也可以，菲律濱的確存在不少有待改善的地方。

筆者服膺民主，痛恨獨裁。很多華人對馬可斯總統有好感，因爲他對華人友善，開放華人集體入籍，又和中國建交，實在值得感激。但菲國會淪落到今日的地步，他是罪魁禍首。筆者天真幼稚，每次大選，新人執政，都抱極大希望，但最終都失望。以“雷雷”總統來說，筆者是深“黃”派，競選期間，車子都繫了黃絲帶，相信他會履行競選諾言，也相信他不會貪污。“雷雷”執政一年後，政績令人搖頭；缺乏政治魄力、智慧、手腕，尤其對中級官員的任免，也猶豫不決，失業饑餓民眾人數上升，難怪民調直線下滑。

雷雷總統新上任時，禁止政府官員耍特權，使用警笛，遵守交通規則，令人好感。筆者某日早上駕車往 MAKATI, OTIS（已改新名）街近聯合國大道，西、南行車子大擺長龍，北行往計順市車子則寥寥無幾；五六個“交通指揮人”（據說都是出身清道夫）不在大街中心疏導交通，讓車子空等紅燈轉綠。交通燈由綠轉黃時，筆者加速左轉，結果躲在暗處的他們一湧而出，前方左右攔截，如逢大敵。筆者自知違規，但極度氣憤，指責他們換新總統了，還在浪費納稅人的錢，不顧“黑面”威脅要筆者上“訓導班”，“白面”暗示可以“私了”，大聲說：“開罰單給我！”結果執照被沒收，被罰最高的罰款二千元，往返 MMDA EDSA 辦事處三次，等三個月後，才拿回執照。

某些國會議員更令人失望，不務正業，只會 GRANDSTANDING，浪費資源，君不見大岷區街道名字被改過半，徒增困擾。海關“物流”流暢，只是貨櫃領費更高。稅務局每週一大案，下文如何？還有各部門大小官員騷擾爲國家製造財富和就業機會的廠商、貿易商如故……

（二〇一一年六月十六日原載世界日報《故事新說》專欄）

菲國軍備太差

最近菲國朝野群情激奮，誓要保衛國土；美國國務卿也接見菲外長，保證履行一九五二年美菲協防條約，煞有介事，將矛頭指向中國。問題是中國並沒有侵略菲國意圖，相信將來也不會。歷史上中國從沒設立殖民地意識，外邦臣服朝貢就心滿意足，還諸多賞賜。明初鄭和七下西洋，中國如有野心，東南亞各地必都是中國殖民地。有兩則流言：一是明末鄭成功驅逐荷蘭人，光復台灣後，有意吞併菲律濱，但探子報告菲律濱是化外之地，“雞亂啼，狗亂吠；男無情，女無義”，鄭成功乃取消佔領計劃。二是蔣介石從大陸撤退到台灣後，曾到碧瑤市和菲總統 QUININO 密談，要求租借菲國島嶼，以容納部份軍隊，作爲後路。此事真實性不知如何，但蔣介石訪菲時，李惠秀師當時是《中正》中學生，曾代表華僑向他獻花。

雷雷總統先父，故參議員尼蕊・亞謹諾口才極好，是出名“大砲”，他曾在國會特權演講中披露菲國軍隊彈藥只夠三日使用。四十年後菲國軍力不進反退，也許現時只能支持三小時。

東盟十國，陸軍越南最強，因爲實戰經驗豐富。世界五強國中、美、法、英、蘇，小小越南曾與前三者打過仗，甚至在邊奠府大敗法軍。空軍新加坡最強，因爲國富，擁有美國先進戰鬥機 F16（性能略遜中國殲二十），而且訓練有素，機師素質極好。海軍當以海域廣闊的印尼爲首，但泰國是東盟唯一擁有航空母艦國家，不容小覷。

菲律濱陸軍連一萬名左右的菲共游擊隊和南部回教數百名綁匪也消滅不了，戰鬥力可想而知。空軍原以退時，第二代美製戰鬥機 F5 爲主力，最後因缺少零件，從五架拼成兩架，二○○五年完全停飛。台灣原本要無償贈送一批退役 F5 給菲國，不知何故沒進行。菲空軍目前只剩數架 OV-10 BRONCO 噴射機作巡邏偵察用途。海軍更可憐，唯一的戰艦是第二次世界大戰遺留下來的驅逐艦，年齡比筆者更大。千餘噸的 RAJAH HUMABON 號駛到風疾浪大的南中國海，分分鐘鐘有自己沉沒之慮。

美國自身麻煩多多，承諾不可靠。菲國最佳選擇是和中國共同開發南海石油，儘快分享財富。

（二○一一年六月三十日原載世界日報《故事新說》專欄）

HUMABON 酋長和戰艦

偉大的航海家麥哲倫（MAGELLAN）在十六世紀初有一項探險壯舉，對人類的貢獻，勝過二十世紀美國太空人登陸月球。一五一九年，麥哲倫要從西班牙往西航行，而從東方返回出發點，以證明地球是圓的。他的船隊越過大西洋，抵達美洲，再越過太平洋，“發現”菲律濱，眼見就要完成任務了，史書記載：麥哲倫“不幸”在菲律濱被“土人”殺害，壯志未酬。船隊最後在 JUAN ELCANO 率領下，返回西班牙，人類首次乘船繞地球一周。出發時人員二百三十七人，生還者只有十八人。

一五二一年麥哲倫抵達宿務麥丹（MACTAN）島，當時島上有兩股敵對土著，分別以 LAPU LAPU 和 HUMABON 爲首。HUMABON 和麥哲倫友善，並皈依天主教，成爲菲律濱第一個天主教徒。LAPU LAPU 則反抗外人入侵，四月廿八日麥丹大戰，麥哲倫和十三名士兵被殺，喪生異地。HUMABON 雖與西班牙人爲友，但最後忍受不住西人對女族人的姦淫，在一次宴會中叛變，殺害所有赴宴西人。

菲律濱最大的戰艦是 HUMABON 號，旗艦不以“民族英雄”LAPU LAPU 命名，反用 HUMABON 這“菲奸”名號，令人莫名其妙。HUMABON 號是美製驅逐艦，排水量一千六百二十噸，最高航速只有二十一節，約三十九公里。它於一九四三年服役，參與第二次世界大戰，一九五五年賣給日本自衛隊，一九七五年退役。菲律濱於一九七六年獲得該艦，雖經韓國大修，但船齡實在太老，火力不強，也沒有現代戰艦必需的電子裝備。現代戰艦講究高速和“隱形”（塗了可吸收音波材料，不爲敵方雷達搜到），HUMABON 速度遠遜海盜快艇，要靠它保家衛國，力有不逮。現代戰爭不是冷兵器時代，可用士氣彌補武器的不足。

現代戰爭依賴高科技武器，決勝於千里之外。中國研發中的東風 21D 導彈可穿過多層的防禦體系，射程二千餘公里，是航母剋星，令美國寢食不安。作爲比較，中國前日下水服役的《井岡山》號，排水量一萬九千餘噸，擁有先進艦對艦導彈。菲國最佳選擇仍然是通過談判，謀求國家最大利益。

（二〇一一年七月二十六日原載世界日報《故事新說》專欄）

AKYAT BAHAY GANG 猖獗

菲國 AKYAT BAHAY GANG（上屋黨）惡名昭彰，受害者不計其數，一些較不幸者，財物之外，連生命也喪失。賊人或單獨行動，更多的是結夥作案，他們帶著鐵鋸等工具甚至刀槍等武器，潛入目標房屋行竊，時間一般在凌晨二、三點人們熟睡時。

港哥諸事順風順水，春風得意，最近數日卻面有不豫之色，原來家中遭“樑上君子”光顧。他放在床頭的勞力士金錶和手機被偷。金錶價值超過菲幣一百萬；手機儲存客戶和親友電話號碼，一旦失落，十分不便。港哥住宅在大院落裡，水泥大樓高四層，圍牆亦高三、四公尺，且有警衛二十四小時守衛，賊人確實神通廣大。根據仔細勘察，賊人可能是攀爬牆外電燈柱越牆而入，再經過二樓開著的窗子，沿屋內樓梯到三樓四樓。

港哥敘述未完，在座各人都表示曾被賊人入侵。獻哥事蹟最轟動，曾登刊在本報頭版：十餘年前，數名強盜午夜闖入他住宅，獻哥是家中唯一壯年男丁，他臨危不亂，拿出火力極強的散彈長槍，站在二樓向賊人連開數槍，賊人遇到反抗，驚慌逃走。鈿哥說他以前也是住在市外，屋外圍有鐵欄柵。某夜有賊使用"千斤頂"將鐵柱弄寬，讓一小孩子可以穿欄進入開門。幸運的是鄰居看到賊人舉動，大喊："捉賊！"他家才逃過一劫。鈿哥父子當機立斷，搬到市內居住。筆者也住市外，曾兩次被偷。賊人很識貨，只偷輕便的手機、手提電腦、手袋。第一次被賊人潛入是防備不足，第二次就不知他是如何進入的了。

多年前球星林嚶鳴令兄林曉鳴同學市內住宅被獨行賊人從屋頂潛入。賊人持有手搶，劫完主人還走向曉鳴同學女兒房間，他護女心切，追向賊人。兇惡賊人向他頭部開槍，曉鳴同學當場喪生，賊人從屋頂逃走，兇殺案至今未破，令人哀嘆。

多才多藝的美國政治家富蘭克林曾遭強盜搶劫，他對慰問者說：感謝上帝，他們劫走的只是部份財物，不是全部。感謝上帝，他們取去的只是財物，而不是我的生命。感謝上帝，做賊的是他們，不是我！

（二〇一一年九月二十日原載世界日報《故事新說》專欄）

假"革命稅"

上世紀六十年代尾，馬可斯連任總統，菲國經濟開始走下坡，民間貧富差距漸大，出現許多不平、不義、欺壓事件；另方面民族主義、共產主義思想高漲，菲大教授 SISSON 創立毛派共產黨和武裝部隊新人民軍，吸收了無數熱血青年。新人民軍總司令 COMMANDER DANTE 是中呂宋農民，原名 BERNABE BUSCAYNO，在媒體宣揚下，成爲一個神秘傳奇人物，因爲政府軍隊大力搜捕未成功，一度盛傳他是虛構人物，甚至是參議員尼蕊・亞謹諾的化身。DANTE 司令活用毛澤東游擊戰術，戰無不勝，成爲 CHE GUEVARA 式英雄，是青年人的偶像。新人民軍鼎盛時期人數接近三萬人（目前只剩六千人）成員都是知識分子和受欺壓剝削農民。

新人民軍經費何來？當然是“革命稅”，但當時革命稅大部份是“樂捐”，不像現在形同勒索。當年新人民軍很有正義感，往往替天行道，刺殺“人民公敵”，贏得喝彩，但這違反了毛澤東策略。隨著有理想的革命者或戰鬥中被殺、或捕、或逃亡、或投降，現在新人民軍似乎只爲收革命稅存在。他們不擇手段鳩收超過所需金錢引起反感，更令許多渾水摸魚歹徒，假冒新人民軍向華人敲詐，因爲華人畏事，總是花錢消災。

BULACAN 省一向是新人軍勢力範圍，M 社林姓大廠商某日收到“收賬信”，他不明真假，也不樂意乖乖奉獻，爲了避免意外，不再到工廠視察。後來他工廠倒閉，相信這是原因之一。另一大廠商邱先生也收到募捐信，也不知真假，問計於筆者，筆者回答：“你們工廠工會不是某左派工會嗎？請工會頭人幫助查問。”工會頭子起初否認和共產黨是同夥，有聯絡，最後還是回答：“假的！”

C 市王姓華商也接到勒索信，裡面還有一粒子彈。王先生很鎮定，交軍部朋友處理，結果調查之下，發信人竟是 C 市警察。王先生軍人朋友夠義氣和聰明，將該警察找來，命令他立刻辭職，並將他妻妾地址、家人日常行蹤列出清單，要警察小心保護王先生。軍人威脅說：“王先生如果有什麼三長兩短，你全家將雞犬不留”！

（二○一一年十月十八日原載世界日報《故事新說》專欄）

致富之道

不久之前，報章有一則毫不起眼的新聞：某中國礦產公司貨車日夜運輸礦砂，擾人清夢。菲人居民屢屢抗議無效，而且該公司華人經理只曉簡單英語，無法溝通，所以組織糾察線，阻止貨車夜間行駛。

這是一則負面消息，但筆者感到非常的高興，因爲它透露了一項消息：中國已投資菲國礦場，開始開採，有了產品，正在繁忙地運輸出口。多年前筆者曾附驥尾和雄才大略的淞哥組織公司，要配合中國公司在菲律濱開礦，淞哥病逝後，群“蟲”無首，公司停頓。菲國礦物蘊藏居世界第五，金、銅、錳、鉻等豐富，但受政客、教會、環保人士、新人民軍阻撓，除了幾間大公司，礦物不能順利開採。菲國坐擁金山，而國民挨餓，十分不合理。

上世紀三十年代，美國經濟大蕭條，民眾失業，失去購買力，工廠、公司倒閉，經濟惡性循環，全國愁雲慘霧。小羅斯福總統拿出政治意志，採取非常措施，大印鈔票，赤字開銷，大舉公造，建設公路，創造就業機會，數年中，扭轉乾坤。二戰後，美國成爲世界首富。中國也懂得“要富就造路”的硬道理。開放三十年，不斷建造高速公路，一躍成爲世界第二大經濟體。

雷雷總統爲國爲民誠意無可置疑，重要的是否能夠抓著機會，乘民望高漲之際，拿出政治意志：第一，開放礦場，鼓勵民間和外國（主要是中國、日本）合作，挖出地下寶藏，享受天賜財富。至於環保，加強監督就是，不要砍腳趾避沙蟲。第二加速公造，尤其是道路建設。造路是勞工密集工程，道路通行，貨物暢流，土地升值，國民生產必大幅上揚。菲律濱公路少得可憐，三條高速公路，里程還沒三百公里，發展潛能極大。第三，堅持肅貪改革。彈劾案當事人收入和財產嚴重不符，證據確鑿，控方還落下風，可見積習難返。筆者每日上班必走一條不短"省路"。它年年小修不斷，三年大修，造成交通不便不說，不知浪費了多少民膏民脂。改革道路任重道遠。

（二〇一二年二月九日原載世界日報《故事新說》專欄）

務農致富

福建晉江上郭華僑柯儀南後裔，菲律濱民族英雄黎剎的"訣別詩"說菲律濱是"東方明珠"、"陽光撫愛的土地"。菲律濱是島國，有大大小小島嶼七千餘個，位近赤道，豔陽高照，土地肥沃。這本來光芒四射的明珠，怎會蒙塵失色，百思不解。理論上菲國有菲僑、外勞九百萬人在外國工作，每人平均照應五個人，一半人口就衣食無憂，怎會那麼多人生活在貧窮線下，在挨餓？

有經濟學家將菲國貧窮歸咎人口出生率太高，吃掉經濟成長；也有社會學家認爲菲人天性樂觀、懶惰、不思進取，當然官員貪污更是主因。別國貪污尚可容忍，因爲黑錢有時是潤滑劑，促進發展（才有機會從中牟利）。菲國貪污太明目張膽，

GHOST PROJECT（虛假工程）不知幾許。最可恨的是贓款不留在國內，好比將你我之錢換在他口袋，錢財依然在我們當中，而是轉藏他國，肥水流入別人田。馬可斯執政後期，菲國銀行開出信用狀，別國銀行竟不肯接受，因為國庫沒外匯儲備可支付。中央銀行被迫造假虛報外匯數目，被國際金融機構拆穿，成為笑柄。當時商人入口商品，要自備外匯，筆者就曾向顏先生購買九九點四純金當外匯。

筆者八十年代旅遊中國，看到路旁數平方公尺的土地也被用來種植農作物，印象深刻。菲國陽光雨水充沛，稻米一年三熟，但很多土地荒廢。地主走土地改革法律縫，寧願空置土地也不耕種，以免要將土地分給佃農。台灣土地改革成功，成為模範，可惜菲國畫虎不成反類犬。以雷雷總統母家 LUISITA 蔗園為例，農民各自分得數公頃土地，沒有政府資助，哪有資金開發灌溉系統，購買肥料農具？最後還不是像別處佃農一樣，把土地賣掉，跑來城市做 SQUATTER（佔地違建居民）？

雷雷總統應拿出政治意志，修改土改法，容許財團，甚至外國，作大規模，有效率、有效益耕種。菲國電費太貴，基層建設太差，工會惡名昭彰，工業是拼不過人家的。陽光雨水是別國買不到的，菲律濱魚米之鄉，人民挨餓，需要進口大米，實在是說不過去的。

（二〇一二年二月十四日原載世界日報《故事新說》專欄）

機不可失

華社最近有一件大事，就是《工商總會》換屆，理事長黃卿賀學長卸任。黃學長沒有大僑領派頭，平易近人。筆者曾和他在《正友總會》共事多年，卿賀學長很少發言，但捐獻不落人後。黃學長在工商理事長任內實心辦事，對菲國教育有兩項貢獻：一、捐獻電腦予公立學校，以提高教學水準。二、在大岷區各學校滅蚊，預防“登革熱”，嘉惠學子，功德無量。工商總會極受菲國朝野重視，代表大會開幕之日，雷雷總統親蒞演講，呼籲華商投資，發展旅遊業，希望他二〇一六年退任時，遊客能夠從目前的三百幾萬，增加到一千萬。

菲國處於熱帶，氣候宜人，有世界最好的沙灘，但受負面新聞影響，外國遊客不敢來。曾有香港朋友好奇詢問：“回教綁匪橫行，警匪日有槍戰，你們是怎樣生活的？”筆者聞言大笑：“回患南部離首都馬尼拉比香港還遠！”菲國比起東南亞許多國家，英語水準雖然日下，但溝通不成問題，而且菲人好客善良，食物也可口，別具特色。表嫂燕卿是口刁的香港人，就對菲菜炸豬腳烤乳豬的香脆，調味醬料奇特讚不絕口。最令遊客開懷的，莫如海產豐富：龍蝦、蘇眉、老鼠斑、小鮑魚、酸魚湯……都不可置信的便宜。九十年代蘇浙校友會曾組團旅遊韓國，某日導遊指著桌上一道“紅燒石斑魚”大肆吹噓，似乎它是罕見名貴菜式，校友們失笑，吃慣了活殺清蒸石斑，乾巴巴的“古董魚”確實少見。同一時期，筆者和家人親友遊華東，當時上海已經相當繁榮，上海導遊有一股優越感。筆者抱怨怎麼餐餐都有“荷塘月色”（蛋花菜葉清湯）和“東坡開顏”（肉絲炒竹筍，東坡居士不是好肉喜竹嗎？）。導遊指著牆上廣告：“清蒸蘇眉，每斤人民幣一千”假意詢問：“你知道那是什麼魚嗎？那麼貴！”筆者乘機賣弄：菲律濱深海盛產蘇眉，只是不能網捕，它會立刻死亡；要用釣，最普通方法是潛到海底，見蘇眉遊來，就用硼霜把它弄昏。馬尼拉活蘇眉不過每公斤人民幣七百元左右，導遊睜大眼睛……

藍慕斯總統也曾提倡旅遊業，並以低息政府貸款鼓勵，可惜大部份落入私囊。華商最機警，希望這次把握機會，機不可失！

（二○一二年二月二十三日原載世界日報《故事新說》專欄）

悲慘的二月

二月在菲律濱歷史具有特別的意義，二十六年前的“人民力量”EDSA 革命，推翻了馬可斯的獨裁政權。許莉執政，雖然恢復民主政制，但政府沉疴難起。二十餘年來，換了數位總統，經濟依然不振，人民繼續離鄉背井，出外謀生，或失業挨餓。

本文說的是一九四五年二月，取材自 PHIL. DAILY INQUIRER 報 RAMON FAROLAN 中將（已退休）的專欄。前空軍司令 FAROLAN 是少數具有正義感的軍人和最清廉的海關局長。日本人至今尚對其二戰暴行百般掩飾，死不悔改，名古屋市長最近否認“南京大屠殺”，引起中國民眾的抗議。FAROLAN 專欄記述了一些日本軍人令人髮指的禽獸暴行：

日本佔領菲律濱時，曾將 ERMITA 區居民集中在 FERGUSON 廣場，挑出一千五百名年青婦女，將其中四百人帶到 DEWEY BOULEVARD（現 ROXAS 大道）的 BAYVIEW 旅社，監禁在二樓餐廳。這些女子有菲律濱人、中國人、美國人以至西裔。日軍成群結隊到旅社，將女子肆意姦淫。

一九四五年二月三日美軍發動“解放”馬尼拉行動，攻入

SANTO TOMAS 大學集中營，救出美國籍人質。三月三日“馬尼拉之戰”正式結束，在這一個月中，岷市成為人間地獄。當時TAFT 大道和 ISAAC PERAL 大街（現聯合國大街）街角的紅十字醫院是該區唯一倖存的建築物，FAROLAN 父親是醫院總理。某星期六下午，一隊日本海軍陸戰隊衝入醫院，不管婦人兒童，用刀用槍，見人就殺，FAROLAN 父親 MODESTO 很幸運，伏在書桌下，身上蓋著一具被槍殺醫生屍體，躲過大難。

戰爭是殘酷的，因為參戰者往往已失去人性。“馬尼拉之戰”原可避免。但美軍主帥 MACARTHUR“毀器滅鼠”，不惜用炮火摧毀大片區域，以殲滅三幾個日軍。光復岷市的代價是美軍陣亡一千一十人，日軍被擊斃一萬六千六百六十五人，而罹難（大部份死於“友”軍砲火）平民達十萬人。莫怪女作家CARMEN NAPIL 寫道：THOSE WHO SURVIVED JAPANESE HATE, DID NOT SURVIVE AMERICAN LOVE。那些在日本人憎恨中活下來的人，卻死於美國人的愛。

（二〇一二年三月一日原載世界日報《故事新說》專欄）

菲京大屠殺

一九四五年二月第二次世界大戰已近尾聲，太平洋戰區日軍節節敗退，美軍在統帥麥克亞瑟 MAC ARTHUR 率領下，登陸LEYTE，開始反攻馬尼拉。善良的平民以為勝利在望，哪知大禍臨頭，大屠殺等待著他們，更可悲的，劊子手不只是日本獸兵，還有要“解放”他們的美軍。

日軍面臨戰敗，獸性大發，INQUIRER 專欄作家 NEAL

CRUZ 在其二月二十七日專欄講述了兩位 UNCLE，一個是姨夫，一個是殘障舅父的悲慘遭遇：

姨夫在 INTRAMUROS（王城內）經營鞋店，爲日軍製造軍靴，狂賺“米老鼠”錢（日本發行戰時鈔票）；戰火燒近還不懂躲避，最後想逃時，巴石河上所有橋樑都被炸毀，逃生無路。某日，日軍逐戶通知居民集中教堂，男人和婦孺被分開，婦孺關在教堂，男人則被送到 FORT SANTIAGO 監獄。日軍將關著婦人兒童的教堂淋了汽油，一名日兵丟進兩顆手榴彈。當每個人都認爲會被燒死時，還好日軍匆忙離開，沒將大門關上，得以逃出。CRUZ 先生姨母現已近百歲，死裡逃生，活著講述她的經歷。她的丈夫和弟弟就沒有那麼好運，他們被關在監獄，他們在天花板上挖了一個小洞，可容人穿身而過。日軍也是在監獄灑了汽油，並予點燃。姨夫原已通過小洞逃出，但折回援救呼救的殘障舅父，他們兩人和許多囚犯，再沒有逃出。

MAC ARTHUR 被形容爲“軍事天才”，這位仁兄就是韓戰聯合國盟軍統帥，主張進攻中國東北，並投擲原子彈，結果被美國總統杜魯門 TRUMAN 革職。日本偷襲珍珠港發動太平洋戰爭之前，MAC ARTHUR 原駐馬尼拉，戰爭一爆發，他拋下一句名言：“I SHALL RETURN”（我會回來），立刻乘潛艇逃往澳洲。他“解放”岷市，爲了美軍安全，不理平民死活，用炮火猛轟民屋，造成十萬人死亡。“感恩戴德”的菲律濱政府用最長的國家公路，從 CALOOCAN 市到北 ILOCOS 省的交通主線，命名爲 MAC ARTHUR 公路，以紀念他的“豐功偉績”。上世紀六十年代初，MAC ARTHUR 最後一次訪菲，民眾萬人空巷齊集 LUNETA 公園，聲淚俱下，懇求他務必再回來。

（二〇一二年三月八日原載世界日報《故事新說》專欄）

改革的道路難走

歷史告訴我們改革之路難走，因爲一切改革必定損傷到當權者的既得利益。改革者往往是孤獨的，被誤解的，下場悲慘的。耶穌基督從政治角度來看，是一個偉大的改革者。羅馬帝國總督被拉多爲了政治原因讓猶太人作選擇，被煽動的無知群眾，寧願赦免殺人犯巴拉巴，也要將無罪的耶穌釘十字架。

中國首個改革者商鞅變法成功，讓秦國富強，打下統一天下基礎。最後他“作法自斃”，慘遭“車裂”之刑，全族被誅殺。

王莽是最被“抹黑”的改革者，他生活簡樸，勤勞好學，結交賢士，孝順母親，照顧孤寡，可說是道德楷模。王莽志向遠大，兩千年前就要成立“社會主義”國家，“篡”了大流氓劉邦建立的漢皇朝，成立新朝。可惜用心雖好，手法有誤，新政權只有十五年，他賠上自己的生命，還負上千古罵名。

王安石是北宋傑出政治家、思想家、文學家；是政敵也稱讚的正人君子。他爲國爲民推行改革，但大地主，大官僚群起反對，失敗告終。王安石是幸運的，可以致仕歸隱。

明朝張居正是中國歷史上最有才幹的首相之一，雖不無攬權，甚至斂財之嫌，但用人唯賢，裁減政府冗員，向瞞稅貴族開刀，讓國家經濟得到改善。可惜死後被抄家，家人被迫自殺或餓死，改革當然也停頓。“下流”的明朝跟著衰敗，“幸好”滿清入關，爲中國帶來和開拓了九百六十萬平方公里土地，即東北、蒙古、青海、新疆、西藏等地。

一九四九年中國共產黨革命成功，實行“王莽式”新政，如土地國有，一切資源國有，計劃經濟等等。成效如何？看看今日的北韓就是。溫家寶總理前些日子面色凝重地說：“中國需要改革！”是的，吏治太差了，社會太不和諧了。

我們菲國最大的問題是出生率太高，官僚太貪。雷雷總統有心改革，敢和天主教對著幹，要執行新人口政策；敢整肅貪官，彈劾大理院首席法官。筆者很懷疑他能否勝過阻力。貪瀆者證據鑿實，還有“正義人士”爲他辯護，真沒天理，改革太難也。

（二〇一二年四月十日原載世界日報《故事新說》專欄）

歡迎蘇浙師長蒞菲

歷史悠久的《旅菲蘇浙校友會》本週日（七日）換屆，《僑中》校友會現任會長、本會資深副會長施湧妙學長禮讓，由年青有爲，聰明飽學的《中正》校友周明宗出任新會長。

八月二十日，獻哥、彬哥、港哥和筆者專程往香港邀請母校王寶明校長等師長依照慣例，來菲主禮、訓誨和會見校友。王校長很誠懇地說：“我們一定會去！”不料我們返菲隔日就發生“八二三”香港旅遊車被劫，八名遊客被殺害，港府對菲國發出“黑色旅遊警告”事件。校友們明知那是個別案件，但理解師長們的擔憂和感受，已準備接受他們不來的“失望”。令校友們感動莫名的是王校長保證：“我們一定去！”因爲母校星期六和星期一均上課，爲了不影響校務，他們將於星期六（六日）晚蒞臨，星期日典禮完畢後，立刻回港。上一次他們也是來菲二十四小時，行色匆匆，辛苦萬分；筆者在此建議以後校友會的慶典，應該配合母校，盡量安排在香港假日期間。

這次蒞菲的香港慶賀團仍然以王寶明校長爲首，成員包括副校長蔡金鳳學長，小學部各部門主任黃美美師、徐華芝師、邱瑞芬師，秘書蔡黎娜學長，幼稚園主任吳乃愉師，幼兒園主任陳陽幼師，詹家芬老師，林曉蓉老師，葉文雯老師，趙巒楓老師，家長代表吳峰先生，學長代表葉鳴簧、韓本一、吳日朗等同學。校友會會長仇慧潔，前會長陳嘉恩也將出席。

王寶明校長一口正宗牛津英語是蘇浙學生模仿對象，但他待人接物的誠懇和藹、辦理公事的一絲不苟、守時重諾，處理公款的清廉、一芥不取，更是蘇浙人所津津樂道的。也是他的平易近人，筆者每次看到他高大的身影，敬仰之心，親近之情，油然而生。蔡金鳳副校長是恩哥同班同學，父母居住在菲國中部的 BACOLOD 市，大家同是閩人，私下互開玩笑，無所不談。徐華芝主任是多年前筆者就任會長時，她代表母校前來主禮的，所以對她有一股特別的好感。蔡黎娜秘書就是活潑的 LIZA，也是閩人，蘇浙“榮譽產品”，她那一口標準的普通話，令人感覺是那麼的悅耳，不“普通”！

（二〇一〇年十一月四日原載世界日報《故事新說》專欄）

“落水才知長腳人”

《旅菲蘇浙校友會》第十六屆職員就職典禮成功的“演出”了，只有一項遺憾。主角新會長周明宗，配角副會長施祥雲，司儀施柳鶯、許小璐、王雋強、蔡俐姝表現出色；蔡俐姝更是一鳴驚人。本屆校友會添了蔡維津、陳著揚、李素芬、蔡俐姝、蘇東奇、莊麗真、楊建國七位新理事，他們都是人中龍鳳，校友會如虎添翼。

友會莊金耀大哥率領的《培僑》，顏長偉理事長的《福建》，陳禎靈理事長的《漢華》等學長十分“俾面”，坐滿六席。而會長周明宗是《中正》校友會常務理事，副會長施湧妙是《僑中》校友會現任理事長，所以菲華兩間最大校友會，以及不少華校的代表也踴躍出席，盛況空前。

遺憾的是現任會長施遠香令慈林太夫人不幸於週六晨逝世。施會長守制缺席，由會監黃俊人代任主席，並宣讀她的演講辭。

六日晚，校友會接到香港慶賀團時，獻哥動情地說：“落水才知長腳人”；筆者愛開玩笑，向來賓說：“歡迎你們冒著生命的危險來到菲律濱！”在香港黑色警告未除，美英日澳等國根據恐怖分子將大肆放炸彈情報，勸告國民不要訪菲的情況下，“君子不立危牆下”，前來參加典禮，除了重諾守信，更要有極大勇氣。

接機時，有校友說：“客人應該沒有 CHECK IN 行李，會很快出來的。”恩哥和筆者相視而笑，他說：“一定有行李的！”果然客人帶來了數十個桃紅色的手袋 — 裝著數百個“東海壽桃包”。

香港《東海》酒樓有一名產“壽桃包”：桃形包子，外觀美麗，內餡更美味，蓮蓉清甜，咸蛋鮮美。不知那位校友在王寶明校長宴會中，讚不絕口。王校長聽在耳中，記在心裡，從此每次訪菲定帶來手信 — “壽桃包”。這次王校長贈送給校友會的紀念牌，刻著親切的“母校至親”，母校視校友們如出外子女；我們吃著來自母校的鍾愛、關懷、重視……慕孺之心，感動之情，又豈是筆墨所能形容的。

王校長真的“有心”，提早離開酒店，帶著整團人，特別繞道到計順市 PAZ 殯儀館“施府林太夫人”靈堂致奠。香姐哽咽說：“王校長真誠意……家母太福氣了！”

（二〇一〇年十一月十六日原載世界日報《故事新說》專欄）

王寶明校長來信

蘇浙小學校長王寶明太平紳士是香港傑出教育家，他不但以言教，而且以身教；他平易近人，和他交談，如沐春風。

本月蘇浙月會，王志強博士（讀來的，不是買來的）用純正普通話誦讀王校長二月廿二日來信：“馬尼拉一別，已三月餘，各位校友的親切熱情仍暖心扉，不能忘懷。雖然不足二十四小時的相聚，數字又怎能量載校友親人的情意！……這情誼不是一朝一夕，而是經年累積。”信如其人，情意殷殷。王校長對旅菲校友鍾愛有加，過譽地說：

“我們也帶回了旅菲校友文采的結晶 —— 就職特刊。校友們文筆流暢，情感豐富，文中蘊含著對母校的感念，對校友的讚賞。這些文章對在學的小師弟小師妹，算是最好的德育教材，又是最好的語文教材，從中可以學習愛校愛國，愛己愛人；學習努力奮鬥，成就事業；更是寫作的範文。”

王校長說到做到：

“校方正在舉辦一項活動 —— 旅菲蘇浙校友紀念文章賞讀，把學長的佳作介紹給師弟師妹。同時，也將二〇〇六年由福建省報社及菲律濱《縱橫》雜誌社編輯的《菲華精英》中記述俊人校友及華彬校友貢獻社會的事蹟，介紹予他們。教育的目的就是培養有用的人，願我蘇浙人人成才，造福社會。”

母校創立於一九五三年，王校長信中說六十週年鑽禧校慶在即，屆時將出版校慶特刊，定將收錄旅菲校友佳作。

王校長說：“再次感謝校友的盛情！期待下次相聚！”我們上千旅菲蘇浙校友也是期待著下次相聚。二〇〇三年母校金禧大慶，筆者時任旅菲校友會會長，曾率領人數眾多的慶賀團往港祝賀，受到以王校長爲首的母校的熱誠接待，校友們至今仍津津樂道。旅菲蘇浙校友會會長不是循序揖讓而升。二〇一三年誰是會長筆者不知道，但確定的，是將有龐大的回校祝賀團！

（二〇一一年三月十七日原載世界日報《故事新說》專欄）

福慧雙修

李美英是筆者蘇浙小學同屆同學，既然是老同學，就依舊連名帶姓稱呼她。李美英是資深《慈濟》人。因爲夫賢、子孝、孫佳，所以能夠無後顧之憂，全心全力做義工。也許因爲她自種福田，所以自得福緣，家庭美滿，諸事稱心如意。

慈濟可說是世界最大的慈善機構之一，行善區域無遠弗至，範圍從提倡環保到醫治疾病、援助貧苦；行善對象不分政治、國籍、宗教、種族，如此胸懷，如此慈悲，非“大愛”焉能做到？

英姐二月二十六日晚於樹日街《靜思書軒》親身說法，開講“自在的心靈”；闡述加入慈濟的因緣，介紹部份慈濟善舉：去年九月二十六日天災“ONDOY”颱風帶來豪雨，人爲“開放水閘”過失，讓大岷區在數十分鐘內成爲澤國，人命財產損失不菲。MARIKINA 市是重災區，慈濟如常立刻展開救災工作。令人欽佩的是它不只施糧施水，更顯“大智”的是“以工代賑”以四百元的日薪聘請當地災民處理垃圾，清掃街道，共達八萬四千人次。十二月二十七日慈濟在該市 RODRIGUEZ 運動場舉行祈福晚會，受惠災民二萬五千人出席感恩；可貴的是秩序井然，場面感人，慈濟爲華人贏得無數菲人好感，功德無量。

出人意料之外的是英姐竟然是演講高手，言語幽默，警句不少；主持講座台風穩健，不時加插的他人見證，趣味盎然，牢牢抓住聽眾注意力。當晚還有一個神來之筆，就是邀請僑界名歌手王錦琪（噢，又是蘇浙校友）演唱旋律優美、歌詞感人的慈濟名曲“大愛航向心世紀”。錦琪小姐歌喉極美，全場聽眾輕聲和唱，氣氛融洽，心靈自在無比！

慈濟菲國執行長李偉嵩先生在感恩詞說：李師姐演講精彩，全場無人“DU BIN”（打瞌睡）。是的，長達一百分鐘的講座，好像一下子就結束了。是晚令筆者印象最深刻的是不論主講人、司儀、接待員和聽眾等慈濟人，個個相由心生，面上洋溢著一種喜悅親善的神采。“福從做中得歡喜，慧從善解得自在”慈濟人的確是歡喜自在的！

（二〇一〇年三月九日原載世界日報《故事新說》專欄）

爲善最樂

二月二十六日晚李美英在《靜思書軒》講“自在的心靈”，

她說她依歸《慈濟》前，全身全心向“錢孔”鑽，用世俗的眼光和標準來看待衡量一切事物。她的從姐李秀英是台灣一個公務員，退休時，她將全部的退休金捐獻給慈濟，並跑去當全職義工。英姐第一個反應是：從姐辛苦大半輩子，退休後不好好的享受一下人生，而把錢捐出，“是不是頭殼壞去了？”英姐當時不明白快樂有高層次的心靈滿足和喜樂。

英姐後來通過慈濟工作，領悟了小愛充滿煩惱，唯有大愛能轉煩惱爲自在，她講了兩個感人的故事：

二〇〇六年英姐主持“慈濟義賣”前夕，剛好颱風過境，暴風暴雨，天氣十分惡劣，她憂心忡忡，不知如何是好。最後她請求李寶英師姐和她一起誠心祈禱，祈求天氣好轉。結果次日奇蹟真的發生，風和日麗，義賣順利進行，成績極好。筆者雖非佛教徒，但篤信精誠所至，金石爲開古訓。

二〇〇五年十二月二十五日，當時的慈濟菲國執行長蔡萬擂師兄爲子授室，他徵得聖嚴上人同意，將婚禮假菲慈濟志業園區舉行，一切從簡，不事鋪張。是日冠蓋雲集，國內外賓客八百餘人出席了婚禮，他們的賀儀多達千餘萬。是的，筆者沒聽錯，是十餘“桶”。喜家將親友的賀儀全數捐獻，設立了眼科醫療所，購買先進設備，助人無數，家母也是受惠者之一。蔡執行長爲慈濟，甚至整個華社立下一個好的榜樣。

西方有一句諺語：快樂如香水，當你將它灑向別人，你自己也會沾上的。同樣的，你將福祿分給別人，收回的將更多！畢竟佛教講報應：你的前生如何，看你今生的遭遇；你的來生如何，看你今生的作爲。

另柯林在此誠意介紹：“蘇浙之光”，菲國小兒科名醫陳淑璇師姐將於本月二十六日（星期五）晚上假《靜思書軒》主講：

"甜蜜的負擔"，內容是認識、醫治、預防糖尿病，請勿錯過！

（二〇一〇年三月十一日原載世界日報《故事新說》專欄）

雙英醫學講座

旅菲蘇浙校友會曾聯合培僑、福建、漢華四間友會假僑中視聽室舉行第一次醫學講座。由菲律濱侏儒症權威、會長夫人陳淑璇校友講解侏儒症，並當場贈送五萬元藥費予一名現身示範患者，效果極好。

十一月十三日上午，蘇浙校友會再次假僑中舉行第二次醫學講座，由陳淑璇校友主持，兩名講員是王文思女醫生（DRA. ALANNA WONG PAREDES DY）和施依玲女醫生（DRA.EVELYN ONG CHUA）。王文思是王文典先生和王錦璽副會長千金，施依玲則是施文港前會長和王麗容女士長女。兩位女醫生口舌伶俐，中英並用，輔以 VIDEO 影片，深入淺出，讓聽眾獲益不少。

王文思醫室設在崇仁醫院，是小兒科專家，她的講座題是"小孩窒息急救與心肺復甦術"。生命寶貴而脆弱，文思醫生說很多生命可經過簡易急救挽回，不要因缺乏常識讓病人失救。她說 CPR 急救術要強壓患者心臟上方胸部二寸半才有效，有時施救者力度拿捏不準，弄傷患者，甚至把肋骨折斷。但她笑問："讓病人受傷，還是讓病人死亡較好？"

施依玲年紀輕輕已是高深的腦科專家，她在著名的 ST. LUKE 醫院行醫。她的講題是"認識與預防腦中風"，她糾正了一般人的錯誤觀念：中風者不限於老人，年青人也會中風；中風不等於死亡。實際上，只要醫治妥當，百分之十幾是可以完全康復的，當然立即死亡的比例也有百分之十幾。施依玲最重要的訊息是：小心飲食起居，中風是可以預防的；中風者病發前會有許多病徵，如手麻、失力、言語遲鈍等等，一般人掉以輕心，釀成大錯。

陳淑璇說一個人要成爲專科醫生要讀書近三十年，短短的一小時講座不能讓聽眾立刻變成醫生，但會讓他們得到寶貴的醫學常識，緊要關頭，大有用處。

有些人是較幸運的，以文思依玲來說，她們出生於富裕書香世家，生活無憂，可以專心向學，最令人羨慕的是秀外慧中，美貌博學兼備。璽姐說文思兩歲啓蒙，讀了三十幾年書才成爲醫生。文思很幽默：“人家才二十出頭，怎麼念了三十幾年書？”聞者大笑，期待著下一個醫學講座。

（二〇一一年十一月二十四日原載世界日報《故事新說》專欄）

感動之旅

蘇浙校友會每個月會，校友們都會提到二〇一三年母校六十校慶尚離多久，矢言一定回校參加慶祝，重溫舊夢。六月初，“淨水王”恩哥說：母校將於六月二十八日舉行畢業典禮，來函邀請參加。恩哥說完，在座理事，包括六位前會長，興高彩烈，立刻表示要參加；香港離菲只有一點四十五分的航程，兩年太久了！

二十七日中午，旅菲校友一行十餘人走到機場接待大廳，迎來的是十張熟識的笑靨：蔡金鳳副校長、徐華芝主任、黃主任、LIZA 秘書……唯一新面孔是年青美麗的葉小慧小老師。她是閩南人，國語、閩南語一樣標準悅耳。副校長說：王寶明校長擔心如果到市區用餐，校友們會挨餓，所以安排在機場用餐。王校長細心和關懷至此！坐上嶄新校車，校友們的心情和車外的惡劣天氣完全相反，留港四日，每日都有風雨，但心中感受到的，都是和熙陽光。

是晚香港校友會假信德中心《澳門跑馬會》會所宴請旅菲校友，雙方是幾十年老同學、老朋友，無所不談，搞笑場面可以想像。五十年不變的前校長孫方中也出席，如常和筆者擁抱，想起在校時，見到她必遠遠躲開，情景如昨，但已是半世紀前的事了。不變的是蘇貞麗的大姐風範，同班同學陳香華的微笑……

二十八日晚，王寶明校長如往在萬年大廈的《蘇浙滬》會所設宴，他永遠是"早到先生"，當校車將我們送到會所時，他已將一切安排就緒，包括諸人的座位。菜餚是美味的，最"誇張"的是最後甜點，是一個大壽桃，直徑尺餘，高也尺餘，上面還貼了紅麵條製成的"歡迎"大字，當侍者捧出時，眾人同聲驚呼，紛紛拍照留念。

三十日返菲日子轉眼就到，校車又準時到酒店，LIZA 和同事則坐的士送來幾十盒《東海酒樓》名產壽桃。兩位也在場的友校校友看了感歎："你們蘇浙師長真令人感動，你們蘇浙校友真令人羨慕！"筆者聽了，眼睛微紅，腦中想起李白名詩："李白乘舟將欲行，忽聞岸上踏歌聲；桃花潭水深千尺，不及汪倫送我情！"

（二〇一一年七月五日原載世界日報《故事新說》專欄）

整齊嚴肅

筆者對母校香港蘇浙小學校訓“整齊嚴肅”是有極深了解和經歷的。在校時，夏季穿什麼校服，冬季穿什麼衣服，結什麼領帶，體育課穿什麼衣服，著什麼鞋子，都一絲不苟。一九八八年，獻哥帶隊參加母校成立三十五周年大慶，有一幕，至今難忘。禮堂裡的學生嘰嘰喳喳，盡情“傾謁”，典禮即將開始時，小司儀不知做了一個什麼手勢，全場學生立刻噤聲，禮堂靜得連一支繡花針掉在地上也聽得到。

六月二十八日下午，王寶明校長安排我們在會議室和校董們及其他貴賓聯誼交談。四點正，在主席、校長、主講人率領下，我們全體訪港校友，在學校軍樂隊演奏中，魚貫而入，登上禮堂舞台。

大會首先由校董會丁午壽主席致辭，他表達三點：一、學校很有效率地達致《蘇浙滬同鄉會》辦學宗旨。二、要藉此場合感謝教職員全心全意爲社會培育了無數英才。三、期望畢業生以歷代優秀師兄師姐爲學習典範。

接著王校長報告校務，由於在坐有蘇浙國際學校老師（大都是英國人），演講又中又英，言簡意賅，但面面俱到。他說：“學校爲本學年畢業生的品學素質感到驕傲。畢業生學業好，中英數均是強項，人人能三語，愛閱讀。校園中西文化交織，學生視野廣闊，學生受教品行好、懂禮貌、友善、興趣面廣、喜學習，這些都是我們畢業生的優點。”

大會主禮嘉賓，即主講人，是入境事務處助理處長周康道校友，他感性地回憶當年在母校求學情況，讚揚學生們在各種校際比賽戰績彪炳，相信畢業生已打下穩固基礎，以後必能乘風破浪，爲自己走出一條康莊大道。他引用校歌中的一句："努力齊向學，好復興民族敬恭梓桑"與大家共勉。

學校很尊重旅菲校友，特別安排會長周明宗、陳淑璇夫婦和前會長陳文獻頒發部份獎項。最後畢業生代表李詩賢和國際部 MARK ALEXANDER NGAI 同學分別以中英語致謝辭。他們發音準確，台風穩健，不愧是母校榮譽"產品"。整個典禮在一小時中結束，簡單、嚴肅、隆重！

（二〇一一年七月七日原載世界日報《故事新說》專欄）

蘇浙舊事

香港《蘇浙小學》位於北角區，北角道最南端的清華街，兩街成"T"字形。清華街可能是全香港最短的街道之一，東西約兩百公尺，南面以前是山坡，坡上樹木茂盛。山坡現在不見了，代之的是一排高樓大廈。母校在東端高地，所以校門前面有一段斜坡，小時覺得斜坡很長很陡，現在看來，它似乎縮短了，也平坦了不少，後面有一條寬不到兩公尺的行人小徑，可通水塘《賽西湖》。賽西湖是蓄水池，供應食水。某天夏天，一位閩籍朋友不懂水性，忽然鬼迷心竅，獨自跑去水塘游泳，結果溺斃，令筆者惡夢連連。賽西湖已填平，改建住宅，已無處可覓。

蘇浙的校門和記憶中的一樣，又高又闊，校車可以輕易出入，只是有一道無形的門檻，攔阻了不少學生入內。據蔡金鳳副校長說，每年有二千餘學生申請三百個學位，錄取率只有百分之十幾。學生資質好，老師盡職，畢業生當然出類拔萃，我們這些老校友也沾光不少。當我們這些“貴賓”步入校園時，數十名男女童子軍整齊舉手敬禮，幼稚面孔，充滿崇敬神情，筆者感動莫名，自覺何能何德，當得起他們的敬仰。

筆者抽空到舊時課室前徘徊，它已改爲幼稚園課室，也安裝了冷氣機，但閉上眼睛，當年情景一一浮上腦海，真恨不得時光倒流……

母校雖然教學嚴謹，但不要學生做書呆子，課程中有音樂、美術、勞作、體育。除了音樂，因爲筆者始終學不好豆芽似的五線譜音符，對其他才藝課十分期待。體育老師姓楊，上課時，不論冬夏，她總是穿著短褲，胸前掛了一個大銀笛。美術老師很年青漂亮，她曾畫了一巨幅花鳥國畫，掛在大禮堂前。勞作老師是一個居住在沙田的“老頭子”頭髮灰白，他指導學生到店舖買石膏土，把它凝結成石膏塊，然後用雕刻刀雕刻各種事物。筆者曾雕刻了一個人頭，因爲太醜了，不敢說是《郭靖》，只說是古代俠士。老師很欣賞，曾當眾讚揚。最害怕的是英文 STORY 課，老師是非我族類的英國婦人，至今有時午夜夢迴，還曾爲被她點名回答問題驚醒，汗流浹背……

（二〇一一年七月十二日原載世界日報《故事新說》專欄）

從野豬鬧市想起

《大公報》菲律濱版今年二月廿六日登了一則新聞，如果不是該報報導一向翔實，相信蘇浙校友打死也不會相信。該則新聞說：“在北角清華街一間小學（筆者按：即蘇浙小學）對開，一隻長約三呎的小野豬，疑因肚餓覓食亂走……兩輛警察衝鋒車接報到場，封鎖附近道路及加上鐵欄攔截，防止野豬逃跑……”

上世紀五、六十年代，蘇浙小學南面是山坡，樹木茂盛，有飛禽走獸生長其中，理所當然，但隨城市發展，蔥蔥花草已成高樓大廈。野豬何來？實在不明。

蘇浙的校訓是“整齊嚴肅”，在嚴肅的校風下，學生們再頑皮淘氣上課時也噤若寒蟬，馴服得像一隻隻小綿羊。記得有一次課室闖入一個“不速之客”，把整個教室搗得天翻地覆。話說某一日，美麗的美術老師（可惜已忘掉她的姓名）正用她甜美的聲音講解國畫的基本畫法，一隻灰色小鳥“嗖”一聲，從向山坡的窗口飛入，在同學們頭上盤旋，朱佩珠等“小太妹”“合法”地掩耳尖叫，“湯雞仔”湯君年和筆者等人則乘機跳躍追捕，年青的老師網開一面，讓我們大鬧幾分鐘，最後可憐的小鳥精疲力盡，摔在地上……“追鳥”一幕，事隔五十年，尚歷歷如昨，成爲最難忘的童年趣事。小學畢業後，筆者移居菲律濱，義兄蘇建輝（也是表哥）、林國從、王年豐等升入母校中學部。他們的課室在三樓向北，俯瞰維多利亞港，風景一流。他們的同學，大部份是小學同學，感情融洽無比，新生有後來成爲香港電視界“大姐大”的汪明荃。豐哥中學時代年少英俊，成績優異，是女生心中的白馬王子，他和汪明荃是一對“PUPPY LOVE”戀人。某日，一艘應該是美國的潛水艇浮出維港水面，被豐哥發現，他指著窗外大叫：“潛水艇！潛水艇！”同學們都擁到窗口觀賞，秩序大亂。

豐哥事業成功，家庭美滿，不料竟在六月十二日因腦溢血逝世，成爲“飛雲十八結義兄弟”中最早辭世者，雁行失序，筆者內心十分悲痛，特別重提舊時趣事，作爲追思……

（二〇一〇年七月一日原載世界日報《故事新說》專欄）

堪插黃菊滿頭歸

— 蘇浙校友會希望工程行外記

巍　峨

“嘩！”當眾校友看見一座巍峨壯觀、美侖美奐學宮，潔白的瓷磚，在斜陽照耀下，發出珠光般的柔和光芒，劉華清所題的“文成縣第二希望小學”漆金大字更是閃閃發亮時，不由衷心讚嘆！

我們幾乎不敢相信這棟四層高，擁有十餘間寬敞教室的大樓就是《旅菲蘇浙校友會》捐助建成的校舍。《希望工程》是中國“非政府機構”：《中國青少年發展基金會》在各貧窮地區爲失學兒童建造校舍的運動。它在國內外，尤其是香港得到熱烈的嚮應，但樹大招風，引來的流言亦不少。當施文港會長決定以“希望工程”爲其任內的主要工作時，許多校友尚抱有懷疑態度。施淑芬、吳文煥爲此三上北京。大樓落成了，眾人當時怕所託非人，捐款被濫用，現在倒懷疑校友會所捐的區區之數怎夠用？原來海外捐款只是“引子”，國內亦撥出一筆相等的款項，而地方則提供土地、建築工人。三方面同心協力，怪不得工程進行得又快又好！

劉華清上將是前中國海軍司令，現代艦隊之父，現任軍委會副主席，是中國政壇大紅人。他怎會爲浙江省文成縣畲族山頭小鎮西坑一所小學題字呢？原來他的秘書是文成人，據說，劉副主席對“希望工程”十分讚許。

險 峻

陳文獻去年參加動土儀式回來說：“我們是冒著生命危險的！”大家都以爲他在說笑，到中國旅行，偶而拉肚子，甚至像施會長公子“食物中毒”要到醫院吊鹽水，尋常事而已，大家都有心理準備，何須“危言聳聽”？

溫洲市到文成縣城，三個多小時車程，全程都是剛修建不久的水泥路，沿途青山綠水，風光如畫，令人心曠神怡。但縣城到西坑鄉的九十分鐘山路，則令人提心吊膽。往碧瑤市的“崑崙路”走過吧？文成縣山巒起伏，道路比它更高、更長，轉彎處更多，角度更銳。“崑崙路”尙有石欄，令人較有“心理安全”，而文成“驚魂路”則毫無遮欄，國內司機又出名魯莽。“蔡氏三杰”（秋舫、文輝、國良）看到車子在萬丈懸崖飛馳，心驚肉跳，不斷換位，以免看到無底深谷，但深谷時左時右，最後只好昂首欣賞絢麗的落霞，隨車歸來的山月……

其實眞正的危險在於南平到建甌一路。此路大部份已建好，但不遠就有一段未修整的“月球路”。車子上下跳動，左右搖晃，不時和迎面而來的貨車擦身而過，如果搖晃幅度大一點，車禍馬上發生。校友們當時並不感到辛苦，反被顛簸的車子勾起童心，唱歌說笑，好不快活。隔日回程，大白天看到不少地段因連日豪雨發生山崩，路面履著數米高沙石，大家暗中捏一把汗，慶幸“天佑忠良”未慘遭活埋。

可　恨

中國江山多嬌，去旅遊實在是一件賞心樂事，可惜因人民教育質素的問題，常常碰到人爲的不愉快事件。

蘇浙校友二十四小時內就在建甌碰到三件不愉快的事：

一、我們的旅遊車在往建甌市途中拋錨，全陪王兵怕行程被延誤，當機立斷，攔下兩輛載客小巴，請兩車十位左右乘客合乘一車，以便我們二十餘人共擠一車赴約。可是車上兩位幹部模樣的乘客，蹺起二郎腿，不管小巴司機說盡好話，就是不肯轉車（對他們來說毫無不便）。其中一位年齡較大的，嘴角叼著香煙，眼角瞄了我們一下，用極輕蔑的語氣說：“港澳同胞（他看錯了）又怎麼樣？國內人不是人呀？希望工程國內也捐了不少（但他肯定沒有捐），我們就是不讓！”

王兵見好話勸不了，雙拳一抱，用炯炯的眼光望著對方：“市政府領導人正在等候著他們這批菲律濱來的客人，兩位大哥請下車！”他們兩人看見身材壯碩的王兵蓄勢待發，才悻悻然轉車。

事後我們問王兵：如果他們執意不下車，怎麼辦？武警出身，形意拳高手王兵說，我會用鷹爪功，一手拉一個下車，然後道歉：“對不起，不服氣的話，打我出氣好了！哼，諒他們也傷不了我！”

二、就在小巴快進入建甌市區時，“碰！”另一輛要換線的小巴的後望鏡被撞壞。對方見小巴載滿外客，大吵大鬧，又惡又兇，最後恐嚇：“我們到市政府理論！”小巴司機趁機說：“好，我們正要到市政府，他們是市政府的客人。”偉大的市政府，對方拿了五十塊就罷休，只是我們又被拖延了不少時間。

三、依照本來的行程，我們並不在建甌過夜，奠基儀式完畢後，就直奔武夷山。可惜天不作美，臨時租來的車子在傾盆大雨下走了一個多小時，前路被數輛陷進泥坑的貨車堵著，“見不到天上的星，看不到街邊的燈，黑漆漆，陰沉沉”校友們心中發毛，決定折回建甌市，投宿曾去過的《建甌賓館》。但可惡的司機爲了賺幾塊傭金，不管眾人饑寒交迫，還有患病的孩子，竟把車子停在路旁，跑去打了二十餘分鐘的電話，並且不顧我們的反對，獨斷把我們送到“他太太的姑父”管的賓館。蘇浙校友們豈是好欺侮的？我們堅持不進入設在小巷內“建甌最高級賓館”。當他不情願地把我們送到《建甌賓館》時，已是午夜時分了。

讓人見了噁心，想起來痛心的事還多著。如福州《西湖酒店》旁的西湖，水上飄著不是白天鵝，而是各種垃圾。酒店旁停泊著各式岷市難得一見的歐美名車，每一輛都髒兮兮的沾滿塵土（公家的，何必照顧，壞了換新的）。粗略計算一下，如果高幹們少買一輛“賓士”或“寶馬”，大概可以多蓋兩座“希望小學”。

最要不得的是各高級餐館，請客者以浪費爲光榮。看到精美的食物被糟蹋，你會深深爲文成縣畲族日日要步行數公里上學，面有菜色的學童不平！爲使用原始工具，與天爭地，在貧脊的高山梯田耕耘的農夫叫屈！

可　喜

中國大陸有一項喜人的現象，就是鷹架處處，各地都大興土木，彌漫繁榮氣氛。我們訪華首站是廣州市，一出機場就遇到“BUMPER TO BUMPER”式的塞車（經濟快速發展的一種現象）。路上我們看到一項據說是武漢大學學生的“專利發明”：就是在交通燈旁掛了一個大電子鐘，倒數著交通燈變色的時間，偉哉此項發明，它減少了因衝燈而發生的意外，最重要的是讓司機心中有數，消除煩燥之心，實在值得欣賞和推廣。

其實令人“驚喜”的發現極多，如：

火車舒適，窗明几淨，廁所不必用鼻子去找，服務員效率奇高。

飛機和《中國民航》獨家經營時有天淵之別。機新，準時。最大的發現是：原來中國空姐也會笑！

好　人

我們這次出門，遇到的“貴人”“好人”不少。

在福州往南平火車上，陳文獻公子腹瀉不止，陳文獻作爲人父，掛慮徬徨，湊巧他的鄰座竟是到福州參加政協會議歸來的南平醫院院長。互相動問後，他稱讚蘇浙校友熱愛祖國，悉心“義診”。我們感激他濟世爲懷，在午休時間親自陪病人到醫院。大家萍水相逢，莫逆於心。

午夜冒雨到賓館爲我們這些不速之客，安排住宿的，是建甌市副教育局長宋恆。宋先生戴著黑框眼鏡，剪平頭，一幅精明能幹的樣子，想不到竟是一位著作甚豐的作家。他原籍江蘇，文革期間下放到閩北，在建甌落地生根，二十年來爲教育盡心力，令人起敬。他慨嘆：“山區交通不便，近親通婚，食物缺碘，令學童智商偏低。而且山區生活條件較差，校舍簡陋，留不住好教師，情況實在堪憂……”校友們聽了莫不黯然，但願“希望工程”對這種悲慘的情況有所幫助。

特地從北京到浙江和福建協助我們的《中國青少年發展基金會》代表，甘東寧先生，原籍廣東，文質彬彬，衣著大方得體，有一股書卷氣，說話坦誠，言之有物，是一個極好的談話對象，令人對大陸青年觀感一新。

溫州導遊“小陳”個性樂觀爽朗，曾經留學日本，談吐不俗，兩日中，和大家混得很熟，無所不談，他和蔡國良更投機，兩人幾乎結成異姓兄弟。在往文成途中，因路上餐館衛生環境較差，他和王兵親自到廚房監督（我們無意中知道的）。我們的健康被人這麼重視，怎能不感動？

王兵是《青旅》經理，曾經到過菲律濱，和大家相當稔熟。大夥尚未踏出廣州機場，已聽到他衷心歡迎的“施會長”“吳先生”“陳大哥”叫聲。我們的旅遊車在往建甌途中拋錨，他獨自留下守護行李，在南平返福州火車上，我們找不到他，原來他守在行李廂，寸步不離。臨別時，蔡文輝代表大夥致謝詞：“這次幸好有王兵無微不至的照顧，使我們感覺不到困難，不便……”引起熱烈掌聲，因爲這是大家的心聲！

愉　快

整個行程最寫意是遊雁蕩山。訪石獅市。

雁蕩山以夜景馳名在月光下觀賞山峰輪廓；但白天煙雨中，景色更美，吳文煥被它所醉：“原來中國山水畫並非虛構，而是寫實。”更難得的是遊人絕大部份是國內人，但秩序井然，小販也貨真價實，不亂敲竹槓。我們遇到很多相信只有山明水秀的江南才能孕育出來的美女俊男，我們導遊李小姐年輕貌美，口舌伶俐，逢著蔡國良連珠妙語，不時被逗得忍俊不住又靦腆，令男士們大樂。

石獅市商業發達，有小香港之稱，夜生活多姿多采，場所豪華。關在卡拉 OK 貴賓房，喝洋酒，唱港台流行歌曲，令人以爲處身台北。

“地頭”蔡秋舫和“太子”洪文彬的招待更令校友們樂不思蜀。

最　樂

出發前陳文獻在《海龍》遇到某著名僑領，對方一聽到“工程”兩字，急問：“可有錢賺？”我們此行雖然辛苦一點（施淑芬母女和吳文煥是坐在後備輪胎上到建甌的），但賺到的豈是金錢所能衡量的？吳文煥問同行的第二代：“明年要不要再來？”一致回答是：“要！”

蘇浙校友們在這五六天裡，把俗務置之腦後，或憂國憂民，高談闊論；或風花雪月，言不及義，每日雖然只睡四五個小時，但個個生龍活虎，神采飛揚，原因何在？且借朱熹“水調歌頭”句：“塵世難逢一笑，況有紫萸黃菊，堪插滿頭歸”。

爲善最樂，而蘇浙校友們的抱負和理想並不因歲月而稍減，自負一點，如文天祥詞：“鏡裡朱顏都變盡，只有丹心難滅！”明年參加第三座希望小學奠基儀式的人數必定更多！

（一九九六年八月十日原載世界日報）

註：旅菲蘇浙校友會是菲華社會第一個響應《希望工程》的團體，除了浙江文成，福建建甌，還在河北獻縣，安徽合肥捐建了兩座希望小學校舍。後因中國經濟突飛猛進，校友會轉捐《商總》主持的"農村校舍"以回饋地主國。

祝賀正友總會

在菲華眾多社團中，如論人材鼎盛，財力雄厚，組織龐大，活動範圍廣闊，《菲律濱中正學院校友總會》絕對位列首三名。她於二月一日晚假馬尼拉酒店大讌會廳舉行第四十五屆職員就職典禮，席開百餘桌，冠蓋雲集，熱鬧非凡。

會場佈置別出心裁，有傳統的喜慶色彩，又有新穎的眩目裝飾，莫怪中國駐菲律濱大使劉建超致辭時，一開始就稱讚正友人材濟濟，在會場的佈置上就表現無遺。歷年來不斷有人批評《正友》的揮霍作風，但筆者看法是只要預算許可，花費得到預期的成果，花錢是無可厚非的；因爲過程中它會凝聚人氣，培養團隊精神，讓校友有機會顯露才華。

菲律濱國立大學所有學生不論文科或理科都要修三學分SPEECH，記得年青貌美的女助教曾經引述幽默大師林語堂的名言："演講要像女人的裙子，越短越好"；但很"抵死"（粵語，筆者一時想不出相同的國語）的加上："BUT IT SHALL COVER ALL THE VITAL PARTS"（但它必需遮蓋所有重要部位）即所有要點都要提到。監誓員 — 母校董事長黃呈輝學長的演講就深得其中三昧，短短三分鐘（是晚最短）的演講透露了母校發展的兩大信息：一、陳永栽大班認爲《中正大學》所在地在未來數年中將成爲繁榮地區，他很看好擴校計劃，並且捐出菲幣五仟萬元。二、新校將設立學生宿舍，吸收中國大陸和本國“山頂洲府”（註）學子就讀……

晚會節目不多，但都在菲華水準之上。事實上，正友職員進場儀式就是一個十分精彩的表演節目。晚會演講是稍多和冗長，還好演講者、司儀、節目主持人的國語個個字正腔圓，沒有本地華人的“唱姑姑”（唱國歌），“廚師”（主席）等“不普通的普通話”！

《正友總會》一定成功，因爲她得到分佈全球數以十萬計的校友的擁護：《中正大學》一定成功，因爲她有《正友總會》這個強大的後援！

（二〇一〇年二月九日原載世界日報《故事新說》專欄）

註：即外省。

中正常青體育會

《菲律濱中正學院常青體育會》是中正大家庭中一個十分活躍的成員，本月廿五日（星期日）上午，該會假母校《思源體育館》舉行第九屆職員暨第十九屆常青盃籃球錦標賽開幕典禮。儀式很簡單，但《常青會》絕不簡單，它成立於一九九二年，由球技被認爲《正友》數一數二的蔡懷宣出任創會會長。十八年來，年年暑假期間都舉行籃球比賽，從未間斷，可說是菲華最長壽的籃球盃賽之一。

中國國民黨元老于右任先生有一句極出名的詩句："不信青春喚不回"，當筆者爲體育會起名時，不敢奢望喚回青春，但願能夠保持健壯體魄，青春心態，如松柏之後凋，因而取名《常青》。體育會入會先決資格是必須已畢業廿五年，即球員年齡至少要四十歲。

十八年來，《常青》可記之事極多，簡述如下：一九九九年鄭淵國會長任內，正式以《中正》成員名義組隊往大陸參加比賽，這可是破冰之旅，是母校以及屬下各團體訪問中國大陸的先河。

在陳著遠、王東漢等學長的從不氣餒的爭取下，《常青》在二〇〇五年蔡中興會長任內主辦了第廿一屆《世界華人籃球錦標賽》，把中正人敢辦事，會辦事作風發揮得淋漓盡致。回想起來，將接待來自十餘國家，百餘球隊，與會人士將近兩千人的食宿、交通、比賽等巨大繁重工作辦得有條不紊，豈是天助，實乃中正人通力合作成果。

當年筆者隸屬的《中正高中廿五屆籃球隊》由隊長林曉鳴（菲國籃壇名將林嚶鳴令兄），副隊長蔡錫輝領軍，隊員蔡清池、蔡民民、蔡世傑、蔡文輝、陳坤敏、陳隆慶、陳沉默、李育仁、李俊輝、施清謀、王榮傑、黃扶西等陣容鼎盛，戰無不勝。決賽時，對手是大熱門，球員全部是當年校隊成員的《廿一屆》，結果《廿五屆》以三分之差險勝，勇奪《常青盃》第一屆冠軍。球隊領隊陳建猷學長爲了犒賞球隊，贊助全體球員和配偶暢遊香港，勝利滋味，至今難忘！然而天有不測風雲，林曉鳴、蔡錫輝學長不幸先後因故急逝，《廿五屆籃球隊》也從此一蹶不振……

（二〇一〇年五月四日原載世界日報《故事新說》專欄）

於赫我“常青”

中正校歌是最佳校歌之一，旋律優美，歌詞寓意深遠，它的作詞者是莊克昌大師。很多年青校友不明白校歌頭一句：“於赫我中正”“於赫”兩字的意思。莊師說過“於”要唱成“烏”，“烏赫”如 HURRAY，意思是歡呼讚美。

典禮致詞時，卸任會長葉震學長很謙虛，自稱兩年任內，沒有什麼成績，如有，也是前任者打好基礎。其實，《常青》過去兩年工作，遠超一般體育團體。它除了每年主持《常青盃籃賽》，二〇〇八年組織八支球隊參加上海《世華籃賽》，是參加比賽最多球隊的球會；二〇〇九年組織了六支球隊參加在馬來西亞檳城舉行的《世華籃賽》，成績不俗，每次均得錦鏢。值得一提的是，去年也主辦了大岷區各華校校友分齡賽，獲得各友會支持，共有廿四支球隊參加。

新任會長是英中七十六年度的蔡榮健學長，蔡學長曾任菲國籃球協會，即 BAP 副會長，是菲國籃壇要人。他用英語致詞，在此筆者發一點感慨：鮑事天院長生前，中正的“官方”語言是國語，後來國、閩參半，現在則國、閩、英並用，也許不久，英語可能成爲一切正式場合的語言。

常青可提之事甚多，如前菲國籃壇名將葉克煌仍馳騁球場，七十八高齡的他仍然能攻能守，可謂寶刀未老。十九屆主力，本報編輯吳勝利亦年近七十，其絕技“反身上籃”令人防不勝防。中正前董事長陳著遠年青時是菲華百米短跑紀錄創造者，如今仍然彈性十足，奔跑迅速。數年前，他在澳洲《世華籃賽》曾連入五個三分球，令對手大驚失色。說起三分球，前菲國職業名將許山偉，去年就曾在一場比賽中，連入十三個三分球！

《常青》的成功因素是什麼？筆者且說一段故事：二〇〇五年來菲參加比賽的北京隊領隊是一位十分美麗的小姐，筆者近水樓台，常常和她聊天。她說這次菲國之行，令她最感動的是看到很多人很樂意地替人搬拿行李，處理雜務，起初以爲他們是受薪工人，後來看到紀念冊才知道他們都是常青職員，也是出錢贊助比賽的贊助人。

（二〇一〇年五月十一日原載世界日報《故事新說》專欄）

正友盃籃球賽

中正學院校友總會上星期日（八月十四日）上午在母校《思源體育館》舉行籃球錦標賽開幕典禮。董事會黃呈輝董事長、黃美真院長，中國大使館沈自成總領事，菲華體育總會蔡敦仁副理事長都應邀出席並致詞。《正友盃》籃球賽參加隊伍達四十七隊，分七組比賽，女子組亦有四隊參加，可說是華社最大規模籃球盃賽。《正友盃》比《常青盃》早一年，即一九九〇年舉辦，兩年一次，對球員資格檢查極嚴。常青盃則每年都舉辦，規則較鬆；近年有些球隊求勝心切，竟邀請別校好手參加，讓他們報讀母校一些短期課程，以取得“校友”身份，真是走火入魔。

母校一向注重體育，尤其是籃球，早期培育出葉克強、呂廷光等籃球國手，他們曾代表“中華民國”參加奧運會。上世紀

七、八十年代，許山偉叱吒菲國職業籃壇，林嚶鳴則是學界最紅球星，效力名校 LA SALLE。每逢 LA SALLE 和 ATENEO 比賽，數萬座位的 ARANETA 體育館必擠滿了雙方學生、校友和球迷。LA SALLE 每隔三兩分鐘就有節奏地高呼："LIM ENG BENG! LIM ENG BENG!"響徹雲霄。林嚶鳴也不負所望，曾創下單場得分五十五分的最高紀錄，爲 LA SALLE 奪得數屆冠軍。LA SALLE 爲了紀念他的豐功偉績，將十四號球衣"退休"，從此沒有十四號，這是球隊給予球員最高榮譽。

上世紀五十年代到九十年代，中正和僑中亦如 ATENEO 和 LA SALLE 一樣，勢同水火，每年比賽，球場必定爆滿。很可惜近年光啓等隊崛起，中正、僑中，尤其是僑中實力大減，已無爭標力量。"中僑"大戰盛況不再，真可惜！

中正多年未得冠軍，熱心籃運校友趙清俊、蔡中興、蔡榮健、王民申等最近組織"中正籃球委員會"，發起"救亡"運動，訂下長期計劃。

籃球意想不到地成爲促進中菲民放融洽的工具之一。筆者求學時，常常聽到菲頑童高唱："INTSIK BEHO, KAIN LUGAW, TULO LAWAY"（老中國人吃粥流口水）。前日菲籃球在台北參加比賽，一名菲外勞幽默地高舉紙牌："CHRIS TIU，娶我女兒好不好？"菲人崇拜華裔球星，怎會有排華意識？

（二〇一一年八月十八日原載世界日報《故事新說》專欄）

中正大事

二〇一一年十一月十日原載世界日報《故事新說》專欄

大日子

十月十八日星期二上午菲律濱中正學院爲其南富美新校區舉行奠基典禮。代表中國駐菲大使館（劉建超大使返國述職）致辭的白天參贊說今天是菲律濱教育界的大日子。是的，這確實是中正大日子，菲國教育界大日子，甚至是世界華文教育的大日子。當校區建設完畢，中正學院可能升格爲中正大學，成爲兩岸三地以及新加坡以外的第一家華人大學。是時“於赫我中正，巍然卓立南方；蔚爲邦家之光，南方之強”；中華文化薪傳海外，發揚光大，生生不息。十月十八日將永遠成爲一個光輝的日子，載入史冊，讓學子們永誌不忘。

豔陽高照

十月尚是菲國雨季，秋雨漣漣，今年更屬 LA NINA 氣候，雨水特多，颱風接踵而來，整個九月及十月，幾乎沒有晴天。想不到十八日颱風離境，校區所在地 SILANG, CAVITE，藍天白雲，好一個豔陽天。校區在大岷南部新興地區，黃呈輝董事長捐獻的土地，廣袤十一點四公頃，附近丘陵起伏，山嵐陣陣，帶來樹木清香氣味，令人精神煥發，確實是學習和做學問的好環境。

產品展覽

事業成功的黃呈輝學長是母校十四屆校友，他以中英文演講，言簡意賅，發音標準，牢牢抓著聽眾的注意。十四屆還有一位出類拔萃，學識出眾的校友，那就是前董事長蔡清潔學長，可惜他英年早逝。

報告新校區規劃經過的董事會立案秘書陳義維董事出身二十四屆，因為在座有許多菲國官員，也是中英並用。他述事詳細，條理分明，聲調鏗鏘，展示了中正人的優越性：中英俱佳，學識淵博。

司儀王雋強（志強）（註）台風穩健，普通話極悅耳，陳著遠名譽董事長問：“此子何人，怎麼口音有北京味？”筆者回答：“他是香港出生的閩人，道道地地英中八十一年度畢業生。”忘記介紹他擁有讀來的哲學博士學位。

中正教育成果豐碩無比。

（二○一一年十一月十五日原載世界日報《故事新說》專欄）

註：亦是蘇浙校友。

省長的話

菲律濱一般政客都能言善道，甲美地省長 REMULLA 也不例外。他應邀致辭時說：“六十一年前，家父曾和蔣介石大元帥合照，像片現在尚懸掛在我們家中。”三幾句話就拉近彼此距離，果然高明。他說：“甲美地省華人稀少，希望隨著中正學院分校的設立，能帶來大批華人，我們很歡迎。我也希望校舍早日完成，我的兒子可能會來報名做學生。”

省長的話觸到中正新校最主要的問題：生源！叫華人區華人子弟“百”里迢迢到甲美地省上課不切實際。另方面學校可以對菲律濱大社會開放，學生不必局限於華人，應該多設大專科目，讓菲人就讀，就像菲大有華文班，阿典紐有《孔子學院》教授華文和中華文化。

有聲自然香

吃完午餐，很多人尚捨不得離開，筆者與名譽董事長陳著遠，名報人黃棟星和吳勝利學長圍席閒聊，說起中正前景，個個興高彩烈，抱樂觀看法。不久董事長黃呈輝也加入，他說地是免費的，校舍是捐來的，這場"生意"做得過，接下來是要看"經營者"了。君子和而不同，意見紛紛，但一致同意學校必須有特色，梧桐自有鳳凰棲。根據過去經驗，一定要辦宿舍；收費要合理，管理要嚴格，設備要齊全。六十年代筆者肄業中正時，母校設有男女宿舍，寄宿生不少，他們都是來自山頂州府較富裕華人家庭。這些學生學成後回到家鄉，大都繼承父兄事業，並以新學識加以發揚光大，成爲當地社會領袖，商業翹楚。中正到處有熱愛母校、組織龐大、活動頻繁的校友會，主要原因之一是宿舍辦得很成功。

現在外省也有很多父母爲了子女前程，一心想送子女到首都接受較好教育，另方面也擔憂治安不靖，社會風氣不良，害怕他們沒人管教會走入歧途，而且費用龐大，不是家家負擔得起。如果中正設有宿舍，成爲菲大之外，唯一可寄宿的大、中學，生源問題必定迎刃而解。

曾是寄宿生的吳勝利學長說，寄宿另一項好處是"讀有冊"。

中英語言班

隨著中國國際地位不斷提升，中文日受重視，數以萬計的各國學生到中國就讀短期的中文語言班。筆者曾送女兒到北京學習中文一年，花費了五十萬菲幣。中正如果開辦中文語言學校，聘請中國教師，使用中國爲外國人特別設計課本，以程度分班分級，必定吸引很多華人，甚至菲人就讀，因爲費用必定比到中國便宜很多。

當然，市場更大的是英語班，上世紀六十年代開始，就有泰國學生來菲律濱學習英文，主要原因是效果不錯，費用便宜。現在有數萬韓國學生來菲學習英語，中國學生亦不少。

中正如果能吸引中、韓、泰諸國學生就讀，語言學校的收入，相信可以彌補其他學系初期學生不足引起的虧損。

文化中心和運動場

中正校區建設藍圖中有標準跑道和足球場的運動場，這是一項極高明的計劃，它將使中正成爲少數擁有運動場的學校之一。戰後菲華田徑和足球曾有一段輝煌燦爛時期，人材輩出。陳著遠（曾遠）學長就是菲華百米短跑紀錄創造者。中正有幸擁有陳著遠這個有拼勁有理想的校友，也許運動場可以用他的名字命名，報答他數十年來對中正出錢、出力、出計劃的功勞。

菲國文化演出場地不多，《美菲音樂廳》設計一流，可惜座位太少，只有八百位。《國際會議中心》原來的設計是供會議之用，音響設備略差，不宜音樂和戲劇表演。《菲律濱文化中心》

地點適中，美輪美奐，設備達國際水準，所以價格高昂，且供不應求，需要一年才能輪到。筆者有一個構想：何不將計劃中的大禮堂擴建成文化中心式的音樂廳，對外開放，相信會立刻成爲大岷南部的文化中心。"人腳跡會肥"，這將使中正令名遠播，也可享有固定收入。

文化中心以黃呈輝董事長名字命名，以紀念他雄才大略，慷慨捐獻價值不菲地皮，而且熱心四處籌款，讓中正人美夢成真。

（二〇一一年十一月十七日原載世界日報《故事新說》專欄）

大道大樓

邵建寅前教師、前院長、前董事長熱心教育，高瞻遠矚，一心要培育擁有中華傳統思想和美德的菲律濱公民，是中正的精神導師。新校區的主道應以他的名字來命名，紀念他殫精竭慮，爲中正的未來定下偉大的方向。

大班陳永栽是中正最傑出的校友之一，據說他爲了支持親家黃呈輝，將捐獻一筆鉅款。也許教學大樓該用他的名字來命名，紀念中正培育出一位熱心公益的菲國首富。

植樹造湖

據悉，中正已籌得建校資金數億元，熱心捐獻人士極多，絕大部分是校友。筆者有一個建議：除了以課室用他們的名字命名外，不妨多植挺拔長壽的松樹美化環境，每棵松樹以一捐款人命名，並立銅牌以資紀念。

新校區地皮尚未平整，所需泥土極多，也許可以在低窪之處，挖一人工湖，類似碧瑤市文咸公園的人工湖。人工湖四周植以垂柳，營造小西湖勝景，讓學生課餘有個思考問題，休閒談天去處。也許人工湖可命名“秀金湖”，紀念中正校友會第一個女會長，校董會第一個女董事，關心中正前程，不辭辛勞的張秀金。

前程光明

中正學院除了開辦營利的語言班，應避重就輕，增辦一些成本較低的學院爲升格大學做準備，如：藝術學院設立音樂系、美術系；擴充原有的電腦系爲理工學院，設立建築系、數學系。護士是菲國最熱門學科，應發展原有的護士學系，相信學生必源源而來。

中正現任十五位常務董事和校友會諸領導，個個胸懷大志，熱愛母校，這絕對是更上一層樓的大好時機。一九六五年中正中學升格爲中正初級學院，數年後成爲完整學院，經過半世紀的怠荒，現在是升格爲大學的適當時機了，不然愧對先賢。

審時度勢，中正向“左”轉是識時務，是正確的，也許在中國資助下，會很快成爲名牌大學。中正前途絕對是光明的！

（二〇一一年十一月二十二日原載世界日報《故事新說》專欄）

真相大白

中正校友總會兩年一度的代表大會，學校最高層正副董事長例必出席，以示隆重。董事長的致辭一般三數分鐘，不外祝賀鼓勵和稱讚肯定。十一月二十七日的代大，董事長黃呈輝依舊用普通話說完“官話”，續而徵求代表諒解，用閩南話訴說一些心聲。

呈輝學長說他應邵建寅前董事長及董事會請求，捐獻十公頃土地供學校發展新校，並出面募捐建設資金。他說所需資金十億左右，現在已籌得四億多（筆者按：學校有儲蓄六億，如撥出部份存款，工程即可順利進行）。呈輝學長出錢出力，理應得到全體中正人肯定感恩，豈知三數小人，不知有何居心（其實不難推測），躲在暗處用手機訊息誹謗他“做賊”—偷天換日。說到委屈處，聲調不無激動，呈輝學長說他的土地面積廣達五百公頃，跨越 LAGUNA, CAVITE 兩省；所捐土地爲邵建寅前院長相中，距公路只有七百公尺，實際面積不只十公頃，而是十一點四公頃。因上述原因，土地屬 SILANG, CAVITE，並不是謠言所說，將 LAGUNA 地改換“荒蕪人煙”CAVITE 地。他說隔鄰住宅村，已建滿了房屋，相信參加動土典禮者，有目共睹。

呈輝學長在大會上問：“對此等造謠生非小人，應如何處置？”莊傑森學長發言：“置之不理！”十一月初筆者曾訪大馬檳城漢江中學，該校校園極大，有足球場和其他露天運動場，捐地者是華人林連登，後人感激他在上世紀五十年代的義舉，塑建真人大小銅像，以及一個大禮堂紀念他。他日新校區落成，黃呈輝無私形象也將永存感恩中正人心中。

亮麗的成績單

許峻榮學長是正友最年青的會長之一，活力充沛，兩年中舉行大小活動八十三項，不計每月月會、常務會、特別會，幾十屆級友會的就職典禮。活動突出者，如：萬人 FUN RUN，參加上海世博開幕典禮，惠及病人數目最多的義診，聯合其他團體舉辦春節聯歡晚會（在 LUNETA 公園演出，電台直播），慈善演唱會……許會長出力之餘，任內各項捐款達四百二十二萬，空前的是籌到供各種福利用途的善款七千五百萬！

（二○一一年十二月一日原載世界日報《故事新說》專欄）

正友就職典禮雜感

《菲律濱中正學院校友總會》會長李賢冊同學說“中正學院是中華文化堡壘”確實不虛。什麼是“中華傳統美德”？禮義廉恥，尊師重道，飲水思源，處事不偏不倚，大中至正是也。值得稱讚的是正友一切慶典語言必定堅持使用“國語”。賢冊同學學貫中西，他的演講坦誠自然，又充滿自信，洽如其人。他中氣十足，渾厚的男中音吐字清晰，有聽眾感嘆：“他的 DELIVERY 太漂亮了！”莫怪我們二十五屆同學，在他演講完畢，起立鼓掌。賢冊同學八年前首次競選副會長。他在競選宣言中矢志要成爲“中正的光榮”，他過去數年的表現，實現了諾言。如今他出任會長，領導新團隊。“數風流人物，還看今朝”。

《正友》是華社最大社團之一，才財兩全，委員們又肯用心，每次就職典禮都辦得有聲有色，別出心裁，成爲經典。這次正副會長所穿深色“中山裝”剪裁合體，十分帥氣，令他們更加氣宇軒昂，風度翩翩。女委員們的藍色禮服也極大方，設計新穎，一問才知是在中國時尚之都，“東方巴黎”上海特別訂造。男委員們的深紅色“唐裝”也不俗。有人批評正友舖張，筆者對浪費奢侈的看法是：只要價錢合理，不是訛人天價，任何食物只要吃入肚，衣服一穿再穿，物品能一用再用，就有價值，不算浪費。

晚會只有三個娛樂節目，大合唱“步步高”自有名牌《吳心慈》水準，另兩個是小學生舞蹈歌唱。有校友說爲什麼不起用中正馳名的“舞蹈團”，筆者則深深體會到主辦者薪傳藝術的用心良苦。小孩子登上大舞台，萬眾矚目，喝彩、鼓掌，小小心田已種下藝術文化種子，終生難忘，只要部份能夠開花結果，就是豐收。

典禮掛中華人民共和國國旗，奏《義勇軍進行曲》，這是正友歷史第二次，相信以後會成慣例。據說中國使館要求：“你們可以不邀請我們，但如果我們應邀出席了，你們就要依國際禮儀掛旗奏歌。”正友代表大會曾有代表提議“中立”，不掛旗，不奏歌，但議案沒通過。

秩序第十七條：“恭請中國駐菲特命全權大使馬克卿閣下致詞”，校友期待瞻仰新大使風采，可惜馬大使不知爲了什麼要事爽約。

（二〇一二年二月二十一日原載世界日報《故事新說》專欄）

中正勇奪三籃冠

二月二十七日晚，母校中正學院舉行“營火會”，慶祝籃球校隊榮獲《大岷區中等學校籃球聯合會》第四十二屆籃球錦標賽，中學組、女子組、十四歲組，三組冠軍，完成空前霸業。大操場搭了一個舞台，學生歌手在台上又跳又唱，數千學生穿了藍色體育服，高聲歡呼喝采，HIGH 翻了天，就像歌壇天王天后的演唱會。筆者見操場擠滿了人，提早離場。據說，當晚牛就烤了十餘隻。

母校生數是華校之最，人材濟濟，籃球隊一向是學界勁旅，戰績輝煌。但過去數年，成績落後各友校，光啓就蟬聯了四屆冠軍。熱心校友，也是籃球好手的趙清俊、蔡中興、許山偉、王民申等不願坐視，組織了籃球委員會，展開籌款，物色人材，訓練球隊等救亡運動，果然效果卓越，一洗頹勢，創造了空前偉績。

本屆中學組中正是第三種子隊，初賽成績平平；後來愈戰愈勇，二勝光啓，獲得挑戰初賽大獲全勝的《嘉南》。嘉南擁有數名球藝高超的菲裔球員，實力高出其他隊伍一籌。中正士氣如虹，在三戰兩勝冠軍賽中，二次以大比數得勝，贏得很CONVINCING。

母校注重"學科"，不肯給球員任何分數"優惠"，這點無可厚非。數年前菲國籃壇出了一個華裔好手 CHRIS TIU，他爲其母校 ATENEO 奪得數屆"大學盃"冠軍，也成爲菲國國手，但其籃球活動並未影響他獲得優良的學業成績。當然更出名的例子是林書豪。

中國古訓："萬般皆下品，唯有讀書高"有值得商榷之處。林書豪的成功不只於他爲球隊贏球，讓球會賺錢；最重要的是他打開一些望子成龍的華人父母的眼界：打球和學業並不相悖。林書豪念書時每天就費了不少時間練球，練成精湛球技；他雙手運球，快速移動，好比耍魔術，另方面在世界第一名校哈佛，科科都獲得"A"的好成績。

林書豪是幸運的，他沒有"虎媽媽"，他成功背後的功臣是開明懂得鼓勵的父母；但願中正學生們都有他的福氣。

（二〇一二年三月六日原載世界日報《故事新說》專欄）

註：好友王民生說 CHRIS TIU 是他的表侄，中文名叫張念賢。張念賢擁有年青人夢寐以求的優點：出身大富之家、英俊帥氣，重要的是謙恭有禮、學業成績優異。

中正尋找校園經歷

中正學院前身中正中學，創設於一九三九年，創辦人故王泉笙校長高瞻遠矚，雖然當時學生只得兩百餘人，仍然大手筆購置七千餘平方公尺校園，奠下日後成爲菲華最大、最高學府基礎。中正校園面積後來被基督教《靈惠中學》和天主教《光啓中學》勝過，但生數始終是“華校”第一。

一九六五年中正中學開設大學部，開辦中國文史系和教育系，爲華文教育培養教師人才，升格爲學院；數年後並增辦小學，成爲擁有培幼園、幼稚園、小學、中學、大學的完整學府。七十年代，馬可斯“菲化”華校，華文課程被大量刪減，學校主管人必須菲籍。歷史悠久的《菲律濱華僑中學》被迫改名《文化中學》；故鮑事天院長以蔣中正乃“二戰”偉人向當局力爭，保住《中正》校名。

九十年代，母校在附近 NARRA 街建樓高十層的大學樓，筆者曾和部份校友好高騖遠，不詳現實問題，批評學校主事人短視，不在市外物色便宜土地，建立擁有運動場的校園，進一步將學院擴展成大學。其實當時的邵建寅院長、蔡清潔董事長，以及稍後續任的陳著遠董事長，哪個不是雄才大略，志向遠大？如此人人想到的問題，豈會無睹？

他們默默耕耘，不事宣傳，以免有空談之譏。他們曾洽購 NEW MANILA 區空地，可惜該地太低，填土費用太大，而且地主眾多，意見不一。他們也曾探討購買 ORDONEZ 大學，該大學在 CUBAO 區，有現成課室和設備，略加裝修，就可招生開學。邵前院長說，根據調查，附近華人家庭有千餘戶，生源不成問題。此方案未獲某些“大老”支持，胎死腹中。中正富豪也曾籌組大地產公司，在 LAGUNA 區發展地產，並訂下公約，捐出土地二十公頃，供中正建設大學，可惜方案隨著蔡清潔董事長的逝世停頓。更可惜的是某天主教會在 STA. MESA 區有建設完善的學校出售，地大六公頃，已有七座教學樓、游泳池、球場；交通便利，而且價格便宜。當中正當局猶豫中，財力雄厚的《慈濟》當機立斷，現金買下；中正人後悔莫及，只能搖頭嘆息。

（二〇一二年五月二十四日原載世界日報《故事新說》專欄）

中正得地眞相

張秀金學姐來電，恭維筆者“通曉中正事務”，要筆者務必出席中正校董會華文媒體招待會。筆者內心一熱，也不管俗事纏身，立即答應，五月十六日中午趕到會場，已遲到十餘分鐘。僑社資深報人莊文成學長、吳勝利學長等人，早已在座，中正則要人盡出：黃呈輝董事長、黃美真院長、邵建寅名譽董事長、張秀金執行副董事長、林瑩鏡副董事長、尤扶西副董事長、陳義維董事、黃俊人董事、郭樹垣董事等。

董事會立案秘書陳義維學長敘事清楚且詳細，他報告中正尋找新校園經過和最新發展：數年前校董會欣聞黃呈輝董事在大岷區南部買了大片土地，發展地產，因新校園尚沒著落，乃向一向熱心母校的黃學長開口，要求捐獻土地。黃學長一口答應，捐出十公頃土地。

黃學長土地極大，達五百餘公頃，橫跨 LAGUNA 和 CAVITE 兩省。因爲通往土地的南線高速公路出口是 STA. ROSA, LAGUNA，所以地點被習慣稱爲 STA. ROSA, LAGUNA，實際上土地隸屬 STA. ROSA 不足三分之一，大部份屬 SILANG。二〇〇八年中正校董會和黃學長主有的《國泰地產公司》簽署“協議書”，文件寫明土地面積十公頃，地點 SILANG, CAVITE。（按：原件在會中傳閱，讓與會者親目閱讀。）該地乃邵前院長相中，地勢高，沒漲水憂慮；最重要的是離大路不足一公里，步行可達，出入方便。二〇一一年雙方再簽有明確地界的 MEMORANDUM OF AGREEMENT，土地準確面積十一點四公頃，地點仍在原地。

有黑函指責黃學長“狸貓換太子”，完全是子虛烏有，強加污蔑。樹大有枯枝，中正人有一項讓人“見笑”的傳統，一有不滿，就不分青紅皂白，發黑函攻擊，但不敢光明正大站出來評理。一、二十年來，中正人黑函滿天飛，無日無之，有不同的攻擊對象和事件，但均無中生有，製造糾紛，有洩私忿之嫌。黃學長一答應捐地，立刻就有黑函指責他捐地是爲了個人利益，要讓自己的土地升值。是又如何？雙贏何樂而不爲？黃學長曾在某會議中笑說：“他也要好處？可以啊，我收回捐地，讓他捐好了！”

（二〇一二年五月二十九日原載世界日報《故事新說》專欄）

中正辦學宗旨

天道酬勤，中正董事會為了尋找適宜分校校園，雖然受到不少挫折，但毫不氣餒，終於如願得償。黃呈輝董事長慷慨捐獻十一公頃土地，可供中正大學第一、第二、第三期發展之用。筆者曾駕車衡量，該地離南線高速公路 STA. ROSA 出口只有十分鐘左右車程，若由岷市 QUIRINO AVE.出發，車程不足一小時，離旅遊勝地，新興城市 TAGAYTAY 也不遠。附近有不少財團如 AYALA 和陳永栽集團開發地產，絕非荒山野嶺，人煙稀少。陳大班豪氣萬丈地說："再過五年，這將是極繁榮興旺地區！"

陳義維董事在媒體招待會中透露：中正新校園第一期工程將於六月動工，所需資金六億餘；至今向校友已籌得四億多，離目標不遠，而且尚未向各屆級友會以及熱心教育社會人士募捐。黑函說董事會要使用學校歷年儲蓄建校非事實，謠言不攻自破。

中正創辦於抗日戰爭時代，當時領導中華民族抵抗日本侵略的領袖是蔣中正委員長，所以辦學的宗旨是訓導學生"效忠我中國"和"敬仰我領袖"（中正校歌歌詞）。而中正學生們也不負師長教誨，"不願在大時代前端苟且偷安，用奔騰的熱血濺灑異國江山（紀念碑頌詞前兩句）；投筆從戎打遊擊，抵抗侵略菲國日軍。壯烈犧牲者共有十三人，當時中正學生只有數百人，扣除女生，犧牲者比例不謂不高，正友每年於青年節（三月二十九日）都向中正烈士紀念碑獻花，追思殉國英靈。

軍統時期，政府"菲化"華人學校，學校主事人必須菲籍，學生過半也須菲籍；要求菲籍華裔學生效忠我“中國”說不過去，只能效忠我“宗”國。九十年代邵建寅前院長滿腔熱情，滿腔理想執掌校政五年。他提出“茉莉花說”，將中正辦學宗旨訂爲“培養有中華氣質的菲律濱公民”，要學生們成爲“大中至正”的君子。

中正現在正處於歷史轉折點，新校園的開發，勢必發展成爲學生眾多的大學；將來辦學目標宗旨如何，實在需要所有中正人竭慮殫智。校董會也應虛心接納各方建議，加以研究，以求萬眾一心。

（二〇一二年五月三十一日原載世界日報《故事新說》專欄）

中正鴻鵠之志

數日前在銀行遇到極有正義感的校友福哥，他和很多校友有同樣的擔憂：中正新校園那麼遠，生源可有保障？

十七世紀初，菲律濱統治者西班牙人對數目眾多，和土著已有數百年商業來往的華人很猜忌，數次加以屠殺。美國統治期間，對華人入境限制極嚴，因此華人人口只佔菲國總人口百分之二，約二百萬人，遠比東南亞其他國家爲少。中正如果專以本地華人爲招生對象，生源確實會有問題。雖然宿舍的設立將吸引外省華人學生來寄宿就讀。悲觀者局限舊觀念，以爲目前各華校學生大量流失，中正怎能“逆市”令生數大增。弄不好，長期虧本，會拖垮了整個學校。黃呈輝董事長曾以生意比喻：“地是免費的，商鋪（學校）是捐來的，沒有利息負擔，這場生意怎會做不好？”

陳義維董事在媒體招待會中說菲國華人個個都是受主流社會大學教育成材，以他個人來說，他受業菲國立大學，該大學受國家津貼，但兼收各國學生。他言下之意，中正應打開大門，有教無類。

中正精神領袖邵建寅前院長每次受邀演講必用心準備演講稿，絕不作泛泛應酬話，所以每次都是學術演講，讓聽眾得益不少。歷年來，他一直強調“海納百川，有容乃大”。他更重視“和”、“合”，記得他曾以“三合土”爲題向我們二十五屆鬧意見同學訓誨，闡明“和”的重要，引述荀子名言：“和則一，一則多力；多力則強，強則勝物。”

邵建寅前院長、前董事長理想中的中正不應只是菲華的中正，馬尼拉的中正，也應是菲律濱的中正，更是東南亞的中正，最後成爲世界的中正。他說：“這目標不是立即達到，但一步一腳印，追求之心不可無。”正如司馬遷對孔子的讚語：“高山仰止，景行行止；雖不能至，而心嚮往之。”邵語錄：“中正人要建大功，立大業，成大事必須視野大，胸襟大，抱負大。”“在學校轉型的過程中，要克服種種困難和阻擾。中正人應有拼搏的決心和恆心，能易絕望爲指望，變阻力爲助力，化危機爲轉機，分秒必爭，既爭千秋，也爭旦夕。”

（二〇一二年六月五日原載世界日報《故事新說》專欄）

中正三大功臣

中正很幸運，因爲近期三位董事長陳著遠、邵建寅、黃呈輝都不是屍位素餐之輩，而是宵衣旰食，爲中正的發展輸財出力有爲之人。

黃呈輝董事長乃耿介之士，在商總理事長任內說過一句極具哲理，向守財奴當頭棒喝的“賺錢容易，花錢難”名言，可惜不可語冰的夏蟲不理解。他捐了十一點四公頃土地爲中正新校園，讓中正人美夢成真。這塊土地不論原來成本多少，目前市價近十億元，這是菲華社會空前大手筆，這項偉舉將永遠被銘記。

中正校友會原如一口水井，水波不興，全靠許國良師到處“拉壯丁”拼湊成會。三十餘年前陳著遠前董事長憑著一股體育精神，公開競選正友會長，創下會長一職須有傑出表現，還要經過激烈競爭之先河。有人抨評正友何不像其他社團互相禮讓，而要爭得死去活來。中正情況不一樣，人材濟濟，一人在職，十個人排隊要你的職位。職位是自己和擁護者爭來的，特別珍貴，當然全力以赴，力求表現。校友會成爲中正三大支柱之一，而且是發展火車頭，著遠學長功不可沒。陳著遠董事長任內，積極尋找適當新校園，其間也曾受到“莫須有”攻擊，但公道自在人心。

邵建寅前院長、前董事長五十年代曾任中正教師兩年，所以是如假包換的校友。邵前院長是菲華最傑出的教育工作者之一，他是廈門大學畢業的機械工程師，聖大數學碩士，專業是理科，但國學修養和文學素養，菲華數一數二。他出身基督教世家，卻佛學深湛；他是一位成功生意人，卻無銅臭味；他是一位埋首經籍的讀書人，卻無迂腐氣。他自謙是“一位知其不可而爲的愚者”，其實是一位擇善固執，爲理想不折不撓的勇者。

邵前院長執政中正時，是母校巔峰時期，生數達七千餘人；更爲站在十字路口的華校指點辦學宗旨和辦法。他鴻鵠之志是要學習美國 STANDFORD 大學，以學濟商，向各行業，如電腦業界等提供研究成果；以商養學，讓學校研究中心不斷發展，讓中正成爲菲國乃至國際學術重鎮。

（二〇一二年六月七日原載世界日報《故事新說》專欄）

中正三大使命

邵建寅前院長、董事長雄心壯志，揭示中正三大使命：一、培植華裔英才，成爲擁有中華氣質的菲律濱公民。他用椰子樹、榕樹、茉莉花來比喻中華氣質。

椰子樹每一部份都有用，椰汁是飲料，椰肉可榨油、椰花可釀酒、椰棕可製工具、椰葉可作屋蓋、椰樹幹可作建材。椰子飄洋過海，隨遇而安，無處不是它寄籍落戶之地，深具海外華人氣質。榕樹亦具華人氣質，繁衍力強，能隨地向下紮根，向上結果，其蔭極廣，幹枝互相撐持，是理想教育造型。茉莉花潔白晶瑩、芳香濃鬱，盛產於閩粵，先僑移植菲島，吸收當地陽光、空氣、水份，一樣向下紮根，向上成長，清香遠播，爲菲國國花。茉莉花也具華人氣質，是理想教育模式。

二、進入主流社會。先僑來菲謀生，認爲是旅菲，咸抱著落葉歸根心態，不希望終老異鄉。時勢變遷，現在華人大都是菲籍華裔，理應積極參與菲律濱大社會的公民活動，並開始在軍政、宗教、文化界發展。中正要在溝通、融合、團結負起橋樑作用。

三、推行中華文化全球化。中國自改革開放後，經濟快速增長，現在已是世界第二大經濟體；中國國力日益增強，和世界各地的交往也日益廣泛深入。世界各地出現學習漢語熱潮，預計二十一世紀，漢語將成強勢語言，與英語並駕齊驅。中正在推行中華文化全球化方面佔有天時、地利、人和；目前已和福建師大合作，合辦華文師範教育系，培養菲律濱華文教師。艱難的第一步已經踏出了，也已經有成果。

中正新校園去年十月十八日舉行動土典禮，工地彩旗飄揚，上面寫著勵志標語，其中一幅寫著杜甫詩句："會當凌絕頂，一覽眾山小"昭示中正的抱負。

中正如何凌絕頂，謹抄邵前院長一段話結束此文："中正人要建大功，立大業，成大事必須視野大，胸襟大，抱負大……擴校大計應循序漸進，容或一時未能達到指標，但必須有高瞻遠矚的雄心壯志，鍥而不捨的魄力毅力。"

（二〇一二年六月十二日原載世界日報《故事新說》專欄）

公道自在人心

大法官高倫那終於被彈劾，大快人心。中國有一句極具哲理成語：塞翁失馬，焉知非福；相反來說，塞翁得馬，焉知非禍。大法官非法得位，種下日後因榮反辱禍根。筆者深受菲國司法不公之害，一件簡單民事案件，一拖數年，結案遙遙無期，所付金錢、時間、精神代價極大，若非爭一口氣，早已放棄，接受調解。

著名專欄作家 BABE ROMUALDEZ 六月三日在菲星報發表 A CHANCE IN HISTORY 一文，論點筆者百分之百贊同，特加節譯，和讀者分享：

大多數的菲律濱人同意彈劾法庭的判決，相信高倫那被指行爲不當，背叛公眾信任、以及貪污罪名成立。令大眾更加憤怒和沮喪的是本應爲法律表率的司法官員，爲了自己的利益，蓄意地扭曲法律解釋。

這是一項公開的秘密 —— 知情者公開談論司法的腐敗，私下悄聲說司法可以收買。從最低到最高法庭都有這種通病。各階層的民眾控訴被扭曲了的司法制度，有錢人花錢讓法官作出有利的判決，付不起的人吃虧。經歷過這種不公的人，認爲貪污腐化了我們的司法制度，沮喪、失望、厭惡地離開國家。

數年前一位退休了的大理院法官被指毫無廉恥地說："我們就像上帝，能決定人的生活和將來。"另一個恐怖的故事是一名資深法官告訴一個新法官說："我們這裡斷案，不管是非曲直，只問誰在關注案件。"因此，一些法律教授告訴學生："在菲律濱你對法律認識多少不重要，重要的是你對法官認識有多少。"

柯林小啓：筆者對躲在暗處，匿名發黑函誹謗，壞人名節的懦夫（按：一件事兩人知，就不是秘密）不屑回應。六月七日聯合報登了中正四名校董（人數何其少！）公開信（筆者很高興，真理愈辯愈明），文中說"近日專欄文章更有不實說明與報導，將好事變壞事"。這似乎是針對筆者最近一系列有關中正文章。署名者有兩人是筆者平素敬重的學長，敬請指明不實說明與報導之處，"又如何將好事變壞事"。大家都是熱愛中正的校友，何事不能商討？筆者自問可無愧站在"中正堂"面對"中正懸日月，正氣滿乾坤"對聯。

（二〇一二年六月十四日原載世界日報《故事新說》專欄）

廿載風雨點滴在心頭

追往事，嘆今吾，春風不染白髯鬚。卻將萬字平戎策，換得東家種樹書。

宋．辛棄疾

二十一年前，高中廿五屆級友會剛成立，筆者承蒙同學們的錯愛，作爲“廿五屆當然代表”出任正友的執行委員。當時筆者可說“風華正茂”，意氣風發，有股當仁不讓的豪氣，想通過正友的工作回饋母校。

去年正友換屆，驀然發現二十年光陰真似黃粱一夢。少年不識愁滋味，誦讀蘇東坡詞“多情應笑我早生華髮”，竟異想天開，想染白頭髮，一嘗“鬢如霜”那種瀟灑味道。如今頭髮半白，鬢髮如當年所願，竟然沒有一根是黑的！靜心思量，雖然對正友，尤其是諸如兄如弟的同仁依依不捨，覺得是退休，“榮升”“諮詢委員”的時候了。主要原因是廿五屆執委限額已滿，我不退，誰退？更重要的是筆者事業受挫，無力分心，我是何人，豈是屍位素餐之人？

四十三屆執行委員會的最後一次會議，在主席郭樹垣會長的同意下，筆者發表“惜別辭”，最後幾句話是：“校友會實在是一個有崇高宗旨的團體，委員們付出時間金錢雖然很多，但是得到的精神報酬卻也是不可衡量的。各位同仁，請珍惜你們這個來得不易，極爲光榮的職位！”

劇烈殘酷

筆者一入正友，就碰上盧武敏和林瑩鏡的會長“大戰”，領略了正友競選的劇烈和殘酷。盧學長學貫中西，“才”“財”俱備，且請出同學陳永栽助選，陳大班不惜放下身段，向諸如筆者等後生小子握手討票。林學長則帶著筆者好友踵門拜訪（好招！），誠懇要求支持。

有人認爲正友這種明刀明槍，大傷感情的爭奪，有違菲華社會禮讓（大都是虛情假意）傳統。但正是這種得來不易的位置令人更加珍惜，就任後全力以赴，要實現競選諾言；沒有“不是我要選，不是我有意思，是他們強強把我推出來的”等等不做事，沒成績，推卸責任藉口。也許正友這麼活力充沛，各任會長都有建樹，就是因爲委員們有這種“狼性”狠勁！

筆者雖然認同正友這種當仁不讓精神，如今反思，當年如果盧學長中選，中正董事會多了一位商總理事長，陳大班也不致對母校如此冷淡；林學長相信也必循序當上會長，結局會較爲完滿。

寒心　傷心　痛心

如果說正友選舉殘酷，令人傷感情，那困擾正友近十年的“中國人”事件，則是令中正人刻骨銘心的寒心、傷心、痛心！

說句真心話，《中國人》實在是一齣編導極失敗的話劇，如果不是中正話劇精英們的演技，觀眾們早在沒完沒了，莫名其妙的跪拜（達近百人次）動作中溜光。

每當看到《中國人》事件最大受害者曾國榮學長十餘年來對

正友不棄不離，無怨無悔，照常出力出錢，照常出席正友會議，孤獨地坐在“諮詢委員”席上，實在爲他叫屈！

曾有“外人”僑中校友問道：“中國人到底是那回事？”筆者回答：“君子行事過於秉直，業餘義工辦事有所疏忽；當事者濫用或者有之，但貪污絕不可能！”道理很簡單：有人捐款以數十萬，百萬計，他會犯天下之大違，“A”三數萬小錢？

無恥下流　不正不義

一九八九年蘇榮章院長榮休，正友很多人反對聘請邵建寅先生出任院長，理由是中正人材濟濟，何必要請外人？筆者反對理由則是蘇院長服務母校三十九年，爲何不挽留他，讓他任滿四十年，留作佳話。

邵院長就任後，即到正友月會致辭：“楚人失弓，楚人得弓”。記得黃念榜學長說：邵院長勸大家要有“楚弓楚得”的寬闊胸懷。邵院長後來以淵博的學識，誠懇的爲人作風，嚴謹認真的處事方式，折服所有的中正人。而他在中正五年，由清潔廁所開始，整頓校風，提高教學水準，成果纍纍，有目共睹。

不幸的是最近數年，一兩隻“蜮”，不知爲了什麼私怨，對德高望重的邵前院長“含沙射影”。去年他出任母校董事長後，攻擊他的下流手機短訊，更無日無之。其實這些躲在暗處的懦夫蜮蟲是誰，大家也一清二楚，只是不明他們竟然會自我墮落到這種程度！筆者收到這些短訊時常常回覆：“請不要作不實攻擊”、“無恥無聊”以表憤慨。

熱臉貼冷屁股

張秀金會長任內，筆者曾參加正友慶賀團回台灣慶祝雙十國慶而遇上這種“熱臉貼冷屁股”的經歷：故劉賢土會長（時爲副會長）因胸膛掛著“回國僑胞”紅彩帶而遭計程車拒載。日月潭邊小店主大談日治好，要台獨，氣得陳長善會長（其時爲副會長）說要槍斃這個恬不知恥的台奸。筆者則在華國飯店大堂被兩位紀念品售貨小姐奚落：“政府真傻，年年招待這些僑仔免費吃住”。筆者如果不是自許是個讀書人，真的想叫她們回家問問老媽老姑可記得“香皂絲襪就可以……”而不是嚴肅的說：“請調查清楚才說，我們的飛機票，食宿那樣不是自費！”

二〇〇〇年故劉賢土會長任內，民進黨陳水扁上台，筆者在正友會中提議正友不要組團返台參加雙十國慶，獲得大多數委員贊成，從此正友不再組團回台參加扁政權“無心”主辦的國慶。這可說是筆者在正友二十年最得意的一件事。

大是大非

黃俊人會長魄力過人，任內正友在兩岸政治立場上作了一百八十度的轉變，由台北轉向北京。他於二〇〇四年率領百餘中正人作“破冰之旅”，暢遊中國大江南北。是年正友忍受不了扁政權的台獨言行，在報端公開發表反台獨，求統一聲明。正友這項行動是經過委員們冗長辯論的，筆者義不容辭，是發言最多的支持者。正友聲明引起華社熱烈反應，在眾多讚賞聲中，少數台獨同路人不敢公開反對，只好暗下攻擊正友“不務正業”。筆者認爲這是大是大非的問題，乃在報上發表署名文章，表示正友是知識分子組織，表明正義場立是職無旁貸的，不然正友十三名抗日烈士“不願在大時代前端苟且偷生，用奔騰的熱血濺灑異國江山”豈不是錯了？

有容乃大

說“閉關自守，內鬨不息”的中正校董會是中正發展的拌腳石有點過份，但部份“反動”校董因董事職是終身制，因此不出錢，不出力，甚至不出席會議，凡事反對也是事實。

筆者曾於二○○一年正友代表大會提出議案呼籲校董會打開大門，接納社會上一些有名望或者財力雄厚，而且熱愛母校的校友進入校董會。辦法由校董會自行設訂，而這等非“正途”（即由正友會長升任）出身者可限任期，以壯大校董會力量。此議案獲得大會一致票通過，但校董會至今毫無行動，希望不要用章程（可修改的）這個大帽子推搪。

母校現任名譽董事長陳著遠前會長，董事長邵建寅院長，以及新科董事郭樹垣前會長等均是有理想、有幹勁、雄才大略、胸懷寬闊之士，現在是他們打開校董會大門，並把《中正學院》升格爲《中正大學》的時候了！

任重道遠

正友新任會長許威順剛毅木納，乃隨和而有主見的人。他給筆者的印象極好，原因是他首次競選正友副會長時曾致電討票，他是筆者同班同學許淑甘的弟弟，本來是毫無問題的，可是筆者已經應允別人，又不忍騙他，直言回絕。電話中聽出他失望的語調，筆者感到十分抱歉無奈，心想這個朋友是失去了。出乎意料之外，他不以爲忤，每次相逢，他還是露出誠懇的笑容，溫言問好。

校董黃呈輝前會長最近捐母校一塊廣袤十公頃土地，作爲建築新校之用，希望在諸董事領導下，正友主動把建新校這項艱鉅工作扛下來，把母校建成名符其實的大學，實現所有中正人將母校發展成爲菲律濱的華人大學以至全世界的華人大學的偉大願景！

（二〇〇八年月日原載世界日報）

綁架死灰復燃

不久之前 VALENZUELA 市吳姓塑膠商七個內外孫和女婿被綁，成爲報紙頭條新聞，讓整個華社風聲鶴唳，憂心忡忡。其實還有其他綁架案件未被報導，綁架早已死灰復燃。

據說，吳家只付贖金八十八萬，其他案件贖金也不多，綁匪“業餘”成份居多，較易應付，但肉票危險性也相對提高。試想，八人如何運送藏匿？難度不小。

本欄漫談一些綁架“傳聞”，是否事實，讀者自行判斷。綁架也許不及“某行業”古老，但也歷史悠久。祖輩說解放前閩南僑鄉綁匪相當猖狂，沒有固定目標，行人落單，常常被綁。肉票第一餐必饗以全魚一條，但只准吃一口。“富貴三代，方知飲食”，看他如何下箸，便知其家境貧富：凡迫不及待，將箸伸向魚背肉厚處者，窮人也，趕快免費放人，免得連伙食也虧掉。將箸伸向魚尾魚肚者，中等人家也；如將箸子挑出魚頭面頰肉者，必出身大富之家，肯定要勒索巨款。但盜亦有道，從不撕票，也不綁婦女，以免壞人名節。

菲國近代綁架始於七十年代軍統時期，始作俑者華人也，不涉軍警。該集團以“高良”和“山仔”爲首，山仔舉止斯文，業養豬，經濟不錯，爲何起歹心，難以意料；高良沒正業，常常出入賭場、風月場所，常以贏股票解釋財源。該夥人從收集情報、監視、綁人、關禁，均親力親爲。據說第一個受害者是 Q 姓富商獨子，贖金五十萬（當時是一筆巨款）。山仔很“粗殘兇惡”，釋放肉票時，用槍柄敲打養尊處優的 Q 姓少年，害他驚嚇過度，雖被釋放，不久死亡，可憐可嘆。

上得山多終遇虎，Q 姓等受害者的馴良，助長該綁架集團的氣焰，更加大膽，也因而粗心大意。他們因有內線向一 O 姓煙廠老闆兒子下手，哪知 O 姓老闆和菲軍警界關係良好，被綁者更是當時保安軍（PC）司令 ROMOS（即後來總統）的誼子。結果設在計順市的賊巢被軍警突襲，關在廁所裡的人質安全獲救，綁匪全數被擊斃，山仔死狀最慘，身中十餘槍，大快人心；而綁架也靜止了一段時間。

（二〇一〇年十一月二十三日原載世界日報《故事新說》專欄）

內鬼作祟

八十年代初，V 市一位 T 姓華裔生性吝嗇，作風低調，外人實在不知他有極多現金儲存銀行。T 先生只有兩個兒子，都英俊乖巧，也是靈惠學生。暑假某日他們兄弟一起回校拿成績單，家庭司機捨 BONIFACIO 大街（暑假該街並不塞車）不走，從 EDSA 轉入內街，結果雙雙被綁；情形可疑，說沒內鬼，鬼也不相信。

T 先生請堂親代他和綁匪談判，據說綁匪雖操菲語，但口音用詞，一聽就知是華人，他獅子大開口，一下就要求一千萬。綁匪極了解 T 先生的心理，在電話中威脅：“付不付，一句話，我電話放下，就不會再打來！” T 先生果然關心則亂，略加還價就答應要求，創下贖金紀錄。當時鈔票面額最大是一百元，贖金裝了一大布袋，由朋友送到某餐館。事後也不見 T 先生報官，只是將兩個兒子送到加拿大讀書，自己也往廈門投資，長期居住在那裡。

內鬼最可怕，肉票有時不小心認出綁匪開口求情，便犯下致命錯誤。也是八十年代，也是發生在 V 市，L 姓木商父子都是“古意”人，與世無爭。某日 L 姓兒子 R 突然失蹤，其父母接到自稱是綁匪的電話，要求贖金三百萬。L 母相當機警，要求和兒子講話，綁匪回答 R 被關地方沒電話（其時尚沒手機）。她說贖金已準備好，只要得到三個問題的答案，立刻交錢。問題之一是：“我的咱人生日是哪一日？”綁匪沒法回答，L 母大慟，知道兒子已遭不幸，立刻報警尋找。數日後 R 的屍體在 A 社被發現，法醫檢驗，R 被綁當日，就已遇害。

L 先生、S 先生被綁，均破案，內鬼是工廠警衛、相熟朋友。

綁匪雖有內鬼，有時也會“擺烏龍”。V 市一 L 姓小工廠主人，時運不濟，綁匪計劃綁架其“好額”叔父小兒子，但 L 先生兒子剛好站在富翁大工廠門口等車，結果被數人推上車。綁匪後來發現錯誤，仍然索取“伙食住宿費”一百萬元，才肯放人。可憐 L 先生，“好額”叔父早已整家逃出國，他東借西討，才湊足一百萬贖金。L 先生經濟陷入困境，加上另一原因，導致小工廠倒閉，欲哭無淚。

（二〇一〇年十一月二十五日原載世界日報《故事新說》專欄）

偷雞不成蝕把米

上世紀九十年代，菲國綁架“鬧熱大賣”，是興旺“行業”；綁匪專業化，贖金固定五百萬，男女、童叟一價。綁匪成員大部份是現役軍警，或者是被革職的前軍警人員，也有前菲共游擊隊成員，組織嚴密，極有效率，行動很少失敗。VALENZUELA 市則是綁架之都，幾乎無日無之。

T 姓大亨妻妹美貌未婚，她於日間被綁，T 大亨怕“夜長”，趕緊通過人事，第一時間付出五百萬贖金，讓她立刻獲釋，創下被綁時間最短紀錄。

T 姓木商星期五下班時被綁，綁匪向他家人說：“公價五百萬，但如果贖金在送他到外省前付出，三百萬就行。”T 先生大哥人脈極廣，M 銀行經理答應開庫拿錢，大哥後來不想驚動人，向賭場放高利者借現金贖人。綁匪倒也守信，當晚放人。T 先生說被綁後，看到綁匪都是彪形大漢，十分害怕，自動要求朦眼，綁匪大笑：“你電影看多了，我們是有背景的人，豈怕你認識！”

V 市有一家醫學院，主人“經營”有方，因爲入學容易，畢業生政府會考成功率又極高，是一個“奇蹟”，有不少外國學生慕名前來就讀。有一位台灣學生，已忘其姓名，姑且稱他爲“台生”，因其父親在菲國有投資，也成爲該校醫科學生。台生因家境富裕，花錢極大方，引人注目。

且說有一 C 姓華青，在 V 市開了一家小工廠，中路也有門市店鋪，妻子亦賢慧能幹，是生意好助手。他好學不學，見綁架好賺，竟也要兼營副業。可笑他膽大心不細，設計綁架了台生，將台生手腳用繩子綁住，放在汽車行李廂。C 匪親自駕車前往藏參處，不料台生用牙齒解開繩子，等車子停在交通燈前時，拉開行李廂開關，大聲呼喊：“綁架！綁架！”C 匪車子陷在塞車長龍中，當場被捕。C 父雖氣兒子不肖，但父子情深，還是出面花費大錢說項營救。C 匪偷雞不成蝕把米，惹上官司，妻子也下堂求去，活該！

有人問：怎麼這麼巧，受害者都同姓？非也，L 可能是李，是林，是劉；C 是柯。

（二〇一〇年十一月三十日原載世界日報《故事新說》專欄）

漏網之魚

綁匪有時也會犯錯失手，用漏網之魚來形容幸運躲過綁架災難的人，似乎失敬，而且他們虎口餘生，好比驚弓之鳥，日子也不好過。

筆者有一 S 姓同學，頭腦一流，是電腦天才，他在 C 市開了一家電子廠。他沒有英文名，全名是中文音譯，爲了方便，他使用小名 ALEX 和人交往。S 學長雖腰纏萬貫，但衣著樸素，而且親自駕車。某日他的車子在工廠附近被攔截，數名綁匪登上他的車子。綁匪狗眼看人低，看他的模樣，用懷疑口吻問："你是 ALEX？" S 同學乃高 IQ 之人，回答："不是，我是他的員工。"並拿出他的駕駛執照給綁匪看，上面果然只有 S SE 三個單音節名字，沒有 ALEXANDER 一字。綁匪罵了一句粗口，登上另一輛跟隨的汽車，絕塵而去。

另一 O 姓同學亦是大生意人，他在 C 市有一大辦公處，有不少員工和警衛。某日，他坐著司機駕駛的汽車上班，在附近辦公處，突有汽車衝出攔截。當時電視時有綁架消息，司機看見公司 COMPOUND 大門剛好開著，猛踩油門，衝進 COMPOUND，綁匪不敢跟入。O 同學逃過一劫，但所受驚嚇亦不小。

已故 C 姓華社領袖是筆者最敬重學長，據說他生前兒子也險遭綁架。幸好年輕兒子機警，駕車技術又好，衝過紅燈，逃離綁匪。綁匪很囂張，打電話威脅："你兒子今天躲過，明天呢？本來我們要一千萬，現在減半，當作保護費。" C 先生豈是受人威脅之人，他送兒子出國避風頭，自己則搬到馬加智市某守衛森嚴大廈，綁匪無可奈何，轉找其他"軟塊"。

V 市 T 先生很富有，早成綁匪目標，只是他行蹤飄忽，陰差陽錯，綁匪數次均未得手。他們膽大包天，最後竟穿起警察制服，以查違禁品爲名，強入他的辦公室。T 先生還是不在，綁匪轉綁其妹充數。T 先生以爲本人沒有被綁，要求減價。但綁匪很可惡，讓他妹妹打電話給他："阿兄救我，他們脫我的衣服，說要強姦我！" T 先生只好乖乖忖出五百萬，一分不少。

（二〇一〇年十二月二日原載世界日報《故事新說》專欄）

可惡的“獄卒”

綁匪綁人最常用的一招是用車子衝撞目標的汽車，當目標下車理論時，再用槍或刀威脅，推他上綁匪或司機已換成綁匪的車子。

朋友小 T，人高馬大，愛戴鴨舌帽。某日深夜，他駕車在路闊、車少、燈暗的 QUIRINO 大道疾駛，當他低頭調弄音響時，車子撞上停在紅燈前的一輛嶄新汽車。小 T 自知犯錯，下車欲向對方道歉，談論賠償問題；哪知前面汽車竟然闖紅燈，快速逃走，留下啼笑皆非的他。

後期綁架作業如下：有人專門負責綁人，一般收費五十萬，交人後就算任務完成。另一批人則負責看顧監禁肉票，因爲工作相對輕易，收費二十萬，但要供應肉票三餐。談判者和收款者也有專人負責，一般是主腦親信。

護參“獄卒”一般是擁有自己房屋的鄉下“歹狗”，他們怕肉票健康有差錯，交不了差，都是向快餐店購買食物，也不會毆打肉票，但他們有時會遵照主腦吩咐，用言語恐嚇肉票，當然也有很陰毒的，T 先生就不幸遇上了。

話說 T 老先生家人付了贖金，主腦也下令放人。但“獄卒”以作弄人爲樂，明明是要放人，卻向 T 老先生說：“你的家人不肯付贖金，我們現在就要打死你！”T 老先生不知是假，害怕得要“放尿”。“歹狗”們大笑：“放什麼放，反正要死了，何必多此一舉？”可憐 T 老先生尿流滿褲。

K 哥為人慷慨大方，生意雖大，同行相處卻好。綁匪目的，純粹是要勒索金錢。他被關禁了一段極長的時間，某日藏參鄉村要舉辦 FIESTA，訪客極多，監禁者怕走漏風聲，要將他轉移到另處。他們也愛作弄人，回答 K 哥詢問：“我們現在要拉你去活埋！”K 哥很鎮靜，他知道綁匪要的是錢，不會傷害他這個“奇貨”。但他一個月中也受盡折磨：每日只給五支香煙，也不肯供應書報打發時光，只能“聽”隔房的電視。最要命的是監禁者幾乎每晚都和他的姘婦“辦事”，淫蕩聲浪煩人，漫漫長夜，不知如何渡過……

K 哥被“苦毒”一個月，身軀瘦了一大圈，被釋放時，名牌皮帶又被“討”去，雙手要提著褲頭，褲子才沒掉下。

（二〇一〇年十二月七日原載世界日報《故事新說》專欄）

綁架述異

K 哥人緣極佳，他被綁架，令朋友們萬分掛意。銓姐通過牧師，請千餘教友齊心為他的安全祈禱。她日有所思，夜有所夢，夢見“湘”一字。她請教輝哥，輝哥說：“湘”是湖南省的簡稱，湖南……莫非 K 哥被關在“湖的南面”，LAGUNA？後來證實他的確被關在“湖南”，不過是 TAAL 湖之南的 CAVITE。

獻哥同時夢見：綁架者是“色狼”。筆者向良哥開玩笑：你是綁架者！因為你姓“蔡”，“蔡”音“彩”，“色”也；而“良”加“犬”旁即“狼”。良哥很幽默：“你猜對了，不要吵了，贖金全部歸你。”最後發現“色狼”確實深藏玄機，但在此不便透露。

美麗的麗真小師妹好奇地問：“你怎麼有那麼多的綁架內幕？”筆者笑而不答。福哥說綁架課題敏感，不宜多談。他的兒子亦曾被綁，福哥極有勇氣智慧，第一時間向可靠當局報案；事後更將涉案者控上法庭，以便伸張公義，盡公民社會責任。虎父無犬子，其子亦膽色過人，向監禁他的人曉以大義，教導他們謀生之道。監守者向他表示，他隨時可以自由離開……

綁架者和被綁者有時因長期相處，惺惺相惜，產生“STOCKHOLM SYNDROME”，即綁架者和被綁者相惜症狀，例子不少，最著名的有：美國報業大亨 WILLIAM HEARST 孫女、繼承人、社交名媛、女明星 PATRICIA 被綁案。想不到她竟認同綁匪宗旨道路，加入綁匪集團，要劫富濟貧，甚至持槍搶劫銀行，最後被捕下獄。美國總統 CARTER 予以減刑，PATRICIA 兩年後出獄，不知下場如何。

金庸在其第二部作品《碧血劍》一書寫了一則蕩氣迴腸，可歌可泣的愛情故事：“金蛇郎君”夏雪宜爲了要報滅門大仇，綁架了溫家美麗、天真無邪的千金小姐溫儀，意欲加以姦淫，再予殺害。但 STOCKHOLM SYNDROME 作祟，兩人產生情愫，真心相愛，忘記仇恨，不顧危險，如飛蛾撲火，最後以悲劇收場，令人掩卷嘆息。他倆生下的女兒溫青青是金庸筆下最不漂亮，最不可愛的女主角；筆者爲武功高強，還移民南洋做“華僑”的男主角袁承志沒有娶美麗癡情的長平公主阿九而悶悶不樂。

（二〇一〇年十二月九日原載世界日報《故事新說》專欄）

笨賊行劫記

數年前女總統 GMA 因天主教壓力，宣佈停止執行死刑。雖然民間反對之聲甚大，死囚監獄也人滿爲患，但被判極刑，罪大惡極的囚犯，從此可以安心“頤養天年”。

消息傳到閩南僑鄉，以訛傳訛，變成菲律濱取消死刑，一切罪犯均可獲釋或說項減刑。一群好食懶做，無業青年聞訊大喜，決定來菲轟轟烈烈大幹一場。一T姓青年已來菲數年，其父母很“古意”，八十年代尾移民菲國，在親友資助下，開了一家小工廠，雖然規模不大，但也算是一個老闆，可惜T姓青年“胸懷大志”和上述“歹囝”聯絡上，走上令父母傷心的歪路。

T青和朋友倒也不是空手“捕蝦”，下本錢買了一輛舊車和數把手槍，開始營業做“生意”。他們先向熟人下手，在T青指示下，綁架他的堂嫂，創下新僑綁架紀錄，順利得到贖金三十餘萬（又太便宜了）。第二個目標是T青的堂叔，堂叔來菲已數十年，事業成功，T青和他又熟，不綁他綁誰？T青由同夥駕車，使用舊招數，衝撞堂叔車子，堂叔感到情形可疑，沒下車理論，疾駛離開，並在後望鏡看清楚撞他的車子。

T青和朋友們綁架失手，心情惡劣，一起到 ANGELES 賭場賭錢，可惜手氣不佳，把錢輸光。利令智昏，笨蛋們竟不顧後果，打起加油站小雜貨店的主意。他們四人進入店內，一人在門外把風，笨賊不懂菲語，依照電影看來辦法：走向收錢機，向天花板開了兩槍，伸手要錢。笨賊們也真笨得可笑，竟不知加油站隔壁就是警局。警察們聽見槍聲，拿了武器衝出警局，看見一個中國青年一手持槍，一手持香煙，大剌剌站在雜貨店門口，立刻亂槍將他擊斃。正在收錢的笨賊看到許多警察衝入，倒也懂得國際手語：雙手高高舉起。

T青向父親求救，父親則向堂親求助。堂親以爲T青年少不懂事，倒也想幫助，但他看到T青汽車時，認得那是要綁架他的車子，立刻轉頭而去。笨賊向父親說："怎麼還不放人，我們不是願意付罰款嗎？我們已死了一個人，他們還想怎樣？"

（二〇一一年一月十三日原載世界日報《故事新說》專欄）

綁匪伏法

菲律濱華人予人的印象是膽小畏事而多金，所以歹徒視他們爲"肥羊"。華人凡事息事寧人，花錢消災，所以如有親人被綁，往往關心則亂，不聽指示勸告，迅速答應綁匪要求，付出鉅款，以求親人平安。最近數年綁架案件有所減少，原因是大部份綁架集團已被消滅。但野草燒不盡，春風吹又生，不時還有人被綁。以前綁匪有背景，贖金"公價"五百萬，一仙不能少。現時綁匪"大減價"，前些日子 VALENZUELA 市一名菲人和施姓華人分別只付出二十四萬和二十八萬就了事。

十月二十日 VALENZUELA 市又有一名張姓台商被強行闖入工廠的歹徒綁架。綁匪如常獅子大開口，勒索巨額贖金。台商家人雖然擔憂，但採取了正確的行動，向他們的"父母官""台灣駐菲辦事處"求助，李傳通"大使"很重視，立刻指示"武官”王警官向菲律濱警方交涉，要求協助談判，拯救人質，並鍥而不捨地追蹤案情。菲律濱反綁架機構是 PACER，即警察反罪惡緊急回應組織，PACER 是警察較清廉、有效率的部門。它不負所托，在張家付出二十一萬後，迅速採取行動，救出人質，將五名綁匪盡數殲滅，追回贖金，完整交回張家，值得大讚特讚。

這次張姓台商被綁案有許多教訓值得一提：一般來說，綁匪和被綁者沒有私人恩怨，綁匪求財而已，他們明白撕票沒有好處，只會讓家屬全力緝匪報仇。被綁者家人不要慌張，要鎮靜慢慢討價還價。此案綁匪從最初要求二千萬，被殺價到二十一萬，說明綁架是小本生意，贖金多少不苟。

這次張先生安全獲救，證明 PACER 是值得信賴的，而且能力不錯。當然台灣駐菲辦事處和李傳通爲其僑民出力，功不可沒。今後華人被綁，中國籍者家人最好請中國大使館出面，讓他們享受一下作爲大國子民的優越性。菲籍華人則呈報華社最高團體 ── 商總。商總護僑是真心誠意的，每年向政界奉獻捐款，也該回收一些“利息”。

（二〇一一年十月二十日原載世界日報《故事新說》專欄）

菲華陋習

多年前筆者一位中正同學兼“巴例”榮膺馬加智市某區《扶輪會》會長，那是一個很榮耀職位。就職典禮假某五星酒店舉行，並請當時政壇紅人參議院議長 SALONGA 作主講人。該陳姓同學犯了一個極大的錯誤 ── 邀請許多華人同學和親友參加典禮。

我們菲華人士一般都受過高深教育，平時儀態言行也不錯，但是有一個壞習慣；凡參加慶典活動，以爲已給主人面子，不論場地多高尚，場合多隆重，主講人身份多顯赫，總是不肯安靜聆聽演講，而是極不禮貌地開“小組會議”，高談闊論，讓會場吵雜如菜市。這也許是菲華一般慶典聚會都枯燥無比，演講者一律花費冗長時間，一一稱呼在座貴賓，然後說一大堆客套話，言不及義，拖個十餘分鐘，滿足自己的講話慾。要命的是第二、第三，甚至第四個演講者也是將千篇一律的廢話重覆一遍。中正老院長鮑事天師某次出席某屆級友會就職典禮，當時他已身患重疾，很傷感地說：“我健康很差，恐怕和諸位聚首的機會不多了……”台下噪音很大，鮑老不禁脫口說出：“請安靜！”

話說扶輪會就職當晚，SALONGA 正在分析菲國政事，我們後面的聲浪越來越大，結果一個“白種人”用食指指著我們的桌子：“YOU SHUT UP OR YOU GET OUT!”羞愧恥辱感在筆者心靈創下深深傷痕，如今想起，還隱隱作痛。

筆者曾回母校參加慶典，大會開始前，小司儀不知作了一個什麼小動作，大禮堂立刻鴉雀無聲，真的似一支繡花針掉在地上也聽得到，讓人領略到什麼才叫“整齊嚴肅”。蘇浙典禮監誓人和主講人是王寶明校長，司儀王雋強擔憂會場不安靜，乃請燕姐在紙牌上寫：“請肅靜”，請侍者在王校長演講時，在台上高舉。此招效果不錯，讓大家可以清楚聽到講話，而王校長也放棄準備好的講稿，即興講話，精彩感人。

菲華慶典一般用“國語”，還是值得讚揚和肯定的，可惜很多“閩人”的國語都有“地瓜”腔，主席說成“廚師”或“主食”，“我們”說成“我民”等等。蘇浙這次起用蔡俐姝爲司儀，她台風穩、國語正、音色美，已不能用“超好”來形容了。

（二〇一〇年十一月十八日原載世界日報《故事新說》專欄）

濟陽宗親會

人壽百歲稱“人瑞”，一個民間團體能夠存在百年，也是稀少。《菲律濱濟陽柯蔡宗親會總會》成立於一九〇九年，至今已有一百零一年歷史。最難能可貴的是先賢篳路藍縷，高瞻遠矚，建立宏偉基業，健全組織；後人克己克家，承先啓後，讓百年老會新血源源，生氣勃勃。

蔡氏子孫乃周文王姬昌嫡系，紀元前十二世紀，周武王姬發封弟姬度於蔡國而得姓。根據數年前中國人口普查，百家姓中，蔡姓人口排名第四十四。蔡氏立姓三千兩百年，可惜所出名人寥寥可數，但中國四大發明之一“紙”的發明者是漢朝蔡倫，對人類文明的發展，有莫大的貢獻。蔡氏最出名的歷史人物相信是《蔡京》，經過《水滸傳》渲染，被公認爲中國第一奸臣。蔡京是福建人，說不定菲律濱有他的後裔，不是筆者爲他辯護，蔡京有點冤枉，至少他不像秦檜殺害忠良，賣國求榮。蔡京四次被黜相位，四次復出（比鄧小平三落三起還多一次），書法之外，自有其他過人之處。

近代蔡氏出了兩個影響中國命運至大的傑出人物：一個是偉大教育家蔡元培，他出掌的《北京大學》是中國知識分子搖籃，教授們有爲舊傳統殉道的王國維、主張西化的胡適之、中國共產黨創始人陳獨秀等。另一個是軍事家蔡鍔，他組織護國軍，討伐稱帝的袁世凱，再造共和。

隨著時代的進步，宗親會的會務也由守望相助、濟貧扶弱，擴展到振興文教。《濟陽》設立的獎助基金上百個，每年所發金額達數百萬元，是各宗親會之最。五月三十日上午，蔡家安宗長主持的文教組頒獎助學金，數百受惠學子擠滿總會九樓大廳，昭示濟陽人丁興旺。

五月八日晚，蔡文世宗長主持的青運組在蔡仁範宗長主有的SURE SHOT 體育中心舉行籃球分齡賽，作爲濟陽百齡慶典活動之一。是晚總會職員以理事長蔡奕忠爲首，齊集球場。球員年齡從十六歲到七十歲，個個精神抖擻，氣宇軒昂，充分表現了濟陽子孫堪負重任的陽剛之氣。毛澤東說："數風流人物，還看今朝。"濟陽前程無限。

（二〇一〇年六月十五日原載世界日報《故事新說》專欄）

尊師重道

菲國華社有一項優良傳統，就是尊師重道，聖誕節前後，許多團體都有敬師宴、敬師金。《菲律濱濟陽柯蔡宗親會》是一個組織龐大、活動繁多的團體，家安宗長主持的文教組尤其活躍。十二月十九日是星期日文教組在總會九樓大廳宴請執教華校宗親，並頒發慰問金。

菲國華社是商業社會，視工商業、醫生等專業以外的行業爲非"正途"。從事文教、新聞、藝術工作，是需要承受許多壓力的。新聞工作者最可憐，待遇菲薄，收入和所需學識，絕不相符；幾人能夠編出有國際、本國、體育、財經、娛樂、評論，內容應有盡有的日報，讓外國同行驚奇佩服。搞藝術，更不幸，開演唱會、演奏會，免費招待，還怕人家不來捧場。白白觀看表演的觀眾也往往以爲給了表演者面子，不時指手劃腳，大肆批評。

教師俗稱“靈魂工程師”，一般來說較受人尊重。文革期間，黃帥之類紅衛兵，侮辱教師，令筆者十分氣憤，也爲中國前途擔憂：由交白卷“英雄”張鐵生主管教育，後果比秦始皇“焚書坑儒”更嚴重。幸好“四人幫”被打倒，不然文盲愚蠢中國人如何立足科學一日千里的世界？

筆者曾著文稱華校學生流失嚴重，連母校 — 華社最高、最大學府《中正學院》也“大量”流失。據說某當事者很“不爽”，但筆者自問愛校之心，如《中正堂》上聯“中天懸日月”。華校不但學生流失，教師也流失，也是因爲經濟。還有一個幾十年前遺留下來的不合理制度：聘請。以前華校爲表對教師的尊重，不用“僱用”而用“聘請”。但聘請制度成爲懸在教師頭上一把刀：只要你沒收到“聘書”，即意味你被解僱，要失業。筆者認識一位單親母親，以教書爲業，但因得罪教務主任，未獲聘書，立刻失業，生活陷入困境；幸好人哥伸出援手，介紹她到中正任教。

說回濟陽聖誕教師聯歡會，出席者包括正副理事長，“新大班”蔡其仁宗長是文教組成員，也全程列席。而出席的華校教師達兩百餘人；有老有少，有女有男，似乎也有新僑，由此看出，薪傳中華文化，暫時還沒後繼無人之憂，但願華社珍惜這些文化英雄。

（二〇一〇年十二月二十八日原載世界日報《故事新說》專欄）

瑜美大廈冤魂

一九六八年八月二日清晨四點鐘左右，人們正在熟睡時，忽然間天崩地坼，房屋劇烈搖動；短短一二十秒，感覺卻那麼漫長。不久街道傳來喧嘩聲：瑜美大廈倒塌了！

瑜美大廈在 RECTO 大街東北，ALONZO 和 D. JOSE 街交匯處。它的外觀新穎，內部亦清爽，鬧中帶靜，是當時較高檔住宅大廈。據說原來設計是四層，但開發商見樓房暢銷，擅自增加兩層，所以遇上七點三級大地震時，立刻倒塌。

是日筆者如常上學，晚間到《新閩日報》上班，但見編輯部氣氛異常，本島版記者出出入入，十分忙碌。筆者所屬國際版，除了越戰，別無大事，遂自動請纓，參加採訪。抵達現場，只見殘垣斷柱，六層大樓，變成兩層高的土堆。筆者目瞪口呆，離開看熱鬧者，前往附近的 PAZ 殯儀館。但見不小的停屍室已人疊人，放了數十具屍體；而手推木板車還不斷地運來斷手斷腳，身軀殘缺的屍體。屍體上血蹟已乾，大部份塗滿塵土，就像破損泥人……是夜餘震不斷，筆者一生從未見過那麼多屍體，根本不能入眠。

瑜美大廈死亡者共三百四十二人，傷者二百餘人。罹難者有筆者中正老師黃淑生師全家、鄺宜正師、極具美術天份的李清奇同學……倖存者有鐘文煌同學以及後來在中正執教的陳錦芳師姐妹。

瑜美慘劇發生後，傳出不少或可歌可泣，或堪稱離奇的故事：

大樓倒塌時，鄺宜正師以自己身軀保護妻子，犧牲自己，拯救了她。十歲“奇蹟女”被埋五日，無羔獲救。死者冤氣太重，出殯靈車經過 RECTO 某地必定無故拋錨。地震前數日，許多老鼠從藏匿處跑出，讓人活活打死。

筆者菲大陳姓同學來自納卯市，兄弟姐妹原租瑜美某單位居住，但讀醫科的姐姐一直感到不適，最後搬到隔街舊屋，筆者還譏笑她迷信。最後他們單位住客全部遇難，第六感實在難以解釋！

一則流傳甚廣的故事：瑜美罹難者冤魂不散，常常在午夜哭泣。筆者住家離瑜美只數十步之遙，深知鬼哭神嚎，實是一些菲人酒鬼在發酒瘋……

（二〇一一年三月二十九日原載世界日報《故事新說》專欄）

華人少婦冤獄

大約十年前，某次蘇浙聚會，校友霖哥大聲向筆者嘆道：“有一名年青華婦因駁了二百千的支票，被法官判了三十四年的監禁。”筆者不信：“菲律濱是講法律的，被判刑那麼重，一定是販毒，或者非法招募、欺騙海外勞工。”霖哥聲更大：“此事千真萬確！”筆者乃向他索討有關文件，了解案件詳情。

案子經過如下：蔡姓少婦在M市Ｅ街經營一家小禮品店，因爲缺乏資金，向一林姓華婦借高利貸二十萬，開了四張面額各五萬元的《建南銀行》支票作抵押。蔡女付了多期利息後，無力償還本金，林婦將到期支票交入銀行，蔡女支票存款不足，當然跳票。林婦相當狠毒，將駁出支票交其姻親Ｌ某。Ｌ某在Ｃ市頗有勢力，他在該市法庭控告蔡女違犯《總統法令第二十二條》，即反支票跳票法。蔡女接到法院傳票，自認在C市沒有生意來往，和L某並不相識，不予理會，失去辯解機會。後來接到法庭控書才知L某是用林婦的駁出支票控告她，急聘“臭”律師辯護。律師向蔡女索討八萬元“說項”費，蔡女千辛萬苦才籌集了八萬元，豈知無良律師竟然私吞，分文未給法官。法官一怒之下，以欺詐刑事罪重罰蔡女監禁三十四年，不准保釋。

蔡女被判有罪後，立刻被收押監禁在C市市獄。蔡女親友聞訊大急，將欠款二十萬全數付還林婦。L某在指示下，可能也良心難安，立刻向法院要求撤消控案。但法官以違反支票法乃刑事案，是“菲律濱人民控訴的”不能私了，庭外和解。

蔡女只好上訴到《上訴院》；而上訴院認爲三十四年監禁已屬“終生”監禁，菲律濱法律是：一切終生監禁死刑案件，必須繳交“大理院”複審，所以不再審訊，立刻繳到最高法院。

最高法庭大理院各種懸案千千萬萬，蔡女案件又沒緊急性，何時能提出研究作最終審判，只有天曉得。

蔡女被下獄後，噩運開始，過著生不如死的日子，事實上她也數度自殺未遂。美麗的華人少婦幾乎夜夜被輪姦，蔡母只好也下獄，陪她坐牢……

（二〇一一年六月九日原載世界日報《故事新說》專欄）

俠之大者

校友霖哥說有蔡姓華女在C市獄中夜夜受凌辱，筆者和銓姐是“BIRDS WITH A FEATHER”熱血充腦，不約而同地說：“我們合力救救這可憐的堂的。”筆者知道蔡金鐘宗長在菲政界很有“交陪”，立刻找他研究如何營救蔡女。筆者說是否可找某會幫忙，一些朋友願意在金錢方面出力；金鐘宗長搖搖頭說：“案件已在大理院，很難用錢解決，如果用錢，誰也花不起。”筆者爲自己不知天高地厚，自不量力感到慚愧。他用肯定的話說：“放心，這件事我負責了，我們要找‘對路人’，用交情一一疏通。”

筆者和金鐘宗長通過安排，一起到 MUNTINLUPA 國家大獄探訪蔡女，進一步了解她的處境。這是我們第一次見到蔡女，她沒穿囚衣，甚至有“福態”之相，想不到會遭到如此橫禍。她平靜地說，轉到國家大獄後，情況反而好轉，因爲同獄者都是女性。

蔡女案件被分配到以大理院院長 DAVIDE 爲首的第一組，該組共有五位大法官，其中一位法官的秘書是金鐘宗長長郎忠義君 ATENEO 同學，忠義宗長也很熱心，立刻行動。令筆者感動莫名的是銓姐要筆者代問是否需要什麼“開銷”，金鐘宗長都說：“不用！”更難得的是不時打電話向筆者報告事情的進展。

金鐘宗長極有智慧，避免節外生枝，不要求大理院判蔡女無罪，只求縮短刑期。經過一年多的不懈努力，大理院最終判決蔡女三年監禁，而蔡女自案發後已被監禁四年多，所以立刻釋放，恢復自由。

蔡女出獄後要向筆者致謝，筆者說不用，因爲所有功勞都是金鐘宗長的。而他也不要什麼謝禮，只溫言安慰蔡女：“忘記過去噩運，來日方長，好好重新過日子。”

蔡金鐘宗長身體十分健壯，精神矍鑠，思維敏銳，但已臻耄耋之年，照理應該在家含飴弄“曾”孫，但他仍然熱衷“社會事”，見義勇爲，也得罪了不少人。華社多的是報章照片領袖，試問有幾人能像他急公好義，不畏權勢？“俠之大者”，金鐘宗長當之無愧！

（柯林小啓：許多讀者殷殷垂詢蔡女命運，甚至表示願意幫助，筆者十分感動，好人畢竟還是很多的！）

（二〇一一年六月十四日原載世界日報《故事新說》專欄）

上法庭記

中國人是很畏懼上法庭的，不像美國人，大小事都告上法庭。民國前，體刑是合法的，審判官一般由行政官兼任，驚堂木一拍，可以不分青紅皂白，先打被告，甚至原告三十大板。常常在電影上看到香港法庭情況：法官和律師必須身穿黑長袍，頭戴長假髮，這個英國傳統十分滑稽好笑。菲律濱法庭一般非常簡陋，法官依照美國傳統，不管天氣炎熱，也穿黑袍，律師則穿西裝或菲禮服 BARONG。

筆者因種種不同原因，上過無數次法庭。最近數年更爲“YOU ARE IN GOOD HANDS”所誤，控告某銀行，審訊一拖再拖，沒完沒了，頭疼無比，但無可奈何，只能大嘆 JUSTICE DELAYED IS JUSTIC DENIED。

八十年代筆者在 VALENZUELA 市經營一家塑膠廠，生意不錯。爲了節省電力，一般塑膠廠都是二十四小時運行的。某日凌晨，隔鄰“麵包爐”工人發現有兩人肩上扛了兩袋“麵粉”在大路旁等車，立刻將人抓住，並且報警。那兩人偷的卻不是麵粉，而是筆者工廠的原料塑膠粒。筆者“巴例”水哥認識一位警官 JACK，筆者乃委託他處理。JACK 是老警察，經驗豐富，是小偷小賊剋星。他將犯案工人帶到一間小房間，向他們說：“坐下，要不要喝水？”房門一關上，他立刻變面，抽出佩槍，插入一名工人口中，大喝：“喝什麼水？偷多久了？有哪些同謀？”面色驚得煞白的工人如實供出：他們同夥共有十三人，已偷了一年多了。那天“輪值”的人睡過頭，才被已要開工的麵包爐工人抓到。

筆者爲了殺雞儆猴，將十三人控上法庭。開審日八點到庭，法官九點開庭，筆者案件排第八，接近十一點半，辯護律師要求延期再審。法官木槌一敲照准延後一個月，前後用不了三分鐘，但筆者已枯候四個小時。第二第三次審訊，情況也相同，律師總有理由要求延期，法官也照准。此後筆者不再上庭，浪費時間，反正工會同意筆者將犯偷竊罪工人辭退（菲國法律正式勞工不可辭退，除非他們犯過錯）。筆者不追究，案子也就不了了之。

（二〇一一年六月二十一日原載世界日報《故事新說》專欄）

新僑頌

小兒永寧大學畢業不久，任職某大地產公司，當大廈房屋銷售員。根據他報導，華人區買家幾乎都是新僑，他不無羨慕地說：“大陸人真有錢，銀行真采（任何）點鐘有幾百萬現金。”某晚他從公司回家，大叫：“老爸，你知道我今天碰到誰嗎？”筆者 IQ 雖然甚高，對這類愚蠢問題卻沒法回答。“誰？”“阿羅，他駕了新 SUV（越野車）要來買房子。”阿羅是來自閩南的“新客仔”，數年前經親友介紹認識，共同開設一間“一本萬利”，利潤高得難以想像，又不愁銷路的小工廠（特此聲明，不是製毒工廠）。新僑不懂又漠視菲國法律，筆者又有自己的生意，沒法兼顧，下場可想而知。結果他“了（虧）時間，我了錢”。筆者對新僑的敢拚、骨力（勤勞），但有時做事不“照步來”，“橫柴拿入灶”作風有了第一手體驗。

阿羅如何在三數年中發大財，筆者沒有興趣追查，免得產生自卑感；但在校友們的咖啡會中提出來談論，彬哥說：“我早起是爲了要打高爾夫球，常常看到很多新僑，很多是年青婦人，天未光就在等車去開店做生意……”早起的鳥兒有蟲吃，他們不發達誰發達？獻哥說新僑們不但勤勞敢拼，不嫌工作辛苦、骯髒、時間長，更驚人的是很多人 — 用好字眼是聰明精明，用貶詞是狡猾奸詐。我們的下一代一出世就有褓姆看顧呵護，上學司機接送，就像溫室花朵，毫無“江湖”經驗，一不小心，被人賣了還幫人數錢。筆者深有同感，舊僑子女生活相對安定，但缺少挑戰生活，和老華人“寧爲雞口，不爲牛後”，“三圓土豆自己排”的精神背道而馳。

睿智的吳大班曾說，不出三十年，華社將是新僑天下。他指的是生意老闆和社團領袖。今日的舊僑是往日的新僑；今日的新僑是他日的舊僑。新僑在菲國長期居住後，一些令人厭惡的陋習將會改善，華人畢竟是最會適應環境的民族。

說實話，華社這幾年如果不是有大量新僑新血注入，早已式微，因爲很多舊僑子女，都是愛說，或者只會說英菲語的“華裔”。

（二〇一一年九月一日原載世界日報《故事新說》專欄）

“賭”股票

很久以前，台灣《聯合報》副刊曾轉載一部長篇武俠小說，書名、作者早已忘得一乾二淨，不過其中一項情節倒是印象深刻，數十年不忘。故事說有一名老劍客，人家是“獨孤求敗”，他則是“獨孤未勝”。後來他收了一位資質極佳的徒弟，他傳授的不是什麼高明劍法，只是向徒弟一一重演他戰敗的拔劍方法，進攻和防守招數，讓徒弟不再犯同樣的錯誤。結果徒弟記取教訓，最後成爲一個戰無不勝的劍客。

文友莊子明（紫茗）腹中有極多股票掌故，筆者曾再三慫恿他寫出來，相信一定有可讀性而且警世，會吸引很多讀者。莊兄笑而不答，不置可否，筆者依據老劍客原則，在此班門弄斧。

經濟是一門很高深學科，既是科學、數學，有嚴謹的“法律”，卻又滲入人爲的干涉，情感的好惡，變得難以捉摸。最近波及全球的金融風波，就是最好的說明。美國經濟重疴難起，引起全球股市股價大落，按常理股市下挫，黃金作爲傳統的資金避風港，必定價格上升。事實金價今年日日上升，屢創高峰紀錄，每盎司近二千美元。但前幾日金價卻大幅下滑，幾近百分之二十，跌幅不可謂不大。最不可思議的是已無黃金儲備，狂印出來的紙鈔美元又升值，經濟學家不知如何自圓其說。

覆巢之下無完卵，菲國股市數日中價格跌去百分之二十。新總統上任靠大眾信心所升指數全數失去，實在可惜。曾經在香港聽到金融界評論菲國股市，他說規模太小，每日成交量只有港幣十餘億，有時尚不及香港一隻股票的交易量，極易被“過江龍”或者本地“大鱷”操縱。

傳統菲華人對股票一向存有戒心，買股票叫“賭”股票，認爲賭博成份超過投資。菲股市確也有監督不足問題，又不像香港有肅貪防止不法交易的“廉政公署”。盛傳某藍籌股竟有兩本賬簿，一是經過“整理”公開賬簿，一是“真正”私人賬簿，股東紅利全靠大股東良心。

話說回來，如果有閒錢，即不是借來的，近期又不會動用，但數額又不足買實業建業，那買藍籌股仍然是最佳資金出處。

（二〇一一年十月四日原載世界日報《故事新說》專欄）

盧醫生的謎語

盧大國手是筆者早一屆的學長，當年他令人印象最深刻的事，是每天都坐著掛了白色外交官員汽車牌的汽車上學。盧醫生仁心仁術，現在已貴爲中華崇仁總醫院的副院長。他幽默不遜乃兄盧理事長。有一次在正友餐會中指著剛上桌油光閃亮的紅燒蹄膀說：“這是讓人吃了不會老的菜。”座上的女校友十分興奮，紛紛問道：“它是否會讓人皮膚光滑細嫩？”盧醫生慢條斯理地回答：“它會讓你很早，很年輕就死去！”

盧醫生在正友就職晚會遇到筆者，他恭敬異常地說：“蔡先生，請上座！”禮多必詐。筆者大吃一驚，怕再“被醫治”做白老鼠，以攻爲守，當場編了一則笑話：據說盧醫生初出道時，病人全部是女性。“據說”他對所有的病人都只說兩字，美麗少女說的是“TAKE OFF”（脫掉），然後埋首仔細檢查，年老色衰的則是“TAKE X-RAY”（照X光）！

盧醫生有兩則有關聖彼德的謎語，相當有趣。其一：據說聖彼德和吸血鬼 DRACULA 是同學。聖彼德對剛死亡的吸血鬼說：“好朋友，你沒有資格進天堂，送你下地獄又於心不忍，將你送回人間如何？”吸血鬼大喜，順勢要求下凡後，仍舊有翅膀，仍舊能吸血。聖彼德說：“好人做到底，從你所願。”吸血鬼重返人間時，被變成有翅膀的黑色蚊子。他在吸一位老婦人的血時，被一拍打死，魂歸天國。吸血鬼對聖彼德大嚷：“再給我一次機會，並且要答應下列的條件：一、我還要有翅膀 WINGS；二、我要長得白白的；三、我要吸很多年青女人的血；四、被吸血者要心甘情願地讓我吸，還要很小心地保護著我；五、常常上電視、讓人認識我。”聖彼德回答：好，如你所願。誰叫你是我的老同學，好朋友。”你猜吸血鬼被變成什麼？

第二則：（註）

猜這兩謎語不出？恭喜你！像你這樣的人，可說是稀有動物，將來進天堂絕無問題！

（二〇一〇年二月十一日原載世界日報《故事新說》專欄）

註：此則謎語太黃，出書時刪掉。

虎的故事

今天是虎年年初三，在此說兩則有關老虎的故事，向讀者拜年。

流傳最廣的虎故事相信不是《戰國策》所記的“狐假虎威”，而是笑話《小和尚和老虎》，它甚至被編成一首輕快的歌曲《女人是老虎》，由李娜主唱。故事說有一位從小居住在深山的小和尚，除了師父老和尚外，從未接觸到外人，有一日，老和尚第一次帶領小和尚下山化緣，耐心地對小和尚講解他們一路遇到的事物。老和尚特別指著女人警戒小和尚：“這些都是老虎，年青的，更會吃人。”師徒兩人回山後，老和尚問：“這次下山，你遇到的事物，你最喜歡什麼？”小和尚不加思索地回答：“會吃人的老虎！”

祖母生前最疼愛筆者這個長房獨生子，常常講些中菲鄉野傳說；數十年後，她慈祥的音容和引人入勝的故事仍然深深地印在腦海中。

從前有一隻膽小如鼠的“老”虎，一晚饑寒交迫，看到一位老樵夫、一位老商人、一位老學究錯過住宿，一起進入深山一座破廟避雨過夜。老虎大喜，認爲可以飽餐一頓人肉。這隻窩囊的老虎躡腳屏息走近破廟，加以偵察。“刷”一聲，大雨終於落下來，三人大叫：“雨（閩南語與虎同音）來了，雨來了！”老虎大吃一驚：他們怎麼知道我來了呢？更加不敢亂動，躲在牆外偷聽。老樵夫說：“我不驚雨（虎），驚‘漏’。”老商人耳朵不靈，大聲附和：“我也不驚‘虎’（與欺騙同音），我最驚‘漏’（漏洞，被自己人偷），它會讓你‘連骨夫’（連骨頭也破碎成粉）！”老虎更驚“漏”是何物，令人如此驚惶？老學究也是失聰之人，用沒有門牙的嘴大聲說：“誰不怕‘老’（與漏同音），老了，虎也要死！”偷聽至此，老虎魂飛魄散夾著尾巴，逃之夭夭。

希望大家虎年不要只對金錢“虎視眈眈”，辦事“虎頭蛇尾”，處世“馬馬虎虎”，最後落個“虎落平陽被犬欺”下場。真的，如果你曾經是受人尊敬的“山君”而被走狗欺凌，又因環境關係，要默默承受時，你會意氣消沉，承認自己是一隻病貓。希望大家虎年在事業上虎虎生威，虎躍龍騰！

（二〇一〇年二月十六日原載世界日報《故事新說》專欄）

養虎為 FUN

報載，“野生東北虎只剩二十餘隻，被列為國家一級受保護動物”。生活在福建山區的華南虎情況相信也相差不遠。故鄉閩南多山，上世紀五十年代初，常有老虎出沒。根據傳說：“老虎腳底有五肉團，所以每步都會在地上留下明顯的梅花形腳印……老虎最愛乾淨，如果在牠身上留下穢物，牠必千方百計把它弄掉，即使損傷皮毛也在所不惜……狗最怕虎，只要聞到老虎氣味，便渾身發抖，吠也不吠，馴服地伏地受叨……被老虎咬死的人，慑於虎威，不能轉世，而成為虎倀，直到找到替身，就是引誘他人入虎口……老虎不吃穿衣服的人，吃人前，虎倀必先把人的衣物脫下……所以被老虎吃掉的人，衣服往往整齊地留在被吃的地方……”筆者小時候這些故事聽多了，冬夜北風凜烈，常常疑為虎嘯，害怕得不敢閉目入眠。家母說：“曾有山上獵戶到僑村高價出售虎肉，你祖母買過虎肉給你吃……”孩提記憶早已消失，現在怎樣想，也記不起老虎肉的滋味。

筆者看過不少被關在動物園的老虎，看過 LAS VEGAS 凱撒賭場的吉祥物，珍貴稀有的“白老虎”；也曾經觀看過魔術大師 DAVID COPPERFIELD 在舞台上將一隻活生生的大老虎憑空變沒，和兒女們大聲叫好喝彩；但興奮之情遠不及少年時代觀看“沈常福馬戲團”（咦！這個擁有眾多美女俊男和猛獸的大馬戲團竟然無法生存下去）時，還記得馬戲謝幕節目，數隻老虎在訓獸師長鞭指揮下，齊聲吼叫，讓筆者拍爛手掌。

菲國不產老虎，但養虎爲 FUN 的人家很多，菲國雀王獻哥（他自稱，筆者私封）的雀友前 ILOCOS 省長星順 SINGSON 在老家和大岷住宅就養了數隻老虎，但都溫馴如貓，星順愛牠們，勝過愛他的……

十年前，報載一名小偷潛入 NOVALICHES 某華裔商人住宅，意欲行竊，不料該華裔家中養了一隻大老虎，小偷被嚇得屎尿齊流，連滾帶爬逃走。該小偷後來越想越不忿，竟向警局投訴該華裔養虎嚇人，危害“市民”生命……報紙沒有續報下文，不知該老虎的命運如何，甚念！

（二〇一〇年二月十八日原載世界日報《故事新說》專欄）

殘忍惡毒

香港有一條英國統治遺留下來的“反虐畜”法律：例如你將雞鴨倒提，即抓著牠們的腳，讓牠們的頭倒懸，那你就犯了法，要被罰款。這條法律充分表露出英國人的僞善；但話說回來，不虐待動物是受教育文明人起碼的道德。

多年前台灣有一位極具商業頭腦的商人，從國外進口一隻大老虎，公開屠殺那隻原以為會被送到動物園頤養天年的倒楣老虎，高價販賣虎肉、虎骨、虎皮等等。傳說中的壯陽寶物——虎鞭，更被以五十萬台幣天價賣出。筆者生性多疑，以小人之心，度“商人”之腹：該商人會不會以牛鞭充代虎鞭，將真貨留給自己享用？究竟你、我、他又有誰吃過真正的虎鞭？其實老虎和熊貓都患“性冷感”，虎鞭是否壯陽，大成疑問。該商人賺個盤滿缽滿，但也令台灣人“市儈”、“重吃”貽笑國際。

如果說這位“台灣同胞”可恨，那麼一位“大陸同胞”就更加可惡了。去年武漢有人利令智昏，極殘忍地將水牛和餓虎一起趕入球場，來個牛虎生死大戰，以取悅心態不平衡的觀眾。該牛有靈必定詛咒全場所有的“萬物之靈”，願他們下世出生為老鼠，被貓盡情玩弄後，再被吃掉！

祖母曾講過一則“惡毒後母”的故事，筆者當作床邊故事向年幼的兒女轉述，令他們也和當年的筆者一樣，惡夢連連。

話說有一名惡毒的後母，很憎恨丈夫亡妻遺留的兒子“哥哥”，只疼愛自己親生的“弟弟”。農曆二月種豆的時節，後母將兩個兒子叫來，每人分別給了一袋豆種，吩咐他們各自到一個山頭種豆，要等到豆種生苗才可以回家。後母將哥哥的豆種偷偷的煮熟。哥哥很疼愛弟弟，在分手時發現自己的豆種又肥又大，以為會較快發芽，乃和弟弟對換，以便弟弟能早日回家。哥哥的豆種很快就發芽生苗，於是離山返家，一心以為弟弟一定比他更早到家。當他發現真相，瘋狂地到各個山頭尋找弟弟；而弟弟因豆種久不長苗，在苦苦等待時，被老虎吃掉。哥哥尋找弟弟不著，傷心氣絕，精靈化為“豆鳥”，年年播豆時節，牠必出現，到處啼叫：“弟弟去治地……弟弟去治地……”（閩南語，弟弟去哪裡了？）啼聲悲切，令聞者黯然神傷。很奇怪的是豆季一過，豆鳥也絕了蹤影，直到下一年豆季，再到處悲鳴：“弟弟去治地……”尋找已被老虎吃掉，永遠找不到的弟弟……

（二〇一〇年二月二十三日原載世界日報《故事新說》專欄）

張帝重來

上世紀六十年代台灣開始流行所謂”時代歌曲”，很多歌曲的旋律是抄襲日本歌曲，再填上中文歌詞的，風靡東南亞，造就了不少家喻戶曉的歌星，如姚蘇蓉、謝雷、青山、鄧麗君、張帝等等。

張帝綽號“急智歌王”，絕技是當場將觀眾提出的問題用唱歌來回答；當然他採用的歌曲都是節奏較慢，用“你”、“裡”、“理”等字押韻。筆者在此重述他一則馳名的“急智回答”——一位新加坡觀眾問：“一減一等於二？並用實例證明。”張帝回答絕妙：“一加一等於二才對，一減一等於二不合理，不過在現實裡，我可以舉個例，女人懷孕十個月，就生一個小孩，一減一，是二條生命的！”有一些觀眾很無聊，問些低級趣味問題，如“張帝你有幾個爸爸？”結果被譏笑一番，自取其辱。五月九日晚的演唱會也有人問：“張帝你回家發現老婆和別的男人睡覺，怎麼辦？”張帝回答一般，筆者可代答：“我的老婆很貞潔，和她睡覺的男人是我的小兒子！”

張帝提到四十年前，他曾到馬尼拉 ALOHA 飯店登台，其實他的公演的地點是 RECTO 大街和 THOMAS MAPUA 街“干道”的一家電影院，（現在大廈猶在，但電影院早已休業）千餘座位的電影院場場爆滿。記得有人問：“菲律濱向中國索討南沙群島，你怎麼看？”張帝先生正經地回答：“南沙自古是中國領土”，然後輕淡化解：“菲律濱政府是開開玩笑而已”。

張帝這次重來，相隔四十年，風采依舊，妙語如珠，讓觀眾開懷大笑，真正渡過一個愉快的“晚間時刻”（不通的台灣國語）。

老實說，聽完張帝在 MARRIOTT 飯店的演唱，筆者內心是感慨萬分的。張帝爲了搞笑，向點歌的觀眾“討錢”，以前台灣“歌仔戲班”常常來菲律濱“掘金”，每次都儘量在戲中加插求乞劇情，乘機向觀眾“討賞”，而富有的太太們也踴躍地向台上拋金戒指、手鐲、項鏈……如今《亞洲電影院》不見了，台灣、香港的大牌歌星、影星也絕蹟了，以前她們是以擁有菲律濱“乾媽”、“乾爹”、“乾哥哥”爲榮的！

（二〇一〇年五月二十日原載世界日報《故事新說》專欄）

知難行易

某晚在母校《思源體育館》打完球賽到唐人街《蘇州點心》吃宵夜，在付賬時，忽然有人大聲吆喝，其分貝之高，不遜張飛當年在長板坡的怒吼，全店食客莫不大驚失色，好比劉備被曹操稱爲英雄，連筷子也掉落。噪音何來？原來有位大陸同胞（根據其土腔國語）在回答手機；女侍者嘴角翹起，滿面不屑之色，該人丟人可說丟到“番邦”菲律濱。

明朝哲學家王陽明鼓吹“知行合一”學說，國父孫中山先生則因國人聾瞶無知，一反世人“知易行難”說法，在《建國方略》中提出“知難行易”看法，其中論及文明禮儀和公德心。開明的故胡耀邦主席主張國人衣服穿西裝，食具用刀叉，他並不是盲目崇洋，而是希望國人和國外文明社會接軌。明星蕭芳芳當時爲旅港國人被蔑稱爲“表叔”、“阿燦”寫了一本衣著、社交、餐桌基本禮儀的書。她說穿深色褲子和黑皮鞋，就不要穿白色或淺色襪子。當然，坐著時把褲管拉高，露出飛毛腿更是大忌。隨咖啡杯而來的小湯匙是用來攪糖的，喝咖啡要將杯子放在嘴上輕啜，才合禮法。湯匙是用來喝湯的，送食物進口中，一定要用叉子，最要緊的是：喝湯絕對不能出聲。這些規則有道理？絕對沒有！但是，它們既然是文明社會公認的禮儀，我們就要遵守，不然你就算是“李鴻章”，也是失態。清朝滿人宴客必有肥肉，客人必須把嘴巴吃得油亮亮，不可抹嘴，不然就是嚴重失禮，讓主人感到沒有面子 — 沒讓客人吃飽。

多年前筆者一位“高幹”堂兄領團訪菲，本地另一位“好額”（註一）堂兄讌會後駕著名車要親自送他回旅社。高幹堂兄一下子就坐在後座，筆者輕聲說：“車子只有你們兩人，你坐前面。”“我坐後面好了，可以了。”“好額”堂兄被迫當”車頭”（註二）滿面不悅。兩位堂兄都沒錯，錯的是：“如果主人親自駕駛，前座是上座，如果是司機駕駛，後座則是上座”的西方禮節。好友良哥生前看到大陸來的小姐搭計程車動輒坐在司機旁，常常加以訓導：不要讓司機會錯意，想入非非，引來非禮動作那就不妙！

二〇一〇年六月三日原載世界日報《故事新說》專欄

註一：菲式閩南話，富有。

註二：即司機

注意禮儀

很多人認爲本地華人對新僑和國內同胞有偏見，處處看不順眼。非也非也，血濃於水，恨鐵不成鋼而已。香港親中報紙《文匯報》副刊有一篇《公民素養有待提升》的文章，作者蘇秋嘉這麼寫著：“內地人食相奇特……豪氣搶購名牌，擾嚷喧嘩……內地社會富庶起來的速度實在太快，很多人在心態認知、行爲素養還未準備好和外界接軌……在眼紅中國崛起的老外心目中，累積更多忌華、仇華的戾氣。”

陌生人和陌生人最親近的接觸莫過於同乘電梯，三幾分鐘的相處，常常讓人很不自在。老外乘搭電梯很高明，進門就展開笑容，一句“早安”或“哈囉”釋出善意，化解尷尬，表現了自己的教養。筆者也曾在大陸城市表現應有的禮儀，但看到二、二呎外的冷漠面孔，硬生生地將問好的話吞下肚，十分難受。中國人不知是自卑內向，還是自大傲慢，總而言之，不管政府多年宣傳，就是不肯向陌生人說一聲“謝謝”、“對不起”；遇到熟人，尤其是在閩南地區，倒是滿面笑容，互相交換一句“X生的”、“X你娘”國罵當作問候。

多年前筆者在“禮儀之邦”首都乘搭地鐵，因人多站立車中，突然間車子一晃，前面一位肥胖徐娘將半高跟鞋踩在筆者砸傷未癒的腳趾上，筆者大叫：“噢！”徐娘回頭一望，一聲不出，也許心內還罵：“叫什麼叫！”在北京念書的女兒亦慧笑說：“你幹嗎說外國話‘噢’，你應該叫‘哎喲’人家才聽得懂！”

最近有不少朋友參觀上海世博回來，對中國硬體讚不絕口，但對軟體莫不搖頭歎息。許多國人尚有文革遺下的戾氣，或粗魯不文，或蠻不講理，或無公德心，令人側目。一個人的言行表露他的修養和背景，切勿自己掛個“我是大老粗”、“我是暴發戶”大招牌，貽笑大方，尚洋洋自得！

富貴三代方知飲食（榮辱），也許要再等三十年，國人才不會成爲要看笑話的西方人士口中的笑柄！

（二〇一〇年六月八日原載世界日報《故事新說》專欄）

八爪神魚

令全世界（也許美國和菲律濱例外）瘋狂的世界盃足球賽終於落幕，但在未來數日中，它仍將是球迷的話題。這次比賽有意料中事，如歐洲盃冠軍西班牙大熱勝出。更多的是意料之外結果：上屆冠亞軍意大利和法國，初賽即被摒出局，傳統強隊巴西和阿根廷止於八強，印證了球是圓的的說法。

世界盃花邊新聞多多，可惜烏拉圭未能打入決賽，讓該國性感名模沒有機會“爲國犧牲” —— 裸跑。當然風頭最勁的是八爪魚 MR. PAUL。冠軍西班牙首場還輸弱旅瑞士，而八爪魚則保持全勝紀錄，八場球賽預測全中！阿 PAUL 先生魚齡二歲半，據說其智商宛如二歲兒童。但如果你相信還不夠資格被稱爲“畜牲”的八爪魚真的能夠“神機妙算”或“誤打誤中”，那閣下的 IQ，對不起，肯定不及二歲小孩。筆者相信“神魚”背後必有

“神人”創造這“神蹟”。君不見 PAUL 所在的水族館，現在日日擠滿要“朝聖”神魚的遊客。想想看阿 PAUL 目前的新聞價值，以後的廣告、商業價值，該有多少億歐元？德國是足球傳統強隊，歷屆均居三甲，預測德國得勝不需要多深的“慧眼”；當然要八場全中，實在是靠運氣，筆者認爲這個“局”的設計者才是天才，阿 PAUL 測不準，人人一笑置之，誰會笨得要和一條章魚計較？

二〇〇六年世界盃也有“高人”想出高明騙局，利用電腦賺個盤滿缽滿，並且被一部份贏錢者視爲“財神”感恩戴德。整個設局“說破不値錢”，就是向各地廣發球賽預測，得錯誤預測者被放棄，猜對者則再發下場預測，錯者再放棄，對者再發第三場預測。連得三次免費“正確預測”者對發“TIP”者已有信心，願意以小額金錢匯入對方戶口，以換取第四場預測。主事者再摒除不中者，向測中者售賣第五場“預測”同時提高“TIP”金。如此繼續下去，在四強賽、決賽向願意購買“預測”者（他們早已信心十足，而且已贏了不少錢）索取高額“TIP”金，此時賭徒莫不依言匯錢，最後得到錯誤預測者除了大罵，無可奈何，善良者甚至認爲“球是圓的”。而“幸運者”贏了錢必免費宣揚“消息提供者”如何神通廣大，慶幸自己得到全部正確的預測，大事慶祝。

（二〇一〇年七月二十日原載世界日報《故事新說》專欄）

我愛足球

足球是世界最流行的球類運動，父親也是足球迷，每次往香港探親，必帶我到球場觀賽。起初隨他看球賽，筆者圖的是必有零食可吃，而父親擁護的球隊得勝，也有額外零用錢。後來明白了所謂越位、角球、自由球、十二碼等球規後，也看得趣味盎然。

五十年代是香港足球巔峰時期，列亞洲一流；每年有漫長的聯賽，分甲、乙、丙三組。甲組成績最差的兩隊，下球季降入乙組，而乙組冠亞軍則升入甲組。常雄居甲組榜首的是《南華》和《九巴》（九龍巴士）。由居港英國僑民組成的《港會》擁有自己的球場，球員個個壯碩高大，但球技稍遜，每年必定降級，但在乙組所向無敵，又升回甲組，因此被華人球迷譏爲“升降機”。南華是常勝軍，在《加山》也有自己的球場，被稱爲“少林寺”。它有全港最佳的前鋒，人稱“五條煙士”，煙士應是ACE 的廣東譯音。五煙士是：“香港足球先生”姚卓然（前幾年閱報，方知他已去世，晚景似乎不佳）、左右快翼是莫振華（一位新加坡女球迷主動追他，最終如願）和“拼命三郎”黃志強、輔鋒是綽號“肥油”（喻他油滑難防）何祥友、中鋒是一位李姓球員，好像是“亞洲球王”李惠堂的兒子。九巴則以防守嚴密著稱，守門員是綽號“鐵門”或“佛爺”的衛佛儉，他是當時亞洲最佳門將之一。每逢“南巴”大戰，《政府大球場》必定紅旗高掛（即全場滿座），向隅球迷不甘回家，就站在附近山頭，用望遠鏡觀戰。

父親所送禮物，筆者最鍾愛珍惜的是一粒規範的真皮足球，它帶來了無數的歡樂時光和朋友，後來成爲中國地產大亨的“湯雞仔”湯君年就是其中一位。他“人仔細細”不過技術了得，也不知是從哪裡學來的，因爲母校蘇浙並沒有教導足球。我們課餘常到北角福利會球場踢球。他教導如何截停皮球、用假動作帶球過人，踢“香蕉球”和“空中抽射”。筆者很笨拙，時間拿捏不準，空中抽射，十次倒有八次“漏油”（踢空），令他搖頭嘆息……

湯君年是筆者最“發跡”同學，因身份懸殊，從未有拜訪老友念頭，數年前他因糖尿病去世，只能遙望《上海湯臣一品大樓》憑弔。

（二〇一〇年七月二十二日原載世界日報《故事新說》專欄）

南華的山楂

上世紀五、六十年代菲國的足球運動並不像現在如一池死水，不但有甲組聯賽，也有大學校際盃賽。當時汪文偉先生教導出來的《青獅》隊所向無敵，蟬聯七屆冠軍。亦是他訓練的 MAPUA 工專隊，隊員全是他的華人子弟，把擁有自己的球場，隊員大都是西班牙人後裔的 ATENEO、LA SALLE 以及 UST、UP 等殺得落花流水。控制足壇、心胸狹窄的西裔竟然使出讓人笑掉大牙的“蠢招”：把足球“菲化”，即只有菲籍球員才能參加正式比賽，結果菲國足球運動被扼殺，半世紀後還未恢復。

岷市動物園旁原有一塊廣袤數公頃的草地，設有足球場。華人工餘、課餘常到那裡踢球，舉行“華人盃賽”。後來該草地被建成《馬尼拉醫院》，華人足球運動也隨著唯一開放球場喪失而式微，令人扼腕歎息。

六十年代初期，僑領莊清泉應是菲國首富，莊氏亦愛好足球，其商業旗艦是《南華煙廠》，他也擔任香港南華體育會名譽職，所以常常邀請南華足球隊來菲和國家隊作表演賽，地點就在

RIZAL 運動場。南華到訪必成僑社盛事，數萬華僑（這些人來自何方，令人奇怪）把大球場坐得滿滿，爲南華吶喊助威。記得有一位華人小販每次必到球場販賣山楂，每串二元（那是天價，因爲當時可口可樂每瓶只賣一角），大聲吆喝：“菲律濱的 BALOT（註），南華的山楂！”觀眾紛紛解囊，讓他發一筆小財。當然，南華也大展腳法，如貓戲鼠般玩弄菲球員，讓平時受盡“排華氣”的華僑吐一口窩囊氣。記得有一場南華已大勝十幾比零，觀眾還大喊“加油！射啊！”

最令華僑高興難忘的是六十年代初《亞洲青年盃》足球賽在岷市舉行，由香港甲組球員張子慧爲主將的香港年青球員代表《中華民國》參賽，在數萬華僑助威下，一路勢如破竹，最後和日本隊爭冠。擁有主場優勢的中國隊士氣高昂，日本隊每次進攻，必被觀眾亂吹銀笛弄得手足無措；最後“中華民國”隊以二比零打敗彷如過街老鼠的日本隊，勇奪冠軍，全場觀眾起立歡呼，久久不肯離場。筆者一位趙姓朋友興奮過度，心病暴發，當場去世！

（二〇一〇年七月二十七日原載世界日報《故事新說》專欄）

註：鴨蛋。

慎用信用卡

某日傍晚，兒子永凱在接電話，“請問永凱先生在家嗎？”“我是。”對方傳來一句蠢話：“你在某商店買東西嗎？”我不是在家用 LAND LINE 和你講話嗎？”某大銀行信用卡公司打來的電話說：“那是有人假造你的信用卡在買東西。”永凱很著急地建議：“那趕快報警抓人，我願意出面作證！還有，你們是怎樣發現有人假冒我？”對方回答：“因爲有人連續買東西，和你平時消費習慣不同。”永凱又急又生氣：“你們已知道有人在犯罪，還不抓人？”回答竟是：“抓人有很多技術問題，我們現在只能注銷你的信用卡，另日補發一張新的給你。”“那我被盜用的款項呢？”“我們會送一份賬單給你，請指明哪些是盜用的，我們會加以調查。”“那罪犯呢？難道就讓他一走了之？”“……我說過抓人有很多技術問題。”永凱說：“豈有此理！”結束對話。他憂心忡忡，不知是否會無辜負債。我安慰他說：“我幫你抗爭到底，你將和你通話的人的姓名和內容記錄下來。”

還好信用卡公司經月餘的調查，接受永凱的獻議：只付他消費的份額，其餘貴價餐館和十餘支手機等款項一概取消。

菲國信用卡由《太平洋銀行》（註）首先發行，當時是一種身份象徵，持卡者被視爲“有錢人”、“有信用的人”。

現在普通人，只要有工作，幾乎人手數卡；而信用卡的濫發情形，也令人吃驚。筆者以前開一家工廠，員工薪水因有工會爭取，比最低工資略高，但個個都有信用卡，而且以債養債，結果“賴賬率”幾達百分之百，也不見發卡公司有什麼劇烈手段。也許發卡公司太好賺了，因爲所收利息超過“老虎利”，一般月息高達三分半，而且還有數分遲付罰金，與印度人的“FIVE SIX”（借五元，一星期要還六元）不遑多讓，叫人如何翻身？

信用卡的好處且不說，但它違犯儲蓄美德，讓人濫用未來錢，淪爲“卡奴”。據說，香港申請破產者百分之八十以上都是因不善使用信用卡導致的。信用卡讓人容易借款、付賬、購物（因而濫購許多無用之物）令人不知不覺背上重債，成為“債奴”。

（二〇一〇年九月十六日原載世界日報《故事新說》專欄）

註：早已被合併。

《漢華》好漢

八年前《漢華中學菲律濱校友會》換屆，當時菲律濱叛亂分子到處放炸彈，岷市風聲鶴唳。《漢華》香港師長校友會不畏危險，組織龐大祝賀團蒞菲參加盛會，予旅菲校友會最實際的支持和鼓勵。十月十七日，漢華舉行成立二十四週年暨第十三屆理監事就職典禮。菲國不幸，八月二十三日發生香港遊客被劫持，八名人質喪生悲劇，香港對菲國發出“黑色”旅遊警告。香港《漢華中學》依舊由校監、校長、老師、校友會會長、立法委員校友組成最高層次祝賀團來菲參加慶典；莫怪舊和新任理事長謝肇貫和陳禎靈兩學長致辭時，都表示高興和感動。

新科理事長陳禎靈文質彬彬，演講有條有理，國語純正，漢華得人，可喜可賀。是日慶典另一亮點是《培僑》校友會理事長詹超鴻代表香港“旅菲”校友會之培僑、福建、蘇浙致賀辭，他就是專欄作者《阿占》，演講內容扎實，言之有物，值得一讚。也許華社慶典演講應該盡量避免千篇一律客套話，講些切題適時衷心話，以免與會者各自開“小組會議”，吵雜萬分，令主、客尷尬。

八年前筆者是蘇浙會長，曾代表香港三友會致辭，祝賀漢華新屆職員就職。筆者以蔡天壹、王風、曾樹林三位學長爲例，闡明漢華旅菲校友誠信、正義、勇敢的精神。

蔡天壹業建築，筆者第一間廠房就是委託他信譽卓越的公司承造的。天壹學長價格公道，依規用料，如期完工；君子愛財，取之有道，他代表誠信美德。

當時筆者最佩服兩位尚不相識的專欄作者“王風”和“阿占”，他們下筆大膽，不畏權勢，仗義執言，所以筆者以《王風》代表漢華正義好漢。王風學長後患嚴重糖尿病，截肢又失明，英年早逝，實是菲華輿論界無可彌補的損失。

曾樹林是筆者數十年好友，稱讚他勇敢是當時他被診斷患了第三期胃癌，但樹林兄坦然面對死神，何無懼意……手術數年後，癌魔重來，癌細胞擴散全身，被醫生診斷只剩數月生命時，他從容安排後事，親自選擇殯儀館，骨灰安放處。樹林兄敘述時，好像在講述他人之事，但筆者熱淚不禁流下來……

（二〇一〇年十月二十一日原載世界日報《故事新說》專欄）

培僑，“黎係得架”！

二〇〇九年十一月二十四日原載世界日報《世界廣場》

筆者很幸運，《培僑中學菲律濱校友會》每次的就職典禮，都獲得邀請。筆者懷著榮幸之心，也從未缺席，原因有三：一、《培友》有很多好朋友；二、想聽聽親切的“鄉音”廣東話；

三、要見見敬仰的吳康民老校長。

筆者未受吳老親炙，但自覺和他很親近，是他的私淑弟子，原因是他的著作幾乎都仔細拜讀過。《商報》發行《文匯報》後，他兩日一次的《生活語絲》專欄也未錯過。筆者認同他的政見：服膺他的敢言風骨。筆者好旅遊，而吳老的遊記文筆流暢，情文並茂，令人感到趣味盎然，恍如同遊。

吳老最令人敬佩的是在“愛國是一件很危險的事”的年代，大義凜然，敢和港英當局抗爭。在人人爭先恐後“愛國”的年代，剛正不阿，身爲全國人代主席團成員，不隨波逐流做鼓掌如儀的“橡皮印”，不謀求個人利益；敢爲民請命，揭發弊病。

筆者有一件得意的事，就是在十年前《福建》、《漢華》、《蘇浙》三間友會歡迎吳老蒞菲的讌會中，擔任司儀，在台上即興講了一個讓他開懷大笑的笑話：好遊的吳老到伊朗，即古波斯，旅遊，在某鄉下古董店看到一盞阿拉丁舊燈，他是識貨之人，立即用一大美元買下。他用手一擦，燈神果然出現：“主人，我可以立刻實現你三個願望。”吳老非俗人，不愛錢財，而且健壯如牛，不必要求長壽。他說：“我沒有三個願望，但要三個職位。”燈神回答：“問題不大。”吳老說：“我的職位要有很高的地位，很好的聲譽。”燈神回答：“應該的，應該的。”吳老說：“我還有一個要求，就是不用工作，以便遊山玩水。”燈神大吃一驚，面有難色，最後大喝一聲：“好，從你所願。”但見電光一閃，雷聲一響，吳老連飛機票也省了，回到了培僑中學，安坐在一張大辦公桌後面，桌上擺了三個金光閃閃的職位名牌：“人代代表”、“校監”、“作家”。

本月十四日晚，假馬尼拉大旅社舉行的《培友》就職典禮，筆者收穫甚豐，雖然以一號之差讓隔座獻哥贏去名貴獎品，但通過儒哥瓊姐安排，得到吳老親題上下款的新書《腹有詩書氣自華》。一位身材苗條，雍容大方，十分面善的“女迎賓”特別贈送筆者一本印刷精美的遊記《情繫江南》，一本內容豐富的讀書心得《書卷多情》和一句愧不敢當的“你的文章寫得很好”！

其實，文章寫得好的是《培友》新任理事長詹超鴻，其以《阿占》筆名發表的專欄文章，筆者幾乎百分之百贊同他的論點。在某次《漢華中學菲律濱校友會》就職典禮，筆者曾代表《旅菲蘇浙校友會》致辭，公開讚揚當時尚未認識的《王風》和《阿占》。而今王風已逝，只餘阿占筆耕不輟，爲華社輿論保留一股正氣。

《培友》典禮洋溢一股暖流，它是詹超鴻有情有義的挺莊金耀演講。商總重量級人物黃呈輝、盧武敏等人的出席，相信亦是爲挺“莊”而來的。莊金耀事件，僑社自有公論，其“大哥”地位不止存在於香港旅菲四間校友會之中。

雖然場地不宜，大會的文藝節目中，香港培友辛小紅、辛小玲精彩的二胡演奏，仍然讓聽眾如癡如醉。也許四間友會應該聯合爲她們安排一場演奏會，爲弘揚中華文化盡一份心意。

《培友》青年組在典禮開始時先聲奪人，高唱雄壯的菲律濱國歌和激昂的中華人民共和國國歌，歌聲嘹亮，音字準確，值得一讚。他們唱菲國歌將右手按放在左胸上，唱中國國歌時，則端正肅立，小小的肢體動作，釋放出大大的信息：我們效忠出生國，景仰祖籍國。這是極正確的立場！

《培友》這次就職典禮，處處俱圓，十分成功，套用目前流行的說法：顯示了“硬”“軟”實力。莫怪吳老書中提到他的菲律濱弟子時，讚許不已，驕傲無比：“菲律濱的校友是最愛校也愛國的一群”、“他們飲水思源……今天他們能成爲企業家，並活躍於菲華社會，都說是得益於母校師長的熏陶”、“菲島校友大部份語言能力特強，環境使他們不少人懂三文五語”、“校友們不少還是作家，文字流暢，不少有著作面世……”

廣東話有些言語很生動傳神，不易用其他方語翻譯，如筆者稱讚他們的“黎係得架”一語，讀者如果不明白這句話的意思，還請詢問懂粵語的朋友。

偉大發明

多年前讀過一本華清兄借閱的書，書名和作者已不記得，其中一章論述影響人類文明的最偉大發明，其答案是：眼鏡。理由是人類的思想和知識在四十歲後才會達到高峰期，但到了這個年齡，一般人的眼力都會大幅下降，影響了學術研究，技術開發。眼鏡的發明，彌補了這項缺憾，讓人類文明飛躍前進。

有人認爲廁所抽水馬桶是最偉大發明，因爲它改善了人類的生活品質，節省了處理穢物的時間，讓高樓大廈的建築成爲可行，仔細一想，也不無道理。

新加坡地處赤道，全年天氣炎熱，令人難受。前總理李光耀認爲“冷氣機”是人類最偉大的發明，因爲它改善了人的生活品質；最重要的是它使人能夠在舒適的氣溫下工作，提高工作效率。

筆者年少時很喜歡看《薛仁貴征東》、《薛丁山征西》、《薛剛反唐》等古冊，它們字粒細小，密密麻麻，字數以數十萬計，其實它們的文學價值不高，歷史意義不大。筆者當時是小學生，囫圇吞棗的讀法，是在“追故事”。從薛仁貴到柳家莊當長工，看到程咬金目睹薛家復興，大笑身亡，眼睛也報廢了。戴上和母親從《茂昌》買來的眼鏡，眼前彷彿揭去一層白紗，周圍事物纖毫畢露，原來眼鏡這麼美妙！班上一些年齡較大的男同學常常談論某某女同學戴眼鏡，某某最近也戴了。筆者不解地問："她們沒有近視啊？" "細路仔，走開，走開！"後來才明白他們口中的眼鏡是女生"奶罩"的暗語。

岷市最近數週酷熱異常，氣溫達三十七、八度，不少人中暑死亡，一般人做事懶洋洋，提不起勁。日前筆者到某大BEARING 店購買幾個極普通的 BEARING，店員眼睛瞄了一下，就回答沒貨。再到一家五金店買一些小零件，店員也是第一時間說沒有，這次筆者火了，向店主投訴："你的店員怎麼拒人千里之外，我不久之前才來買過。"筆者怎麼會這樣冒火，店員又怎麼會這樣懶惰？天氣在作怪！想想李光耀說"冷氣機"是最偉大的發明，是有他的大智慧。

（二〇一〇年六月一日原載世界日報《故事新說》專欄）

地震反思

三月十一日下午，拜高科技所賜，全球主要電視台都在直播日本九級大地震和它引起的海嘯，目睹好像災難片的畫面，只能感嘆在大自然的威力下，已登陸過月球，現在正嘗試登陸火星的人類，是何等的渺小。

《鳳凰衛視》最近正在播放一些抗日紀錄片，華人觀眾看了，先是羞愧萬分，再而義憤填膺，熱血澎湃。獻哥說，我如果生在那個年代，一定從戎抗日。惻隱之心，人人皆有，但和別處災難不同，日本大地震，某些華人竟大呼：罪有應得！報應！天譴！蘇浙聚餐，校友們說：“日本再遭核彈轟炸”，“日本經濟將倒退五年”，“海水留下鹽份，良田將變荒地”，“核子輻射將遺害無窮”；環顧四周，竟無哀戚之情，真正如喪考妣者，也許只有李登輝之流的少數人。

但就在很多華人“幸災樂禍”，等著看日本笑話時，日本人種種優秀民族品質，政府效率，也表現無遺。

政府絕不隱瞞真相，讓它們公開在世人眼前，不亢不卑，不做作，大方接受國際人力、物資、金錢援助。政府平時做好準備，嚴格執行建築法律。這次地震罹難者，相信過萬人，但大部份是被海嘯溺斃，不像四川汶川許多學童枉死在“豆腐渣工程”下。

災民勇敢面對災難，絕不作無謂的埋怨，極度自律。你可看到有人爭奪救濟品，或者乘機偷竊搶劫的鏡頭？少數上鏡軍警人員都是在援助受難者，而不是維持社會秩序，逮捕犯法者。

筆者感情上十分憎恨日本軍國主義者和民族自大主義者，日本人在骨子裡是極度蔑視中國人、韓國人、菲律濱人的。筆者至今尚“記恨”遊日時，按摩院故意安排一個七十餘的“歐巴桑”為筆者服務。但理智上對日本人的敬業精神，如核子發電廠發生故障，員工仍緊守崗位；自動自覺的公德心是由衷敬佩的。借用七十年代台灣口號：“處變不驚，莊敬自強”，大和民族也許會比世人所預料，更早浴“水”重生。

（二〇一一年三月二十二日原載世界日報《故事新說》專欄）

處女趣談

閩南語“處”和“趣”同音，有些人一談到處女就興趣盎然。筆者非古板人士，但今日話題絕不涉及黃色。

宋朝之前，說中國人性開放也許過份，但女子離婚再嫁，寡婦再醮很平常。人所稱頌的，不是處女而是處士。處士不是沒有性經驗的男子（反正也沒法可驗），而是指沒有出仕、不擔任官職的人。也許古時候官宦就給人以作威作惡的不良印象，不做官，則是高尚人士。

宋朝理學家程頤、朱熹等老夫子提倡“餓死事小，失節事大”新道德標準，什麼“烈女不事二夫”把女人的“性福”徹底壓在貞節牌坊下，貞操被視爲比生命更可貴的東西。小龍女手臂上的“守宮砂”大概就是當時的偉大發明。

明人小品有一則故事：某年中原數年苦旱，赤地千里，人吃完樹葉樹皮，開始人吃人。一孝順小媳婦爲了救家翁家姑，在頭上插了一枝稻草，把自己當作供食用的“菜人”賣了。屠夫看見小媳婦貌美，伸手在她胸前摸了一把，要收她爲妾。小媳婦大怒，脫光衣服，躺在桌上大叫：“吾乃貞女，賣肉不賣身，快把我殺了！”

多年前大陸有一齣抗戰電影，其中有一幕是一名小媳婦被日本獸兵強姦了。小媳婦哭哭啼啼要投井自殺，被家人拉著。一位老太爺把長長的菸桿子一揮：“放開她，成全她吧！”

中國開放後，一些城市男女關係十分隨便。上海某電視主持人鼓吹貞操觀念，認為女子最好的嫁妝是“處女膜”；結果被非處女子罵得狗血淋頭：“還講貞操，你剛‘出土’呀？”

更有趣的新聞是：不久前，年過七旬的老阿伯因病住進河北省石家莊井陘縣醫院。醫院的收費單竟赫然有“處女膜修復術”費用三百三十元人民幣！令筆者驚奇的，不是醫院糊塗，而是小醫院也有“修膜”手術，而且收費那麼便宜，只是不知效果如何。

香港有一閩籍富豪常常北上玩處女，他不是相信道家“採陰補陽”的鬼話，而是害怕得性病。此君如果“開苞”而被假處女傳染了艾滋病，那就真的有趣了！

（二〇一一年四月五日原載世界日報《故事新說》專欄）

也談“鴨子”

天氣炎熱，熱浪逼人，新聞均是一些惱人之事，忽見林英輝和鍾藝兩位學長談“鴨”奇聞，如飲一杯冰涼果汁，令人談興大發。

鴨比雞，肉味較濃郁，當然也有人嫌它“腥”。說起鴨，最馳名的應該是北京鴨。二十餘年前，中國剛開放不久，我們一群蘇浙校友經導遊安排，到百年老店《全聚德》用餐，但店大欺客，服務態度奇差（當時工人未脫“國家主人”意識，為我們這些假洋鬼子服務，已是背叛階級了。）；令人最失望的是鴨子不冷不熱，是“溫”的，而且太油膩。多年後，經介紹到《九華山》吃北京鴨，果然勝過全聚德；其實做得最好的應該是香港各酒樓，皮脆、肉嫩、醬汁不甜不鹹，“包皮”薄而 Q。其實岷市的北京鴨也不錯，刀功不庸。

台灣小吃鹵鴨舌和鴨翅膀很可口，是下酒佳品，還有南京“板鴨”，石獅“薑母鴨”，岷市老老闆娘在世時的《五芳齋》鴨肉麵線……好了，閒話少說，言歸正題。

女姓“性工作者”被稱爲“雞”，不知是否因普通話“雞”和“妓”音相近；女妓被稱爲雞，那男妓被稱爲“鴨”，就順理成章了。

中國人傳統是只准男性拈花惹草。“人不風流枉少年”；但對女性則有很高的道德要求，什麼紅杏出牆，水性揚花都是貶詞。女人要“笑不露齒，坐不露腳”，搞婚外情，是要被族人公審，放在豬籠淹死的。中國開放只三十年，想不到女性的性觀念竟然“進化”得那麼快，公開玩“鴨”，一點也不爲自己和家人留點面子。

台北不久之前破獲一個“鴨”場，“鴨子”上千，女顧客數百人，場面壯觀，世界第一。岷市“鴨場”也不少，二十餘年前夜總會《美麗宮》有數十名來自台灣的“歌星”，她們不少是“鴨”店常客，令追她們的“火山孝子”痛心疾首。一位小姐說：花錢玩“鴨”，求心理平衡，找回“尊嚴”。台北一位記者很好奇，詢問一位年青貌美，捉“鴨”被捕的女強人：“女想男隔層紗，爲何要花錢買鴨？”女 CEO 說：“生理需要，‘鴨子’服務有過人之功，最主要的是純粹買賣，不涉感情，完事後拍拍屁股走人，沒有手尾……”

（二〇一一年五月二十四日原載世界日報《故事新說》專欄）

大愛之家

七月二十三日本報登刊一則社團消息：“東隅既失桑榆未晚 旅菲蘇浙校友會 款項捐能仁中學”，內容高度讚揚《蘇浙》提供助學金六千元，雖然數目不大，但切合時機，而且爲善不欲人知。該文文筆流暢，用字典雅，應該出自老報人，《斯人》手筆。

蘇浙自一九八六年復會後，主要的工作就是捐助文化教育。二十餘年來每年向大岷區二十餘家華校每家提供數千元的助學金，數目確實不大，但貴在持之以恒，從不間斷。蘇浙作風是拋磚引玉；首先在中國大陸捐獻“希望工程”校舍，首先救濟華東水災，並配合母校建立《蘇浙村》，安置水災災民，也是首個捐獻商總“農村校舍”的校友會。

TERRY DE CASTRO 夫人創設的 BAHAY MAPAGMAHAL（愛之屋）原設在 NOVALICHES 市，是 NGO（非政府機構）無償收養殘障孤兒，港哥兄弟多年來都予資助。二〇〇九年“ONDOY”大水災，孤兒院被大水所毀，幸好大水沒奪走沒逃生能力孤兒的性命。孤兒院遷到計順市，暫借《國家整形醫院》所辦殘障學校居住。七月份蘇浙月會，港哥提議校友會前往探訪，傳播愛心。校友們一致贊成，將日子訂於八月六日上午，並當場募捐慰問金和禮品錢。所得款項遠超預算，校友們樂善好施，這原是意料之中，意外的是參觀時所受的震撼。

菲警察交通部部長 ESPINA 將軍是孤兒院贊助者之一，也是 DE CASTRO 夫人親戚，他親自帶領校友。DE CASTRO 夫人一早就在門口等候，她說孤兒們大約十餘歲，女的十八人，男的十二人，分居兩間課室改成的宿舍。宿舍環境很好，讓校友們驚得說不出話的是殘障孤兒。我們從未看到那麼多的殘障少年男女聚集在一起。他們絕大部分天生沒有雙手，或沒有雙腳，甚至沒手沒腳，生活絕對不能自理，照顧他們要有極大的耐心和愛心。

孤兒們視 DE CASTRO 夫人爲母親，也叫她“媽媽”。DE CASTRO 夫人說：“兩千元是他們此生中收到的最大筆金錢，今天是八月的聖誕節……”爲善最樂，校友和孤兒的心情是一樣的。

（二〇一一年八月十一日原載世界日報《故事新說》專欄）

從 INTSIK 到 CHINOY

有一則很古老的笑話：上帝用泥土創造人，因爲沒有經驗，把泥人烤焦了，成爲黑人；第二次烤的火候不足，成爲白人；第三次因爲有了兩次失敗經驗，把泥人烤得剛剛好，成爲色澤適中的黃種人。

人類戰爭糾紛不斷，絕大多數是種族因素。希特勒認爲《日耳曼》民族最優秀，德國人聰明智慧，奉公守法；但第二次世界大戰時屠殺六百萬猶太人，實在太殘酷了。猶太人是商業天才，自認是上帝選民，固執守舊，有些死硬猶太教信徒甚至否定耶穌是 MESSIAH（救世主），還在等待他們真正君王的降臨。日本人吃軟不吃硬，根本瞧不起以德報怨的中國人。英國人重視門弟，注重禮儀，而流於虛僞傲慢。菲律濱人樂觀善良，卻萬事掉以輕心，一切“BAHALA NA”。

種族間的蔑視，可從稱呼看出。有些歐美人不叫亞洲人

（ASIAN），而叫“亞洲仔”ASIATIC。奇怪的是岷市竟有一些商鋪用帶有侮辱性的“ASIATIC”命名。你試以 NIGGER（黑鬼）稱呼美國 NEGRO（黑人），看看會不會被痛揍。英文有一句文明人不用的成語“A CHINAMAN'S CHANCE”，可譯爲“毫無機會”，對 CHINESE 極具侮辱性。但中國人也不是稱一切外國人爲“鬼”嗎？什麼西洋鬼、東洋鬼；香港人更細分白種外國人爲：鬼佬、鬼婆、鬼仔、鬼妹……總而言之，不當他們是“人”。菲國廣東人，大部份原籍台山，他們稱菲人爲“因洛鬼”。筆者曾詢問將“因洛鬼”掛在口上的台山同學：那是什麼意思？他也說不出所以然，反正跟隨父輩叫就是，也許源自以前西班牙統治者，蔑稱菲土著爲“INDIO”也說不定。

菲人以前稱華人爲“INTSIK”，華人阿Q式譯爲“引叔”。不管有許多“學者”考證它不含貶意，但以 INTSIK 稱人者，無可否認是心存蔑視的，就像華人，以“番仔”稱呼菲人一樣。經過數代人的努力，包括成爲大學生偶像的 LA SALLE 林嚶鳴、MAPUA 許友仁、ATENEO CHRIS TIU 等球星，現在菲人都稱華人爲 CHINESE。《華裔青年聯合會》發明“CHINOY”一詞（華裔菲人）已被主流社會接受。隨著中國發達，很多菲人，特別是政客，更爭著承認自己擁有華人血統，是 CHINOY！

（二〇一一年八月十六日原載世界日報《故事新說》專欄）

賀中國銀行百歲

中國歷史最悠久，世界十大銀行之一的《中國銀行》創立於一九一二年，今年剛好一百周年；而馬尼拉分行於二〇〇二年成立，也剛好十週年，雙喜臨門，可喜可賀。

一九一一年辛亥革命成功，推翻了滿滿皇朝，建立了中華民國。一九一二年一月一日孫中山先生在南京就任“臨時大總統”，他的首幾項命令之一，就是接管設在上海，原屬清皇朝的《大清銀行》，改名《中國銀行》，由它負起國家中央銀行的功能和職責。過去一百年，中國命運多舛，政局動盪，中國銀行始終是中國金融的中流砥柱；中國開放後，更是拉動經濟發展的火車頭之一，貢獻至偉。

一九九四年中國銀行改爲國有商業銀行，進而成爲股份公司，二〇〇六年先後在香港和上海掛牌上市，是中國國際化和多元化程度最高的銀行；在中國大陸、香港、澳門，以及三十一個國家和地區，包括菲律濱，設有分行，提供全面的金融服務。中國銀行在百年發展歷程中，始終秉承卓越的精神，穩健的理念，誠信的宗旨，嚴謹的作風，贏得業界和客戶的認可和讚譽，樹立崇高形象。

中國銀行馬尼拉分行於二〇〇二年一月二十八日正式營業，地址是 MAKATI 市美菲人壽保險公司大廈。總行極看重馬尼拉分行，它是香港澳門之外，第一個獲得經營人民幣現款交易等業務權利的海外分行。隨著中菲兩國經貿逐年增加，中資不斷湧入菲國，馬尼拉分行業務大有可爲。事實上，作爲《菲律濱中資企業協會》會員單位，它對促進中菲兩國經貿已有突出貢獻。分行總經理杜強年輕力壯，活力充沛，處事謹慎，作風節儉，是優秀銀行家；屬下亦多兢業之士，積極進取，銳意創新。

中國銀行標誌一流，是一枚古錢，總體簡潔大方；招牌四個毛筆字出自郭沫若手筆，勁骨豐肌，四平八穩又不失美觀氣韻，確是好字，也表現出中國銀行穩健進取精神。美中不足的是中國銀行馬尼拉分行設在 MAKATI，對很多華人，尤其是新僑，十分不便，希望早日在華人區設立辦事處，相信業務必定倍增。

（二〇一二年一月三日原載世界日報《故事新說》專欄）

測字趣談

前些日子在 CALOOCAN 市基督徒聚會所碰到《新閩日報》舊同事、《世界日報》新“同位”（廣場專欄同一位置，他一、三、五，我二、四）紫茗兄，他說：“你的測字文章，我看得很趣味！”筆者到《美珍》買零食，獅哥熱情如昔，大喊：“校友你好！”他雙手不停收錢，一面詢問：“你的筆名從何而來，要不要再寫些測字趣事？”筆者遊戲文章，想不到竟得到他們的謬讚，對獅哥所問，回答如下：“柯蔡同宗，所以用柯作姓，母親姓林，所以以林爲名。寫涉及政治文章，有害健康，寫風花雪月，有損形象，我會多寫測字。”

漢字是象形文字，結構有含意，只要細心，只要略識之無，都可以玩測字遊戲，偶然測中，不要迷信，“靈感”而已。

瓊姐八、九歲就認識輝哥，常常責備他愚蠢和反應遲鈍，但她認爲輝哥對測字有天份，不時請教。她問：“有些字如一、丁，筆劃那麼少，怎麼拆？”輝哥回答：“可以加嘛。”如丁加手成“打”，加人成“仃”，加水成“汀”，加木成“朾”，加金成“釘”；而“一”就更加變化萬千。

香港《邵氏電影公司》曾拍過一部《乾隆遊江南》，其中有一幕是乾隆遇一測字師，他在地上劃了一劃，測字師連忙下拜。乾隆很奇怪，測字師說：“土上加一，豈非王！”另有一說，乾隆再用白紙寫了“問”字，不慎掉在地上，測字師更加肯定，“王”上加”白”乃“皇”，“問”字則左看是君，右看也是“君”。另一少婦也用“一”問丈夫病情，測字師回答：“一者，生字尾，死字頭。請速辦後事。”又問：“尊夫貴庚？”“屬牛”，測字師”看命嘴雨蕊蕊”（註），“恭喜，恭喜，牛加一，生也，尊夫有救！”

清初三名士子往北京赴考，在《白雲觀》測字，第一名士子寫了一字“因”問前程，測字師（據說是呂洞賓）說：“大喜，因字拆開，爲國中一人，今科狀元，非君莫屬！”第二名士子說：“我也測這字。”“你有心而問，因加心爲恩，來年恩科才會中。”才氣最高的第三名士子，用扇指著因字傲慢地說：“我也測這字。”“因字加一豎成困，你功名無望，反有囹圄之災。”結果第一人果奪狀元，第三人因文字惹禍下獄。

（二〇一〇年四月二十日原載世界日報《故事新說》專欄）

註：閩南語，意亂說。

測字實例

測字（拆字）並不需要高深學問，也不必精通許慎的《說文解字》，只要依據求測者的問題和現場情況隨機應變，常常有意料之外的答案，揭去江湖術士故作神秘的外套，它實在是一項十分好玩的文娛活動。

輝哥和校友良哥十分要好，良哥生前在歡場結識了一位文學修養不錯的無錫小姐，兩人情投意合，愛得死去活來。無錫小姐很渴望他們有一個好的結果，以“成”字問輝哥。輝哥見“成”字有“刀”有“戈”，原可解釋爲物以類聚，志趣相同，但爲了要側面規勸良哥，口風一轉：“成天刀對戈，不磨擦吵架才怪，難有偕老之望。”良哥早逝，應了輝哥所說正果難成斷言。

多年前，瓊姐、銓姐、輝哥等在青山區某餐廳聚餐，談及校友察哥入院治病，眾人還來不及探訪，察哥竟然遽逝，令人惋惜。銓姐以“察”字問輝哥：以測字角度，可見端倪？輝哥回答：“察”字拆開爲“家祭”，不祥之兆，十分明顯。當時銓姐剛巧也要入醫院作手術，她很“天桃”（閩語），用挑戰口吻，以“死”一字問輝哥。輝哥大笑：“測什麼測，死字不是寫明七夕嗎？你七晚後，必定平安出院，不然拆我的招牌！”銓姐鳳顏大悅：“這頓算我的！”其實，銓姐“慷慨病”十分嚴重，朋友聚餐，她常常找藉口付賬。銓姐後來說，醫生原來允許她第六日出院，但家人爲了要赴讌會，讓她住滿七晚才出院。

瓊姐見輝哥說得頭頭是道，親書“財”字問財運，輝哥說：“恕我直言，你貝字寫得小小，才字大得不成比例，說明收入和才幹不符，才大於貝，而且貝字下面兩點過長，像‘見’，有見財化水之慮。”瓊姐證實，那幾年實在財運不濟。

瓊姐問筆者自己可有“測字”實錄？“有！”筆者最近訪台，“酒店小姐”姐兒愛錢，以“真”字測財運，筆者依輝哥法則說：“真字有貝，而且還多一劃，說明錢是有餘的，但‘大’則缺一撇，大錢還沒有。”小姐問完“錢途”問愛情，以“愛”字問和交往已有數年的男友的姻緣。小姐字體不佳，“愛”字上面三撇成倒“三”形，“心”字下面又錯寫成“反”。筆者斬釘截鐵直批：“你三心二意，心又反（變），你要劈腿？！”

（二〇一〇年四月二十二日原載世界日報《故事新說》專欄）

命運的詭異

中國人篤信命運，認為人一出世，依出生時辰，命運好壞就已注定，有一命二運三風水之說。筆者依個人經歷，深信個性左右命運，當然多做好事，福雖未至，禍已遠離。

最近新加坡發生了一宗車禍，充份顯示了命運的詭異。新加坡執法森嚴，人人守法，道路又好，很少發生交通意外。話說一名富有中國移民馬馳，原籍四川，是金融專家，投資賺了不少錢。馬馳很例外的不是以“留學”或“經商”等藉口移民國外的官二代或富二代；但目無“王法”，認為金錢萬能的作風則一。某日凌晨四點半，馬馳駕著其紅色法拉利跑車高速（從網路上觀看，時速應在一百五十公里以上）闖紅燈，撞上一輛計程車。馬馳、計程車司機、一名日本遊客當場喪生；馬馳車上一名女乘客則幸運活著。馬馳有懷孕妻子在家，他 UNHOLY HOUR 載女飆車，“非盜即奸”，死有餘辜，可憐的是討生活的計程車司機，無辜的遊客。三人一是中國人，一是新加坡人，一是日本人，來自天南地北，互不認識，但同時、同地、同死因死亡，除了宿命，很難解釋。

以前閩南地區男丁多出國謀生，子嗣稀少，螟蛉風氣極盛。一般的說法是螟蛉子好命，因為原本出生在貧窮家庭，經過買賣，如鯉躍龍門，立刻成爲富家或小康家庭少主，長大也必出洋，有機會大展鴻圖。

這裡轉述外祖父一個親身經歷：上世紀初，黃河氾濫，中原大饑荒，某家老父母被淹死，中年夫婦帶著一對子女逃難求生。路上母女不堪折騰，相繼病亡；父子討乞到泉州南門外某村（姑隱其名），父親也染病身亡，孤兒人地生疏，只好賣身葬父。

閩南買囝標準是五歲以下，是好兩、三歲，以免孩子已經有思想，難以管教，日後有異心。孤兒是時已十五歲，操一口難懂的北方話，華僑家庭都不要，只有一窮苦在地家庭，欠缺男丁耕種，乃收留他。孤兒從此早出晚歸，日日過著背脊朝天耕田，吃蕃薯喝稀粥的苦日子，鄰人看他，莫不搖頭嘆息，“這個阿北仔真歹命……”（二之一）

（二〇一二年六月十九日原載世界日報《故事新說》專欄）

因禍得福

命運的詭異在於有人因禍得福，有人因福惹禍；當然自作孽，不可活，不在此限。

民國初年，中國四分五裂，軍閥割據稱雄，作威作福，爲禍民間。當時的“閩南王”是陳國輝，此人不學“有”術，雖大字識不了幾個，卻極具政治頭腦。因爲地緣，陳國輝政治傾向南方的國民黨政府，蔣介石一向護短，對駐紮泉州，無惡不作，魚肉鄉民的陳國輝也予以包庇。

流落泉州南門外的河南孤兒秉性聰明，更具語言天賦，不久就說得一口流利閩南話。某日他下田回家，天色已暗，朦朧中，看見四名陌生大漢，身配槍械，鬼鬼祟祟沿小路入鄉。孤兒十分機警，小心跟蹤，並聆聽他們的談話。四人原來是陳國輝亦兵亦匪部下，計劃入鄉“強貢”（搶劫）。孤兒尾隨四人到一大戶後，立刻飛報鄉中保安團。華僑出資組織的保安團立即行動，包圍大戶，四匪搶劫完畢，見女戶主年青貌美，竟起淫心，要予強姦。這可犯了“劫財不劫色”大忌，保安民團大怒，立刻衝入逮捕劫匪。民團盛怒之下，不管三七二十一，將四匪活埋於鄉外荒地。

四匪之中，有一人是陳國輝親兵，他聞訊大怒，下令捕拿通風報訊之人，要槍斃“正法”。筆者外祖父當時剛好自菲回鄉，聞訊大驚，當機立斷，連夜將孤兒帶到廈門藏匿。鄉人感念孤兒為維護鄉人惹禍，乃集資買“大字”讓他逃離魔掌，到菲避難。

孤兒原是“在地”命，因緣際會，因禍得福，有機會出外發展。孤兒好學又有天賦，不久竟通曉菲、英、西班牙文，在商場上長袖善舞，無往不利；他在中北呂宋建下龐大商業帝國，後人亦克承箕裘，事業愈做愈大。

陳國輝多行不義，閩南治安極差，旅菲華僑忍無可忍，說服蔣介石，將抗日有功，譽滿全國的第十九路軍調閩剿匪。十九路軍軍長蔡延階將軍誘騙陳國輝到福州開會，陳國輝這個土包子不疑“友軍”有詐，被十九路軍逮捕槍斃。陳國輝於一九三二年伏法，閩南竟有人演戲慶祝。（二之二）

（二〇一二年六月二十一日原載世界日報《故事新說》專欄）

心靈感應

心靈感應，或且第六感是沒法用科學解釋的超自然現象，但日常生活中，不乏有真實例子。“魔術”是身手靈活，聰明人設計出來的特技，西方人老老實實稱它爲“MAGIC”。有些中國人故弄玄虛，將說破不一値一文的魔術，說成“特異功能”。轟動一時的“耳朵認字”，筆者也會，真是不値一哂。

多年前蘇浙校友往宿務旅遊，烈哥剛好在 GAISANO 商場開了一家快餐店，大夥聯袂前往祝賀。就在該商場筆者遇到聞名已久的“異人”黃先生。黃先生是成功的商人，更是馳名業餘魔術大師。他即興地表演了一場精彩的“心靈感應”或稱“傳心術”。他和美麗的女助手背向背，用“腦波”將訊息傳給助手，“我拿著什麼？”“手錶”。“什麼牌子？”“精工。”校友們大呼：“好，好！”“我現在拿著什麼？”“筆，PARKER，黑色。”大家再次拍手。筆者拿了一張鈔票問黃先生：“可以嗎？”“行！”助手小姐接到訊息：“是一張百元鈔票，號碼是……”黃先生的表演很精彩，他說那是花了一筆鉅款學來的魔術，曾在總統府表演。

筆者有一位女教友，是華校老師，她曾作一個見證；某年開學第一天，她穿了制服上學校，是日豔陽高照，但心一動帶了雨傘搭三輪車。路上忽然靈光一閃，把手中雨傘打開，就在那一刹那，一輛汽車疾馳而過，將水窪髒水濺向三輪車，她滴水也沒噴到，感恩萬分。

筆者內兄十七歲那年，一天清晨，福至心靈，出店門買了一張“馬票”，中了頭獎五萬元，六十年代，那是天文數字。筆者個人也有一次奇妙經歷；祖母墳墓因政府築路被迫遷，親人將骨骸燒灰安放在泉州市某佛寺。筆者依號碼到管理處詢問，被告知在二樓某處，但遍尋不獲。看到上千上萬骨灰罐排得密密麻麻，管理員也束手無策，答應代爲尋找，但筆者返菲在即，豈能久候？筆者誠心閉目祈求：“阿媽，孫兒來看妳了，請顯靈……”當時心中湧起一股念頭，不由自主登上三樓，抬頭一望，第一眼就看到祖母貼在骨灰罐的小照片，正慈祥地望著筆者……

（二〇一一年七月二十一日原載世界日報《故事新說》專欄）

風水奇談

一

四月尾天氣酷熱，人人血壓隨著氣溫上升，脾氣暴燥。五月初夏日驟雨將氣溫下降五、六度，天降甘霖，人的心神也舒暢，風水於人，影響大也。

菲人對華人了解不透徹，以爲他們相對富裕是懂風水；不知主因是華人較勤勞節儉，較有生意雄心。現時不少“玄學家”已懂英菲文，可上電視談風水和運程，信徒甚多。農曆新年唐人街國貨店擠滿購買風水吉祥物的菲人，他們的運程是否改變不得而知，但華人店主著實賺了一大筆。

相命看風水其實涉及醫學、心理學、統計學、園林學等等科學；只是一些江湖術士把它們蒙上迷信色彩，讓人感到神秘，高深莫測。廣東人說風水佬“呃你十年八年”，陳振聰把大富婆“小甜甜”騙得團團轉，財“色”兼收。

風水故事見之古人筆記小說，更多的是口述傳播。據說閩南是風水寶地，有帝王之氣。朱元璋是心胸狹窄之輩，急命劉伯溫暗中破壞。我族傳說：晉江“環線回顧，龍脈止聚；爵尊福厚，富貴悠悠”；前曲後順，“屈曲流來秀水朝，定然金榜有名標；此方此流無妨礙，財豐亦主官運逐”。小小泉州灣被石塔、六勝塔、姑嫂塔所鎮，蛟龍難騰，只能在海外台灣、菲律濱、泰國、新加坡、印尼出些小總統、總理、國王，是耶非耶？姑妄言之，姑妄聽之。

晉江傳說有一奇穴，“剪刀穴”，若有人下葬該穴，子孫既富且貴。一大戶喪父，重金禮聘風水大師尋得該穴地點。風水師說該穴大吉大兇，下葬應避兇趨吉：一、棺材下葬，不得平放，要直立，讓剪刀不能合攏，不然斷子絕孫。二、下葬時刻很重要，一定要等候“馬騎人”經過時候。孝子賢孫依言挖土坑，只容棺材直放；但馬是人騎的，怎會騎人？一等再等，眼見天色漸暗，雷打雨下，眾人沒耐心，將死人安葬。事畢，但見一農夫肩上竹扁擔雙頭挑著兩束稻草，急奔而過，狀如“馬騎人”。風水師後來聞訊，搖頭嘆息：“不等時機，錯失好穴，可惜！可惜！”後來大戶人家人丁興旺，但都是一些敗家子。

（二〇一二年五月十日原載世界日報《故事新說》專欄）

二

二〇一二年五月十五日原載世界日報《故事新說》專欄

相由心生，風水分陰陽，多因巧合，被人附會，津津樂道。風水之陰宅和地穴說極玄，有人篤信。上世紀五、六十年代，《柴塔同鄉會》十分活躍，每次慶典，席開二、三十餘桌。鄉賢生榮伯是戰前公務員，口才極好，會中常常講述家鄉風水傳說，筆者聽得入神。

“二戰”和“解放”後，晉江莊氏族人莊萬里、莊財潤、莊長泰等人經營利潤豐厚的大生意，如香煙廠、鋼鐵廠、食油廠、三夾板廠等等，業產遍佈香港和東南亞，富可敵國。據說，晉江青陽原是蔡氏祖家。青陽有一“龍穴”，是蔡家秘密，後來蔡家一女兒嫁給同鄉莊家，將秘密帶到夫家。莊氏在穴上建祠堂，果然丁財兩旺；蔡氏則日漸衰微，遷出青陽。傳說解放後，政府在泉州東西塔上安放了大電燈，入夜開燈，大放光明。莊氏祠堂遙望泉州，東西兩塔，就像祠堂前兩座大燭台，燭台燈火燦爛，帶動穴氣，莊氏家族，大發特發。後來政府因種種原因，熄滅燈火，莊氏家族生意乃走下坡。

生榮伯說柴塔村丘陵起伏，風水極好，“吃”到“馬鞍穴”，應有一段發達興旺時期。可惜鄉人無能，四角落有四佳穴被能人識破，用各種手段，巧取豪奪，柴塔村失“穴”，沒出大人物，但女人都有“幫夫運”，有好歸宿。筆者當時雖然年少，卻對生榮伯的說法不以爲然，認爲一鄉里的旺衰是看出外前輩所入行業，“男怕入錯行”也。如《石圳》大發，是因其前輩從事“木業”大行業，新客出外，也被指導入行，宗親互相照料，豈能不發？莊家的《南華》、《三己》、《描達安》等煙廠控制了菲國香煙業，不發更難。如先輩業“菜仔店”，提攜的鄉人親堂，最有出色，也是斤斤計較，賺那五仙一角蠅頭小利小老闆。全年無休，虛耗青春，還沾沾自喜自己是老闆。

我鄉出“伙長”，鄉人聚會話題是：某某是某大餐館、某大廠家廚師；某某刀工好且快，可辦幾桌。其實廚師還不及菜仔店主，店主售貨、買貨、接客、管理、記賬，是全能小企業家。廚師就開不了餐館。廚師優點是可賺點菜錢，而且清閒，所以莫不姘上女工、菜販；讓家鄉髮妻獨守空房，發不了財，也出不了丁。

（二〇一二年五月十七日原載世界日報《故事新說》專欄）

三

清朝年間，某風水先生到處勘察山川河流，尋找佳穴。某日烈日當空，他“心狂火著”，滿身大汗走到一鄉村（且隱其名，免生誤會）向一慈祥老婦人討涼水解渴。X 姓老婦人奉出一大碗涼開水給風水師，但抓了一把稻殼放在水上。風水師一面用口吹走稻殼，一面慢慢飲水；喝完一碗，再要一碗。老嫗再在水上放了些少稻殼，風水師喝完，猶未解渴，再討第三碗。這次老嫗不再放稻殼。風水師起初見老嫗放稻殼在水中，內心十分氣忿：“此人也太惡毒欺人！”後來看她不再放稻殼，知道必有原因，好奇詢問。老嫗回答：“你烈日下趕路，渾身發熱，大口吞下涼水，如冷水潑在燒紅器皿，胃腸一定受損。特別放些稻殼，讓你一面吹氣，一面小口喝水，免得生病。”風水師聽後，大爲感動，告訴老婦人說：“妳有菩薩心腸，必有善報。我此行尋得一好穴，紫氣沖天，在該穴下葬，子孫興旺，必出大官和大富翁。我福薄，不能消受，但報給有緣有福人。”

柴塔村地勢不平，只有南面一塊地較平坦。旁邊有一口井，叫《烏井》，井水甘甜，水源充沛，乾旱不涸。風水師所指穴地就在烏井附近，但地面已被村中一富戶建了大屋，穴位所在，正是大戶小姐閨房。老婦人爲了族人幸福，決定犧牲自己。她用計接近蔡大小姐，教她女紅，成爲閨中密友；後來在小姐閨房吞鴉片自殺，造成人命大案。X 姓族人依指示不興訴訟，只要求在死亡地點安葬婦人。蔡家無奈，只得拆屋。

蔡家後來生疑，查到真相，找來風水師施法反制。蔡家在墓旁築一石塔，要破穴氣，只是石塔不大不高，穴氣未全被鎮，所以 X 村 X 姓雖沒出大官，倒也有不少人發了財。菲華社會有不少 X 姓僑領，是來自該村。早時，人的尿和糞是肥料，農民極爲珍惜，但清明節，X 姓後人來掃墓前，柴塔村父老必動員蔡氏男丁在該墓上撒尿拉屎，以示抗議。

最近筆者返鄉，已不見小石塔，大墓也不知何時遷移，蓋了民居；傳說相信不久也將湮沒。

四

二〇一二年五月二十二日原載世界日報《故事新說》專欄

魏文帝曹丕是一個開明的好皇帝，文學造詣相當高，其文學專論《典論論文》被收入高中國文課程，見解非凡。傳說曹操怕人掘墓，設有七十二疑塚；曹丕則很灑脫，不求厚葬，也不要陪葬品，以免引人覬覦財物盜墓。一千八百年前帝王能有這種認識，實在難得。曹丕給人印象不佳，可能是他篡漢建立魏國，迫害才華同樣洋溢的弟弟曹植。曹植七步成詩：“煮豆燃豆萁，豆在釜中泣。本是同根生，相煎何太急？”讓曹丕背上千古罵名。

中國人相信死後有歸宿，重視陰宅，希望生前奢華生活，死後能夠延續。話說清朝，甚至明朝時代，柴塔村西邊有一好穴，被一財勢兩全大官相中，經營地宮，以便死後享用。墓室置了無數大水缸，放了食水和食物讓童男童女維生。被柴塔村人稱爲《西街墓》的大墓，深埋地下，解放後，村人挖掘，該墓早已被盜，墓室空空如也。傳說冬季深夜，“地脈輕”時，“八字輕”村人，經過該墓入口處，隱約可聽到兒童哭泣聲：“阿爸阿姆無心肝，賣阮活活去陪棺；無火無光真孤單，來生做狗去咬官。”

柴塔村東面有一“火穴”，被外人偷偷下葬，奪去“穴氣”，村人後知後覺，又不甘心，在附近挖一水塘蓄水。此舉純爲風水，因爲不遠處就有一條小河《金溪》供水田灌溉之用。村人說夏日正午，常見穿紅衣小孩子在樹叢中出沒。紅衣小孩是什麼，沒人知道；不過小河常常淹死人。死者有頑皮小孩、受冤小媳婦、無依老人，“猴替”之說，人人深信。筆者會游泳，只覺金溪很窄，相信也不深，怎會淹死人，大惑不解。

柴塔北角，離我家數十步之遙處，有華僑捐建學校，學校旁有一極龐大石塊，天生形似母雞，村人稱爲“雞母石”。站在石上，山嵐習習，泉州市區、南門外各鄉莊均收眼底，再愚蠢的人，也知道這是千萬年地質變化奇蹟。可惜共產黨官員要採石建屋，將雞母石炸毀，建造許多冬“寒”夏“熱”石屋，煮鶴焚琴，柴塔風水寶地去了了。

（二〇一二年五月二十二日原載世界日報《故事新說》專欄）

眞實鬼故事

農曆七月，俗稱“鬼月”過去了，“好兄弟”們返回地府，但人間的牛鬼蛇神依然多端地爲非作歹。筆者在此寫兩則保證真實的“鬼”故事，爲讀者們解頤。

“鬼月”台灣多颱風，某日午夜，花蓮風雨交加，一位原住民少婦的嬰兒發高燒，她心急如焚，帶著裝了應用物品的包包，特地穿了白衣（讓人容易看到），站在公路旁攔車，要送兒子到醫院治病……終於一位好心的紳士看到她母子倆，把車子停下。少婦滿面雨珠，臉色更見蒼白，說：“先生，我兒子生病，請做做好事，送他去醫院好不好？”戴著深度眼鏡的司機很好心答道：“沒問題，風雨那麼大，趕快上車！”少婦大喜，連忙打開後座車門，將生病沉睡的嬰兒放在車裡，因爲“橫雨”粗且急，她怕雨水打濕車廂，大力“碰”地一聲關上車門，再反身去拿包包。司機救人如救火，聽見關門聲，立刻猛踏油門，向市區疾駛，留下著急痛哭的少婦。風大雨大，司機全神貫注，終於安全地把車子駛到醫院。當司機打開車門，他受到有生以來最大的驚嚇：男嬰好好地躺在座位，但“穿白衣女鬼”早已化爲一縷寒風，消逝無蹤……此後花蓮往台北公路午夜，常常出現一位“瘋婦”攔車詢問：“先生，你把我兒子帶到哪裡？”

那一年年稍，北京氣候特別寒冷，天寒地凍，漫天飛雪。在北京打工的小王雖然賺不到錢，仍然希望回家過年。車票難求，他只好等候機會搭便車回鄉。剛巧老張駕著一輛“皮卡”即（PICK UP）要運送一具棺材到他家鄉附近市鎮。小王靈機一動，幫助老張將棺材扛上車，老張還以爲他是棺材鋪伙記，連聲道謝。小王乘人不注意跳上車，坐在車後。車子飛奔，寒風刺骨，小王鑽進棺材，蓋上棺蓋，躺在棺內果然舒服暖和。就在快到小王家鄉市鎮，車速慢下來，皮卡車後面跟著一輛運煤大貨車，司機老李和同伴很迷信，看到車燈照射下的棺材，很不自在，天黑路滑又難超車……“碰”貨車撞上皮卡，棺材也掉到地上。驚魂未定的老李和同伴信誓旦旦告訴調查車禍的警察：他們清清楚楚看到“殭屍”爬出棺材，跳到路旁樹林……

（二〇一〇年九月三十日原載世界日報《故事新說》專欄）

英雄是悲哀的

"英雄"最簡單的定義是：某種情況下，挺身而出，做了正確的事。英雄就在我們周圍，甚至你我有時也是英雄。當然英雄有大小，大者創造時勢，拯救整個國家民族，小者濟貧扶弱，付出愛心。但英雄往往是寂寞的，有時更是悲哀的，受惠者常常不感激，反而加以責罵詛咒。作出義舉和犧牲的英雄極多數被當時執政者和世人視爲叛逆者、破壞者、搞亂者、異議者，甚至是叛國者。因爲英雄的作爲常常傷及當局或利益既得者的利益。岳飛、于謙、袁崇煥等民族英雄的熱血灑滿中國史冊。明末抗清英雄袁崇煥最悲慘，不但被昏庸、但自以爲英明的崇禎皇帝下令凌遲（千刀萬剮死刑），無知憤怒的平民更搶著生吃他的血肉。英雄的痛苦，不在肉體，而是忠心赤膽，"眾人皆醉，我獨醒"被誤解。

還好歷史是公正的，時間是最佳的仲裁者和判決者。當今許多蒙冤英雄必終有昭雪的一天。校友頓哥現在是中部"一方諸侯"，年輕時，在香港曾有一段英雄事蹟：

《皇仁中學》是香港政府開辦的最頂尖貴族學校，一旦考入，就如魚躍龍門，成爲"天子門生"，畢業後可順利升學、或就業、或當官，前程無量。頓哥學業優異，畢業蘇浙後考入皇仁，成爲天之驕子，而他也表現出色，是校刊總編輯。上世紀六十年代中期，大陸文化大革命如火如荼，影響所及，香港也爆發反英運動。

頓哥是熱血青年，看不慣港英假民主殖民地政府，在他主編的校刊登了兩篇反英文章。校方大怒，要追查作者身份，頓哥大義凜然，堅決拒絕。學校立刻將他開除，頓哥認爲自己並沒錯誤，依舊上學，可惡的校方竟然以“擅闖私家重地”罪名，將他控上法庭。

開庭時，法官進入，庭警大喝：“開庭”，所有的人必需起立致敬。頓哥巍然不動，法官也不審問，立刻判他下獄三個月。三個月後，再次開庭，在“開庭”吆喝聲中，頓哥仍然不屈坐著，法官以蔑視罪再判他監禁三個月，第三次提審，情形依然如此，法官老羞成怒……（三之一）

二〇一〇年十二月十六日原載世界日報《故事新說》專欄

英雄是常常含冤的

法官對頓哥再三挑戰權威，蔑視法庭，老羞成怒，再判他監禁，也不說明刑期。獄方似乎得到指示，使盡各種陰毒招數；將頓哥廿四小時單獨監禁在暗無天日的牢房；十二月寒冬只發單薄囚衣，水泥地板，也沒有床鋪蓆子，一意要置頓哥於死地，讓他精神崩潰或患重病。頓哥受盡折磨，身體日漸衰弱，十分危險。幸好頓哥被囚消息終於傳開，引起各方關注、責問，港英怕事件鬧大，靜靜將他釋放……

事隔四十年，筆者詢問頓哥：“你可曾爲年輕時的激烈行動，付出如此慘重代價，而感到後悔？”頓哥肯定回答：“如果回到當年，我還是會這樣做的！”頓哥和當時許多愛國人士被判罪是留有“案底”的。一九九七年，香港回歸中國，但特區政府抱著“五十年不變”教條，並沒有爲“政治犯”平反，讓他們到現在還背著“黑底”。

英雄們常常是含冤抱怨去世的，如：“誰敢橫刀躍馬，唯我彭大將軍”的彭德懷，爲民請命，竟被打成“反黨大右派”；官至國家主席的劉少奇，竟是“工賊叛徒”；戰功顯赫，十大元帥之一的賀龍則被活活餓死。還好鄧小平三下三上，忍辱負重，用十五字：“不管黑貓白貓，會捉老鼠的，就是好貓”原則治國，讓中國走上改革開放正道。中國有鄧小平這個隻手迴天的大英雄，是幸運的！

RIZAL 是主張和平改革的，卻被西班牙殖民地政府槍斃，真是冤枉。BONIFACIO 領導武力革命，被自己人處決，死不瞑目。AGUINALDO 宣佈獨立，建立共和國，但被美國擊敗，流放國外，壯志未酬。他們抱恨終生，但後來都被奉爲菲律濱民族英雄，受萬民敬仰，也算沉冤得雪。

最可憐的要算 MACARIO SAKAY 了，他於一九〇四至一九〇六年曾在 CAVITE，BATANGAS 一帶領導游擊隊，轟轟烈烈反抗美國統治，並建立了 REPUBLIKA NG KATAGLUGAN（大家樂共和國）。他於一九〇六年被誘捕，一九〇七年被美國殖民地政府以土匪罪名判處環首死刑。SAKAY 掛著強盜罪名，死後藉藉無名，史書也沒提到他，真是含冤莫白。（三之二）

（二〇一〇年十二月二十一日原載世界日報《故事新說》專欄）

英雄有“灰色”的

有些英雄就像一個銅板，不但有正反兩面，還有邊面——

亦黑亦白，成爲灰色。以中國最大漢奸汪精衛來說，他前半生獻身革命，曾謀刺“攝政王”而被捕下獄；其獄中所寫的絕命詩：“慷慨歌燕市，從容作楚囚；引刀成一塊，不負少年頭。”是何等的英雄氣慨！

汪精衛追隨國父孫中山革命反清，是國父最得力助手，他文采風流，《國父遺囑》就是出自他的手筆。“余致力國民革命，凡四十年……”文字簡潔，鏗鏘有力，是一篇好文章。記得讀初中時，學校一切正式聚會，主席必須率領會眾誦讀，只是了解內容者，相信不多。

汪精衛可能出於個人政治野心，權力慾望，冒天下之大不韙，自瀆作爲日本附庸，做了人人唾罵的大漢奸。但筆者有時閃過一個念頭：如果沒有他出面主持淪陷區政府，淪陷區的中國百姓的命運，是否會更加悲慘？如果他在南京，七十三年前慘絕人寰的南京大屠殺是否能夠避免，或者死亡人數會大量減少？筆者不敢說他有“我不入地獄，誰入地獄？”的胸懷，但有不少“汪僞政權”辯護者說他確有維護同胞存意。汪精衛在日本戰敗前，病死東京，對他來說，實在太幸運了，躲過了像陳公博等人以漢奸罪被槍斃的下場。

菲律濱人民篤信天主教，具寬恕精神。第二次世界大戰，出任日本侵菲傀儡政府職位的“KOLABORADOR”者如 LAUREL 和 AQUINO 一世（即 AQUINO 三總統祖父）戰後雖被審判，但最後均被特赦。LAUREL 不但沒有被稱爲“菲奸”，其總統身份還被承認，被認爲是護民英雄，真是幸運。

執筆時，報載死守《四行庫》四天五夜，頑強抵抗數萬日本侵略軍的“八百壯士”僅存者楊養正辭世。筆者不知中國政府有沒有爲他舉行追悼會，肯定他的功績，但他絕對是“白色”英雄。更幸運的，是他生前低調過活，沒人知道他的身世、歷史和英雄事蹟；文革時沒有以國民黨軍人被抹黑，受迫害。

筆者這篇論“英雄”文章，自認立論有問題，但項莊舞劍，志在“沛”公；願天下英雄都沉冤得白，得到善終。（三之三）

（二〇一〇年十二月二十三日原載世界日報《故事新說》專欄）

獨裁者終必下台

我們星期日下午的咖啡會無所不談，家事、國事、天下事，事事關心。埃及上個月發生菲律濱式的“人民力量革命”，校友們一致認爲執政的獨裁者 MUBARAK 將不保。輝哥說 MUBARAK 雖然是美國的“雞”，三十年來唯美國馬首是瞻，是其安定中東局勢的重要棋子；但如果失去民心，必定像菲國前總統馬可斯一樣，被美國像熱番薯一樣丟掉。

恩哥不久前剛旅遊中東和北非埃及，他說一句大出眾人意料之外的話：“和埃及開羅一比，菲律濱馬尼拉是天堂！”怎麼會呢？埃及是世界最古老的文明古國，雖然現代的埃及人不是古時的埃及人，文化也不相同，但古人留下的金字塔、人首獅身像等等古蹟是最具遊客吸引力的寶藏，怎會市容髒亂，人民生活窮困？尼羅河畔不是世界最肥沃的土地嗎？還有埃及不是擁有日日生金雞蛋的《蘇彝士運河》？也許問題就在 MUBARAK 身上，不說不知，他個人資產達七百億美元，是世界首富。人心不足，人民起義前，他還想傳位兒子，滿腦“法老”思想，這種人不倒台，埃及人怎能不受地獄的煎熬？獨裁者戀棧權位，無奈人民早已“看破他的腳手”，只好黯然下台，倉皇辭廟逃亡。

埃及革命如星火燎原，中東阿拉伯各國人民有樣學樣，政局有如一鍋熱油，表面尚平靜，但油下已熾熱無比。以色列相信也寢食難安，因爲未來執政者態度如何，難以預料。但願各當權者有大智慧，能妥善處理問題，不要讓油價飆升，遣回外勞，殃及菲國這個無辜池魚。

說起獨裁者，我們東亞也有一個“下流”國家，擁有一個“無恥”領袖，在他統治下，國家總生產值只有對手四十分之一，國民平均收入差距也大約如此。國民挨餓，年年要人救濟，還窮兵黷武，說要在明年成爲強國，真是笑死人不用賠人命。今世何世，還想搞世襲，父傳子，子傳孫，筆者斷言，不用 CIA 搞鬼，這個政權維持不久。以面相來說，孫子雖沒祖父英氣，卻也不像父親小丑模樣，但“古意”有餘，威武不足，想如願登基，終如水中撈月。

（二〇一一年二月十九日原載世界日報《故事新說》專欄）

共產制度難行

世界大同，共享財富，各盡所能，各取所需的共產主義社會是人類最高理想，最完美社會。但很可惜，它是行不能通的，因爲它必須有個先決條件，就是成員必須都是大公無私，捨己爲人的聖賢。它注定失敗，因爲違反了人類“人不爲己，天誅地滅”的本性。

有一則很出名的故事：山上寺院只有一個和尚時，和尚自食其力，自己挑水喝。當有兩個和尚時，兩個和尚同心合力，一起扛水喝。當有了第三個和尚時，大家互相推諉，結果大家都沒水喝。

歷史上最早實行共產主義者應該是二千年前的基督徒。話說耶穌升天後，使徒以彼得爲首四處宣揚基督博愛教義，信徒大量增加；信徒們在教會中和睦相處，相親相愛，過著“共產主義”生活。《使徒行傳》第二章：“信的人都在一處，凡物公用；並且賣了田產、家業，照各人所需要的分給各人。”第四章：“那許多信的人都是一心一意的，沒有一人說他的東西有一樣是自己的，都是大家公用……內中也沒有一個缺乏的，因爲人人將田產房屋都賣了，把所賣的價銀拿來，放在使徒腳前，照各人所需用的，分給各人。”有一個利未人有心向道，但私心未了，私藏財產，這是常理，但彼得不明白：“亞拿尼亞，爲什麼撒旦充滿你的心，叫你欺哄聖靈，把田地價銀私自留下幾分呢？田地還沒有賣，不是你自己的嗎？既賣了，價銀不是你作主嗎？你怎麼心裡起這個意念呢？你不是欺哄人，是欺哄神了！”爲德不卒，這豈不是人性？

六十年代共產主義勢力膨脹，席捲大半個世界，現在實行共產主義制度的國家，只剩下窮困的北韓。北韓用高壓手段治國，靠軍隊維持政權，現在是什麼年代了，還夢想家天下，父傳子，子傳孫，世襲下去。說她實行“共產主義”，實在是侮辱了共產主義。

英國哲學家羅素說：“一個人三十歲前不左傾，是沒心，因爲世界是如許的不公平；三十歲後，如果相信共產黨那一套行得通，能爲人取得公義，那就是沒腦了！”

（二○一一年五月十二日原載世界日報《故事新說》專欄）

是非功過誰評說

奧薩馬・本・拉登（OSAMA BIN LADEN）五月二日被美軍擊斃，本國第一大報 INQUIRER 頭條："拉登死亡，舉世歡騰"。舉世歡騰？只怕未必，中國網民挺本・拉登者，竟達百分之六十；菲國回教徒更有向美國大使館示威抗議之舉。

老本・拉登是沙地阿拉伯國望族，大建築商，妻妾眾多，共有兒女五十四人。本・拉登排行第十七，其母雖然離婚改嫁，他仍然分得遺產三億美元，原可以一世無憂，過著大富豪生活。罵他爲惡魔的世人，可曾撫心自問，爲什麼他會拋棄榮華富貴，跑到阿富汗參加抵抗蘇聯入侵，從此走上"聖戰"不歸之路。

一切戰爭都是成者爲王，敗者爲寇，尤其是涉及宗教和種族者，更難分出是非。第二次世界大戰，美國在勝劵在握的情形下，仍然向日本投下兩枚原子彈，有必要嗎？莫怪日本人至今仍指責美國殘忍。但日本提前投降，讓戰火沒燒到本土，各項工業設備沒受破壞，戰後可以迅速恢復元氣，可說塞翁失馬。

一個銅錢，不但有正面，還有反面，以及邊面，從不同的角度觀看，會有不同的結論。有些人爲求目的，不擇手段，甚至獻出生命，做刺客、做人肉炸彈、做劫機者，被世人視爲十惡不赦的恐怖分子，但他們的同志、同胞則崇拜他們是成仁取義的烈士。

戰爭是殘忍野蠻的，但敵對兩方還是要遵守"人道"規則，如不殺降者，不殺婦孺，不殺沒抵抗力者，本・拉登被視爲頭號恐怖分子，是他策劃的各種活動，受害者都是無辜的人，如果他的攻擊目標是軍事建築或軍人，那世人的看法就會大大不同。

本・拉登殘暴，美軍亦是一丘之貉，《飛豹突擊隊》擊殺他時，本・拉登手無寸鐵，形同處決，這又是那門子正義？伊拉克前總統薩達姆戰敗後，老鼠般躲在地洞，最後還是被捕、被審、被吊，可說十分窩囊，還是 OSAMA 死得悲壯英烈。

美國拔掉伊拉克的薩達姆和“基地”的本・拉登兩大眼中釘，痛快是痛快，但以後就一切平安了嗎？

（二〇一一年五月十七日原載世界日報《故事新說》專欄）

泛論孫、蔣、毛

今年是辛亥革命一百週年，過去一百年，中國出了三個大人物：孫中山、蔣介石、毛澤東，他們改變了中國的命運。毛澤東的共產主義革命影響世界，蔣介石的抗日戰爭影響了亞洲，孫中山推翻數千年帝制則影響了全中國。

筆者初中就讀岷市《中山中學》，當時母校每天上課前必播放“總理紀念歌”，七十八轉唱片唱了千百回，雜音甚多，還記得歌詞是：“我們總理，首倡革命，革命血如花……”孫中山去世前唯一的銜頭是《中國國民黨總理》。曾聽過他的演講唱片，他的口才名不虛傳，很煽情，只是普通話很不規範。孫、蔣、毛三人，孫是最有頭巾氣的書生，滿懷理想，可惜有時流於空談，被譏爲“孫大砲”。以軍事才能來說，居三人之尾，“左傾妄動主義”，一犯再犯，革命這種造反殺頭大事，往往沒有詳細計劃，所以十次起義，十次失敗，犧牲了不少像林覺民等革命志士，大有爲青年。孫中山有時匆促舉事竟是“怕歹勢”（不好意思），要向捐錢資助革命的華僑有所交代！他但求“做大事，不做大官”的胸懷是三人中最偉大的。

筆者高中就讀前《中正中學》，顧名思義，是紀念蔣介石的學校，校歌就揭櫫“敬仰我領袖，功業昭彰”。蔣的軍事才能遠勝於孫，領軍北伐，統一中國，結束了軍閥割據，爲抗日戰爭奠下基礎。否則國際列強虎視眈眈，日本入侵，東北、蒙古、新疆、西藏、雲貴少數民族區域必一一獨立，被分割出去，讓中國版圖縮回宋、明朝代。蔣也許剛愎自用，抽壯丁當砲灰，窩囊地“用空間換時間”讓人詬病，就大局來說，是功在國家民族的！

毛澤東是三人中才幹、文采、氣魄、魅力最出眾者，是中國史上最偉大的軍事家之一。他發明的“敵進我退，敵退我進”，“以鄉村包圍城市”的游擊戰術被各國游擊隊奉爲圭臬，可惜他帝王思想太深，權力慾太重。陝北民歌塡上新詞：“中國出了個毛澤東，他是人民大救星”，旋律優美，歌詞則吹捧過份。毛澤東搞大躍進，文化大革命，以百姓爲芻狗，功過應是三七分，功三過七。

（二〇一一年十月十一日原載世界日報《故事新說》專欄）

雄才大略

中國歷代開國皇帝都是雄才大略，創造時勢的英雄。但平民出身的漢高祖劉邦和明太祖朱元璋心狠手辣臉皮厚，流氓本性既自大又自卑。雖說英雄不怕出身低，但“拉沓底”即微時原形，一起打天下的夥伴一清二楚，一旦穿上黃袍，變成出生時滿室紅光的真龍天子，接受跪拜，雙方都不自在。結果鳥飛弓藏，兔死狗烹，當年共患難的“兄弟加同志”莫不一一慘遭殺害。毛澤東也是“開國皇帝”，免不了也有“劉朱情結”，君不見總司令朱德變成大軍閥，國家主席劉少奇是工賊、叛徒；“誰敢橫刀躍馬，唯我彭大將軍”的彭德懷，十大元帥之林彪、賀龍，那個得到善終？一代良相周恩來唯唯諾諾，委屈求全，國家救星鄧小平三上三下。敢“冷眼橫對千夫指”的魯迅如不早死肯定不做郭沫若，一定會“自絕於人民”。

毛澤東智慧超人，老謀深算，絕不魯莽行事，他領導的共產黨有一個極高明政策，就是不暗殺敵人，而是搞臭他。貪官污吏，欺壓良民惡霸，一槍鋤奸，也許可以大快人心，但毛澤東的看法是殺掉一人，必製造十個不共戴天仇人，何況惹人痛恨，十惡不赦之人，正是同仇敵愾，革命“好幫手”。

菲共是“毛派”，尊奉毛澤東思想，甚至以他的生日十二月二十六日爲建黨日，可惜學不了他的睿智；善於攻心宣傳，樹立爲國爲民形象。最近菲新人民軍爲索取“革命稅”未遂，攻擊南島三家開礦公司，挾持人質，焚毀運礦車、修路車，簡直是土匪行徑，怎能自吹是：替天行道、劫富濟貧、伸張正義？

二十餘年前筆者曾投資淞哥“柁山”（林場），做個很小的股東。淞哥說柁山有數千公頃，根據衛星探測，內有原始森林，木材蘊藏極豐，預計開採一年，就可回本，以後年年可坐享紅利。結果不到六個月，淞哥說公司面臨破產，因爲森林中有新人民軍基地，要付“革命稅”求平安也不行，因爲伐木會讓他們失去藏身處。結果運木大貨車、開路車、鋸樹器具被縱火燒毀，林場經理被槍殺……新人民軍如此殘忍，毫無“解放”者風範，怎能贏得人心？

（二〇一一年十月十三日原載世界日報《故事新說》專欄）

緬懷烈士

辛亥革命最悲壯的不是十月十日的武昌革命，事實它有點鬧劇成份。新兵起義，誤打誤中，最後推出毫無革命淵源和意願的清軍統領黎元洪爲領袖，注定“革命尚未成功，同志仍需努力”的結局。

真正驚天動地、振奮人心，喚起國魂的革命是三月二十九日（據李敖考證，真正日子是四月）的廣州起義。孫中山領導的同盟會爲了向捐款的華僑證明黨人沒有擁資不動，在大部份槍支彈藥尚在香港的情形下，由黃興率領百餘名敢死隊（力量何等微小）攻打總督府，結果起義失敗；七十二名烈士或當場被擊斃，或事敗被俘，遭清廷處死。他們被葬於廣州市郊《黃花崗》，是謂“黃花崗七十二烈士”。遇難的烈士不止於七十二人，孫中山曾悲嘆是役革命黨精英犧牲過半。

七十二烈士中名氣最大的，應是閩人林覺民，他和同鄉林文身先士卒，勇戰清兵，最後彈盡被捕。受審時，屹立不屈，慷慨陳辭，總督張鳴岐爲他的才氣折服，有意爲他開脫，但林覺民和戊戌政變的譚嗣同一樣，一意要以鮮血喚醒國民，英勇就義。

林覺民留有致父和致妻遺書，其《與妻訣別書》情文並茂，是一篇好文章，所以大陸和台灣都收入課本。筆者初一讀到與妻訣別書，年紀尚輕，領略不了蕩氣迴腸的綿綿情意。但讀到“吾充吾愛汝之心，助天下人愛其所愛”對林覺民犧牲小我，完成大我的精神十分敬佩。

林覺民烈士殉國時只有二十四歲，他是留日學生，剪短髮，英氣勃勃。林妻陳意映是大家閨秀，也許“像才”不好，沒有傳說中的美麗。據李敖新書《第七十三烈士》說，另一革命烈士林文暗戀她，但情操高尚，和清兵激戰時，全力保護林覺民，偉哉！

林覺民和林文事蹟可歌可泣。筆者肄業《中正》時，菲華戲劇大師吳文品師曾排練話劇《碧血黃花》，可惜服裝佈景等費用太大，胎死腹中。

林覺民遺書說他死後，家境必壞，不幸言中。李敖透露，國民政府對烈士遺屬沒有照料，陳意映鬱鬱以終，悲哉！

（二〇一一年十月二十五日原載世界日報《故事新說》專欄）

孫中山的委屈

筆者好買書，至於看得完看不完那是另外一回事。這次大馬檳城行，在辛柯蔡宗祠附近一家小書店看到一本薄薄的小冊子，印刷精美，有許多古老珍貴像片和圖片，如獲至寶，連忙買下，它是邱思妮著《孫中山在檳榔嶼》。

以前海外華僑（現在大都是當地國華裔公民了）猶如無根浮萍，熱愛祖國的情懷無可置疑，因爲強盛的祖國是華僑的靠山（按：未必），也是精神的慰藉。

孫中山先生常常稱讚華僑是“革命之母”，海外華人也以此沾沾自喜。看完邱著，筆者覺得“生母”真心疼愛“革命”，義無返顧，無怨無悔。但更多的是“保皇黨”，視革命黨人為大逆不道，恨之入骨，好比狠毒的“晚娘”。當然也有“維新派”，就像沒血緣關係的“大媽”，明知“家庭”腐敗，急需改革，但不敢採取劇烈手段。《戊戌政變》失敗，譚嗣同捨生要用鮮血喚醒維新派，也未讓多數人覺悟，不以日本“明治維新”作榜樣。

孫中山先生作為革命者是很可憐的，雖然不至像過街老鼠，人人喊打，但也到處受排擠，被驅逐出境，或不准入境。更委屈的是他為革命籌款被詆為斂財，西報指孫中山“似乎任何時候都跟錢、錢、錢有關，但見金子不斷流向他那邊，卻從來不見他展示任何成果……”孫中山在檳城演說：“余每次會晤同志諸君，別無他故，輒以勸諸同志捐錢為事……雖予亦極不願對同志諸君每有斯求……除我明達之同志外，又將向誰求之？……蓋海外同志捐錢，國內同志捐命，共肩救國之責任是也。”他說出這些沉重的話，相信內心是極痛苦委屈的。

“三二九黃花崗起義”就是在檳城策劃的，日期是一九一〇年十月十二日，與會者有孫中山、黃興、胡漢民、趙聲、孫眉、吳世榮等。

孫中山是幸運的，得享“國父”大名；但絕大部分革命者生前流汗、流淚、流血，死後籍籍無名，後人也未得政府照顧。“吳世榮”何人？相信知道他的人不多。他是一八七五年出生於檳榔嶼的富商，檳榔嶼同盟會的創會會長，他為了革命事業傾盡本身及妻子所繼承的財產。他死於一九四一年，死時窮困潦倒……

馬英九的好運

台灣選舉什麼“惡步”都有：暴力、情色、誹謗、賭博、賄賂、求神、做戲、下跪、發誓、詛咒、說謊……另方面確也是世界最民主、公開的選舉，民調精準；一人一票，直接選出“國家最高領導人”。歐洲、日本執政者由議員選出，美國號稱民主模範，採總統制，但有所謂“選舉人”ELECTORAL COLLEGE 制度，戈爾贏了選民普選，但“選舉人”票輸給小布什，痛失美國總統寶座。台灣選舉最值得羨慕和稱讚的是效率驚人，投票下午四點結束，立刻開票，三小時後，計票已近七成，勝負大致分明。

馬英九這次靠兩個國家和三個女人打敗另一個女人，贏得連任，實在是他個人“命好”，也可說是台灣人，甚至全球華人命好。美國一向暗中支持民進黨（不想台灣和大陸走得太近），這次爲了自己也有大選，不想節外生枝，轉挺國民黨，主要動作是要給台灣民眾免簽證入境待遇。中國以種種“優惠”挺馬，報答他支持“九二共識”。馬英九妻子周美青民望極好，詩人余光中說得好：“你要換掉這麼好的第一夫人嗎？”企業家王雪紅在選舉最後數日，公開對選民曉之以理，讓人認清現實，爲馬英九爭了不少中間票。洪恒珠這個觀看“猛男秀”的“女色狼”，則讓綠營喪失不少中間票。一加一減，馬英九得到這三個女人的幫助，也只贏了百分之六選票，可謂驚險萬分。

台灣這次大選，香港和新加坡政黨都派人觀察。據說大陸有二億人通過電視觀看。二〇一七年，香港特首將直選，新加坡執政黨的得票率也漸漸降低，有“野心”政客，豈可不拜師學習。二億人不是少數，他們看到台灣人不辭辛苦，千里迢迢返鄉投下自己“神聖，有影響”的一票，不知是否會“臨淵羨魚”？

馬英九中選沒有尋求連任壓力，不必再畏首畏尾，要做“全民總統”，應該拿出政治意志魄力，和經濟進步一日千里的大陸交好。這是一石二鳥正道，獲得商機和減少軍費。經濟繁榮，安居樂業，你想台灣人會當美國、日本馬前卒，冒著“同胞的炮火”前進台灣獨立死路嗎？

（二〇一二年一月二十四日原載世界日報《故事新說》專欄）

陳璧君的不悔

中國近代史上有一個鼎鼎大名的奇女子，她就是大漢奸汪精衛的妻子陳璧君。陳璧君一八九二年出生於檳城，父親是保守大富商。二十世紀初，檳城是孫中山最重要的革命基地之一，設有同盟會分會，妻妾子女也居住那裡（打銅仔巷一百二十號），常常去演說捐錢。孫中山的得力助手汪精衛（兆銘）當然不離左右。汪精衛年少英俊，口惹懸河，而且文采斐然；當時陳璧君只有十餘歲，是個熱血少女，是檳城同盟會最年輕會員。陳璧君爲汪精衛的風流倜儻所傾倒，離家出走，隨他到處漂泊，鼓吹革命。

一九一〇年汪精衛和陳璧君等密謀在北京刺殺宣統生父攝政王，要用炸藥炸死他（用現代說法，這是恐怖分子作法，可見是非沒有絕對標準）。有一香豔野史說，陳璧君在汪精衛行刺前夕，獻出貞操，相信是捕風捉影。汪精衛事敗，被捕下獄，寫下："慷慨歌燕市，從容作楚囚；引刀成一塊，不負少年頭。"名詩。汪精衛有閒情作絕命詩，陳璧君則五內如焚，利用家財賄賂"清"官，希望能夠營救革命同志和情郎。如果汪精衛當時殺身成仁，汪陳的故事將是何等的淒美，永遠被歌頌。歷史詭異讓辛亥革命成功，汪精衛被釋出獄，從此仕途青雲直上。

汪精衛雖然是孫中山最鍾愛"首徒"，可惜沒有兵權，黨國地位始終在蔣介石之下，最後當上淪陷區中華民國主席，卻是日本傀儡。但他可算幸運，在日本投降前，病逝東京。

陳璧君在抗戰勝利後，以漢奸罪受審，始終不認罪，在法庭上咆哮："對日本的和與戰，都爲救國，屬殊途同歸，無罪可言，無罪可悔。"結果被判無期徒刑。中華人民共和國成立，宋慶齡和何香凝爲前革命同志說情，毛澤東和周恩來同意只要陳璧君悔過，即可獲釋。驕傲的陳璧君依然頑固，不肯悔過，一九五九年病逝獄中。

中國近代有兩個"第一夫人"死在獄中，就是毛澤東第三任老婆江青和陳璧君。江青禍國殃民，罪該萬死。陳璧君自辯汪精衛有"我不入地獄，誰入地獄"胸懷，維持淪陷區的安定，避免"南京大屠殺"再度發生，有功於民族。

（二〇一二年一月三十一日原載世界日報《故事新說》專欄）

萬事感恩

筆者交往的朋友大都是個性堅強的人，他們認爲宗教是精神鴉片，視信仰宗教是軟弱的表現，是鬥志的喪失。當然也有例外，銓姐篤信基督教，樂於助人，與人爲善。玉姐是佛教徒，相信因果，注重消“業”；輝哥則相信助人爲快樂之本，有時惹了“周身蟻”也無怨無悔。筆者雖然出身基督教家庭，但因家父不懂帶領，反而對基督教產生反感，年輕時常常和信徒辯論，對方見筆者頑固不靈，搖頭嘆息：“可憐你沒蒙恩，未得恩惠”，筆者則自以爲辯論得勝，沾沾自喜。

筆者皈依基督教，部份是受銓姐影響，內兄勸告，也爲了年齡漸大，遇到不少挫折，需要慰藉。朋友們不無奇怪，但筆者自問信教後，心境較爲平靜樂觀，處事較有耐心，也較會反省，懂得感恩。

去年夏季，天氣炎熱，筆者見工人做工懶洋洋，慢吞吞，拿起大斧頭，向工人示範如何處理原料。想不到汗水流入眼睛，右手一斧斬下，偏了數寸，將左手大姆指帶肉帶甲，切下一小塊，血流如注，十指連心，十分疼痛。司機剛好外出，筆者親自駕車，直奔崇仁醫院。醫院停車場爆滿，繞了兩圈，還找不到車位，如果是信教前，筆者必定破口大罵，咒罵醫院設備不周。當時心平氣和，而小奇蹟也立刻發生，守警看見筆者身上有血蹟，知道筆者本身就是病人，連忙指示車子可停在通道。

急診室病人很多，當值女醫生見筆者衣衫襤褸，滿面汗水，以爲是貧窮菲人，再三詢問：可有親友陪伴？可有政府保健卡、保險等等。筆者不明她的掛慮，一概搖頭說沒有。第二個小奇蹟出現：一位年輕男醫生出現：“BOSS 你怎麼了？”他看了傷口一下，開玩笑：“你以後不能再打球了！”原來他是《中正常青》常川醫生，彼此叫不出姓名，但很面熟。

筆者在急診室一個多小時，看到其他似患重病的人，家屬們憂愁掛意，想起好友良哥不久前在此去世，自覺是最健康幸運病人，感恩之心，油然而生。相由心生，護士小姐一定奇怪筆者看到近三千元帳單（實在是太貴了），沒有異議，還笑容滿面……

（二〇一一年一月四日原載世界日報《故事新說》專欄）

好日子在前頭

一月二日是二〇一一年第一個星期日，也就是基督徒所謂的“主日”。是日樹日街橋頭《基督徒聚會所》舉行新年佈道會和讚美敬拜會。總會和各分會信徒齊集，坐滿兩層講道廳，塑膠椅子一加再加，大家同唱聖詩，歌聲響徹雲霄，這個聖靈充滿的聚會，令筆者感動莫名。

筆者讀大學時，晚上在樹日街《新閩日報》當電訊翻譯，每晚必步行經過聚會所。當時它尚是舊樓，牆壁上寫著聖經金句，約翰福音三章十六節：“神愛世人，甚至將他的獨生子賜給他們，叫一切信他的，不至滅亡，反得永生。”筆者沉醉文學，以藝術角度來欣賞這節三十字經文，覺得它言簡意賅，是一篇極短的好“小說”：有主角 — 神，有情節 — 愛世人、賜獨生子，有高潮 — 不至滅亡、反得永生。筆者常常誦讀，只覺文字美，未感真義。

《新閩日報》社長吳重生是虔誠基督徒，其長女友德就是後來創辦 PHIL. STAR 的 BETTY BELMONTE。她對筆者甚好，數年中，薪金一升再升，後來竟達菲幣四百元，六十年代，那可是初級經理和大學助教的薪金，何況工作時間只是晚上數小時而已。後來筆者被誤會介入吳家姐弟糾紛，筆者不願違背原則，踏在他人頭上升職，選擇辭職。新聞編輯部在二樓，樓梯旁有斗大毛筆字：“敬畏耶和華，是智慧的開端”。這是所羅門王的“箴言”。筆者當時年輕氣盛，意氣風發，認爲聰明是天生，學識是勤求，智慧則是人生經歷累積成果，對這句經文很不服氣；後來受到種種挫折後，才知自以爲聰明智慧者是何等的愚蠢無知。

筆者常常自嘲是李白“天生我才必有用，千金散盡還復來”詩句的受害者，因爲錢散出了，不見得會回來。鶯姐笑說，那要看你是否真的有才。說起來心酸，筆者某時期，在人生最低潮時是害怕黎明的，因爲天一亮，各種煩惱便接踵而來。幸運的是筆者終於信主，每日讀經得到不少安慰，讓心境平靜喜樂。筆者最喜愛美國佈道家 JOEL OSTEEN 的信息，因爲它們可濃縮爲一句話：樂觀面對問題，在神的祝福下，好日子在前頭！

（二〇一一年一月六日原載世界日報《故事新說》專欄）

神蹟處處

筆者對一切超自然的事物都很有興趣，但“八字重”，一些人言之鑿鑿的神蹟、奇蹟、鬼神等靈異事件，從未遇到，十分失望。

基督徒聚會所總會在樹日街，CALOOCAN 市等亦有分會，信徒眾多。數十年來，每年聖週都在碧瑤市，最近數年則在 TAGAYTAY 和 CLARK 等地舉行五日四晚的暑期特別聚會。出席特會的各地，包括國外的信徒接近二千人。教會將聚會、膳宿、交通等等繁重工作處理得井井有條，實在不簡單，當事人“將榮耀歸給主”，毫不居功，也許這就是一個神蹟。

聚會有一個“聖靈充滿”大會，會中有許多信徒有奇異舉動，或高聲號哭，或無聲飲泣，或手舞足蹈。筆者詢問一位至親，爲什麼亦有一些異常動作。她說自己也不知道，只覺有股暖流，充滿全身，身不由己搖動。筆者爲自己未能經歷這種奇蹟，極感失望。

十餘年前，筆者曾數度和親友訪南海普陀山，拜觀音。許多人信誓旦旦說看到白衣大士現身；亦有記載說國父孫中山雖是基督徒，亦曾親歷此神蹟，但怕鼓勵迷信，沒有宣揚。某次在《潮音洞》，周圍很多人說觀音現身，筆者順著所指方向凝視，但見一團水氣白霧，內心爲自己沒有福份、慧根很失望。

去年的聚會在 MIMOSA 舉行，某日黃昏，筆者會後獨自彳亍寬闊大道，兩旁古木參天，繁花似錦，一陣清風吹落漫天小黃花，樹枝搖曳，景色之美，氣氛之好，絕非筆墨所能形容。筆者這時想起蘇東坡在《前赤壁賦》安慰憂鬱傷感的友人名句：“惟江上之清風，與山間之明月，耳得之而爲聲，目過之而成色。取之無禁，用之不竭，是造物者之無盡藏也，而吾與子之所共適。”走近宿舍，遠處傳來陣陣花香，兒童嘻笑聲，面前迎來一張張問好笑臉；活潑可愛的小姪女 KORINNE 在草地上戲弄 MIMOSA（含羞草），一片昇平歡樂景象。驀然間，筆者熱淚盈眶，耳旁彷彿有一個聲音：你在尋找什麼？聖靈不是充滿了你，讓你看到美景，聽到天籟，感到溫馨？這些都是造物者的神蹟，不用尋找，只要留心，一切美好事物就在你身邊。

（二〇一一年一月十一日原載世界日報《故事新說》專欄）

黃艾登兄弟

《笑林廣記》有一則把勢利和尚諷刺入木三分的笑話：知客僧見一普通香客來訪，喝："坐、茶"；對某較富有香客則喝："請坐、泡茶"；某大施主來臨，大喝："請上座、泡好茶！"世人勢利，豈獨笑話中的和尚，一般社團和需要信徒捐款以維持營運的宗教組織也多如是。這種風氣令很多不願被冷待的人，絕足所謂宗教、慈善機構。

筆者"求道"過程中，到過數間教會，最後在 CALOOCAN 市基督徒聚會所這個規模並不大，而且相當保守的教會"受浸"。主因之一是黃艾登牧師。艾登兄弟年齡不大，但生命充滿傳奇色彩，曾是偷騙無所不爲的不良少年。他做人誠懇無比，對世俗財富稍欠的人，似乎更加關心照顧。他對弱勢土著 AETAS 族（即菲國原住民小黑人）很愛護，每年依期進行數次醫療拔牙義診，贈送藥品。黃兄弟也不是一味"施捨"，授之以魚，不如授之以"漁"，花了不少心血教導他們謀生之道。他繼承了英年早逝的華裔 KAISA 會友王名渝 LAWRENCE ONG 的工作，王名渝教導 AETAS 種植芒果樹，黃兄弟則指點他們採擷野生蜂蜜。筆者了解，黃兄弟的作爲，受了不少的誤解，也受了不少委屈。

某年雨季，筆者由於好奇心，隨他和義診隊到 ZAMBALES 的 AETAS 村落。因上山道路全是羊腸土路，不通車，必須步行，所以要提前一日在黃兄弟友人渡假旅舍過夜，翌日上山。早晨天下著傾盆大雨，黃兄弟胸有成竹：雨會停的。果然，出發時，雨過天晴。

下午三點半，義診結束，此時風雨交加，天色昏暗，如果短期間雨不停，那可能要在山上過夜。各人愁容滿面。說也奇怪，大雨說停就停，大家趕快拿著竹杖下山。筆者笑說：上山容易，下山難，等一下，一定有人會滑倒。筆者殿後，當大家走過木橋接近大路，眼見預言失準，回頭一望。就在這時候，雙腳一滑，要仰天跌倒，趕快用竹杖大力撐著；感覺中，好像有人將筆者輕輕扶著托著，感覺很特別，很難解釋，又十分真實……

（二〇一一年一月十八日原載世界日報《故事新說》專欄）

"平平咱人"

"平平咱人"是閩南話，意思是"大家都是華人"。爲了這句話，筆者曾向人伸出援手，吃了不少苦頭，最終也嘗到甜頭。

十餘年前筆者從廈門回菲，機上鄰座是一位中國青年男子，他請求代填入境卡，交談之下，才知他要轉機到美屬關島，於是告訴他不用入境，並答應幫助他轉機，"平平咱人"嘛。筆者的熱心被移民局官員看在眼中，以爲筆者是走私人口的"蛇頭"，被帶到密室盤問兩小時，最後在護照被扣留的情形下，才被放行。原來該男子美國簽證似乎有問題。筆者避免麻煩，拜託彬哥，花了兩萬元，將護照贖回。繼後數次過移民局時都忐忑不安，怕再被抓去密室脫衣審問。

上星期筆者駕兒子的汽車出門，下午回家走北高速公路，車子經過 VALENZUELA 出入口，在靠近往 MINDANAO AVE 新立交橋地方，車身一震，又傳來啪啪聲，知道是車輪爆裂了，還好不是前輪，沒讓車子突然轉換方向，造成車禍。下面故事絕對事實，不是傳教：

筆者將汽車停在路邊，打開行李箱，後備車輪是有的，但卻找不到工具箱。筆者看到各式車子一輛輛高速駛過，十分徬徨，因為身上剛好錢不多，如果被拖車拖走，不但付不起數千元施工費，還要浪費不少時間。筆者當時想起黃艾登牧師的話：“事無大小，誠心祈禱，必有奇蹟。”筆者低頭祈禱：“我不該試探主，但實在無助，請差遣人幫助我。”北高速公路南行線只有筆者停車處有 SERVICE ROAD，筆者轉身一望，路旁正好停了一輛同型，甚至同色的汽車，汽車司機正在開車門，筆者大叫：“兄弟，兄弟，我的車輪爆裂，請借工具一用。”司機三十歲左右，菲人模樣，但用閩語問：“你是咱人？”“是的！是的！”他將工具穿過鐵網遞給筆者。筆者久未換車輪，累得滿頭大汗，突然有人輕拍肩頭：“讓我替你換。”筆者望著完好、高達六呎的鐵網，好奇地問：你是怎麼過來的？“攀過來的。”JOVEN快速把車輪換好，筆者連連致謝，“沒什麼，平平咱人。”接著靈活地攀網回去。

感謝“平平咱人”，感謝主恩奇妙，主竟差遣“蜘蛛俠”來幫忙！

（二〇一一年八月九日原載世界日報《故事新說》專欄）

聖誕節故事

聖誕節前夕，一名小女孩帶著小撲滿到寵物店，要買一隻小狗送給她患小兒麻痺症，雙腳不能行走的小姐姐作伴。寵物店所售的小狗都是名貴品種，小女孩的錢遠遠不夠，但店主知道小姐姐的狀況後，善心大發：“明天是聖誕節，你帶你的小姐姐來，用你撲滿的錢可以購買任何一隻她喜歡的小狗。”聖誕日小女孩推著坐輪椅的小姐姐到寵物店，小姐姐看到店後一隻生下就無腳的小狗說：“我要牠。”店主說那隻小狗有殘障，所以不賣，以免影響店譽。小姐姐說：“我選牠，因爲我明白不能行走的困難，我會好好的照顧牠。”店主分文不收，因爲他已收到聖誕節訊息。

羅斯福總統是美國最偉大的總統之一，他也是小兒麻痺症患者，不良於行。他的兄弟姐妹個個才貌出眾，令他有極深的自卑感，而且認爲父親一定不喜歡他。某年春天，他的父親拿了一些樹苗向他們兄弟姐妹說：“你們每人種植一棵，到了聖誕節，誰的樹最大，我會給他一件特別的聖誕禮物。”兄弟姐妹們興高彩烈，各自在山上種樹，並安放自己的名字。羅斯福草草把樹種了，心裡想著：“我不能上山澆水施肥，禮物是沒有可能贏到的。”是年聖誕節，眾人上山，羅斯福發現一項奇蹟：他的樹長得最高大壯碩，枝葉茂盛。後來羅斯福發現是父親幾乎每日都上山替他澆水施肥，故事的後來已是歷史，羅斯福感受到愛，發奮上進。

名專欄作家 NEAL CRUZ 在其專欄發表了一則親身經歷，他小時就讀 MALABON 社一間小學，學校附近有間小茅屋，住著一個孤單的老人，常常爲他和同伴製造一些小玩具。老人妻子已去世，有一位讀大學的兒子，但他們從來沒有見過他。老人聖誕節前都製作了不少美麗的聖誕燈，它們原可以賣得不少的錢；但老人免費送給鄰居，條件是聖誕夜必須整夜點燃。CRUZ 先生發現年年復年年，老人聖誕夜整夜不眠，在茅屋附近徘徊，似乎在等人。CRUZ 先生後來才知道老人是在等候兒子歸來，因爲有一日他兒子匆匆回家道別："父親，我參加革命了，希望有一日我們不再貧窮，大家過上好日子，聖誕夜我會回來看你。"聖誕夜一個又一個過去了，直到老人死了，他的兒子始終沒回來……

（二〇一一年十二月二十九日原載世界日報《故事新說》專欄）

援助"愛大"村

菲律濱人大部份是坐船移民而來的馬來族人，原住民是身材短小、皮膚黝黑、頭髮曲卷的 AETAS 族，他們居住在 ZAMBALES 山脈一帶，一九九一年 PINATUBO 火山爆發，他們大批逃離家園，湧到岷市求乞。現在也許政府已有安排，除了聖誕節前後，市區已很少看到他們了。

SUBIC 港附近，BORONG，BATAAN 有一個 AETAS 村，位於半山，交通十分不便，唯一通往公路的道路是一條只容汽車單向行駛的水泥路。小路可能沒汽車行駛，路面很好，但只通到一深澗，澗上有一木板吊橋，吊橋甚穩固，走在橋上，搖晃幅度不大。過了吊橋，到村子的道路是一條極陡的羊腸小道。雨天泥濘讓小道溜滑無比；某次筆者執杖"三腳"行走，如果不是身手靈活，一定跌個四肢朝天。

以前 KAISA（華裔聯合會）會員 LORENCE ONG（王名愉）曾付出極大愛心，不時上山教導族人種植芒果樹和其他謀生技能。可惜王名愉因肝癌英年早逝，愛大族人又被外界遺忘。幸好十餘年前，同樣愛心洋溢的黃艾登兄弟繼續援助工作。富幽默感的黃牧師將 AETAS 翻譯成“愛大”，音義俱佳。他定期組織義診團上山佈醫施藥，贈送舊衣服以及食米，也爲族人策謀生計。

愛大村約有一百戶，有一小學，學校有三座校舍，成 U 字形，每座校舍有兩間課室，中間一座被命名“王名愉紀念館”。村中沒天主教堂，只有一間木板鐵皮搭成的基督教堂，教堂唯一的“樂器”是幾個破舊的塑膠水桶，擊打它們有“鼓”的音響。村中課室不足，沒法辦中學，小學生畢業後沒錢付龐大的交通費，只好輟學。族人向黃牧師求助，筆者聞訊向“淨水王”恩哥募捐。恩哥一口答應，捐獻了一座“商總農村校舍”，並好人做到底，承諾捐獻一套“淨水設備”，讓村人和學生有淨水可喝，不必時時受腹瀉之苦。

二月下旬筆者和恩哥上山，愛大村新添了兩座水泥建築物：黃牧師籌建的教堂和恩哥捐獻的校舍。

筆者仔細觀察，“淨水王”設備完成後，村中缺乏的，是一座有水的公廁，讓村民和學生們可以方便的“方便”。

（二〇一二年三月十三日原載世界日報《故事新說》專欄）

聖週培靈特會

筆者隸屬的教會《基督徒聚會所》CHRISTIAN GOSPEL CENTER，總會在樹日街，在大岷區、南島有十餘間分會，台灣、美國也有友會。教會遵行“古法”，相對保守，會友巨商名賈不多，一般都是普通生意人、受薪者和學生。會友熱愛教會，彼此親善，守望相助，以兄弟姐妹相稱，有“屬天”教會，早期基督徒作風。教會牧師（名稱是“兄弟”不叫牧師），長老、服務人員均平易近人，令人置身其間，有“回家”溫暖，是一個極蒙恩的團體。

教會每年都花費以千萬計巨款在聖周期間舉行培靈特會，免費妥善安排交通、住宿、膳食；讓與會者可以安心聽道、唱詩、禱告、交通見證、分享心得。今年特會依舊假克拉克渡假村 CLARK FIELD 舉行，會場有兩處，青年人在 OXFORD 酒店，成年人則從去年的 HOLIDAY INN 移到更寬敞的 STOTSENBERG。特會期間不得有娛樂活動，沒電視、沒報紙、沒電腦，讓人可以真正放下世事，摒棄心中雜念。筆者好動，唯一的運動是晚餐後步行一公里餘，從住宿酒店走到會場。沿途都是樹幹數人合抱的參天古木，綠油油的青草地；晚風送來陣陣的花草樹木清香。特會最後一晚，天氣涼爽，鳥兒都已歸巢，不再鳴叫，耳朵聽到的，是都市聽不到的昆蟲吱吱叫聲，渾圓月亮初升，像一個大面盆，顏色不是淡淡黃色，而是鮮艷的橙色。筆者對造物主的偉大作品讚嘆不已，自覺自己是最富有的人，是的，何人能有這麼大的後花園？

特會歷來主要的講員是駐美的鄭啓光兄弟。他用“菲式”閩南語講道，間中穿插一兩句國語或英語。他是筆者所遇到的最佳演講家之一，成語“口若懸河”似乎因他而作。講道有即時的英語翻譯，譯者是美麗智慧雙全的 MARINA 姐；MARINA 音色美，翻譯清晰、準確、典雅，最重要的是快速無比。兩人講、譯就像“雙簧”表演，他“達、達、達”，她一秒內也“達、達、達”，令人嘆爲觀止。啓光兄弟今年缺席，代替他的蔡超人兄弟說他身體欠安，病情相當嚴重。蔡兄弟爲他懇切祈禱，與會者大喊：阿門！”如雷的聲音，相信天上的天父和美國的啓光兄一定感受到。

（二〇一二年四月十二日原載世界日報《故事新說》專欄）

祈禱的奇效

牧師黃艾登兄弟講道就像父兄在家中和你談家常。他說祈禱是基督徒的一項福份，事無大小，均可祈禱向天父傾訴：求指點、求幫助，甚至求健康、財富、幸福。是的，兒女向父親求恩惠，沒有什麼可“見笑”（閩南話，即慚愧）的。祈禱往往有奇妙效果，這是筆者深深體驗，親身經歷的。

在此說一則“神話”：歐洲一群業餘爬山愛好者，某冬季攀登雪山。就在他們接近山巔時，隊員們看到四周美景，忘情歡呼，不幸聲波引發雪崩，隊員們大驚失色，紛紛向山下狂奔。一個虔誠基督徒原地不動祈禱，求神拯救。隊友大叫：“傻子，什麼情形了，還閉目祈禱，趕快逃命！”“傻子”祈禱完畢，睜眼一看，雪崩已停止，雪只淹到他的膝蓋，因爲雪向山下滾流，向山下逃生的隊友都被埋在大雪下面……

我家也有“神蹟”，某年內人發現老鼠橫行，十分可惡可恨。筆者建議養貓抓老鼠，內人不喜歡動物，反對。她買了不少毒鼠藥，希望可以滅鼠。鼠輩十分聰明，對紫紅色的粒子，一粒也不動。內人無法，晚禱向神求助消除鼠患。筆者暗笑：如此瑣事，也要麻煩創造萬物的全能上帝？想不到內人當時靈光一閃，次日買了數張捕蒼蠅的黏紙，放在牆角。奇蹟真的發生，幾乎每張黏紙都抓到或大或小老鼠，鼠患解決，內人大聲祈禱：感謝主！”

有教友抱怨祈禱沒被聆聽，所求久久沒被應允實現，神不疼愛他？拒絕他？多年前筆者舉家到香港渡聖誕，次日清晨么兒永寧和筆者走出銅鑼灣柏寧酒店邊門，要去吃早餐。永寧當時只有六、七歲，抬頭一望，看到玩具名店 TOY R US 就在對面皇室大廈四樓，立刻要去買玩具。筆者解釋時間太早，店鋪要十點或十一點才開；永寧不信，當街嚎啕大哭，很傷心抱怨筆者不疼他，不答應他。俗語說父母疼么兒，何況出遊就是要討兒女歡心，怎會拒絕。

艾登兄說：時機，時機，主清楚什麼是最好時機。羅馬書八章三十二節：“神既不愛惜自己的兒子，爲我們眾人捨了，豈不也把萬物和他一同白白地賜給我們嗎？”

（二〇一二年四月十七日原載世界日報《故事新說》專欄）

“樂透”悲劇

不知是哪位譯林高手將 LOTTO 譯成“樂透”，真是音意俱佳。天降橫財，中了巨額彩金，誰不會樂得透天？政府於一九九五年開辦“樂透”，即台、港也瘋狂的“六合彩”，起初彩金只有數百萬元，有時還有同時中獎者要瓜分。十月和十一月“超級大樂透”因數期沒有中獎者，獎金累積到七億四千餘萬，讓全國上自參議員，下到三輪車扶、家庭主婦，都瘋狂下注。

從五十五個號碼中選出六個，看似簡單，其實機遇率只有幾千萬分之一，中獎難如登天。十二月初報載七億大獎終於有人投中，幸運者是一名六十歲的 BALIKBAYAN，號碼是 11、16、42、47、31、37。

老天愛開玩笑，古今中外，有不少得到橫財的幸運兒以悲劇收場，筆者在此敘述一個真實故事，極具警世意義：

舫哥僱有一菲人司機，姑且稱他爲 M，M 有老婆，生了數個孩子，手頭拮据，但家人溫飽不成問題。九十年代，政府推出“樂透”以替代日漸滯銷的“馬票”。樂透因爲可以自己選擇號碼，彩金又大，一下子就風行起來。M 用十塊錢買了彩票，結果“不幸”中了頭獎，獨得獎金八百餘萬。M 領了獎金，也做了理所當然的事：辭工，當大富翁去了。

M 原職家庭司機，以舫哥家的地址和電話作聯絡處。結果不時有各種“慈善機構”或打電話或登門求助，募收捐款，令舫哥不勝其煩，成爲第一個受害者。M 手頭寬裕了，日夜呼朋喚友，大吃大喝，結果他一個好朋友見美食美酒當前，拼命飲食，當晚 BANGUNGOT 死亡，成爲第二個受害者。M 有錢了，雄心壯志，也要學人做生意，因爲唯一技術是開車，所以開了計程車公司。他受汽車公司推銷員慫恿，分期付款買了數十輛汽車，準備大展鴻圖。M 花天酒地慣了，將金錢事項交“可靠”的老婆。M 妻人醜錢美，和一個年青司機捲款私奔，拋夫棄子。醜婦最後下場，可以想像，應是第三受害者。M 付不出汽車貸款，汽車全部被沒收，一無所有，身體更因生活糜爛，百病叢生，成爲最大受害者。M 仰天悲號：老天，你怎麼這樣殘忍，讓我“不幸”中了樂透！

（二〇一〇年十二月十四日原載世界日報《故事新說》專欄）

世界末日？

三月二十一日，那是一個星期一，筆者在市內有約，吩咐司機走 ESPANA 大街，以爲學校已經放暑假，大概不會堵車了，豈知車龍依舊。心中煩躁，抬頭一望，前面一輛大巴士，後面車身塗漆了黑色，黃色大字很刺目地寫著：二○一一年五月二十一日是“審判日”，十月三十一日將是“世界末日”，不知是哪個基督教派在危言聳聽，引人信教。

過去曾有某些教會大膽地預言世界末日，如公元九九九年、一九八六年、一九九九年，他們根據什麼，不必深究，反正事後證明，都是一派胡言。有些宗教人士，勸人悔罪入教，用心良苦，但手段都入邪道，可說是“敵基督”。道理就如大人恐嚇小孩；如果不乖，你就會被 ASWANG 或狼婆婆吃掉一樣。

聖經舊約《但以理書》和新約《啓示錄》確實預言世界末日和基督重來，並說明末世預兆。中國人亦信仰一位至高無上的主宰者，所用名稱不同而已。中國人是敬畏“天”的，高高在上的皇帝，遇到天象異變，如巨星殞落，地震苦旱，都會認爲是上天示警，下詔罪已。世人愚蠢自私，上天確是頻頻示警。最近日本九級大地震、大海嘯、核洩漏，一切都在提醒世人要注意環保，珍惜資源，和平相處，不要用核子武器來自掘墳墓。

耶穌爲替世人贖罪被釘十字架；就算你不是基督徒，耶穌仁慈睿智，平等待人，公義處事，也是值得敬仰學習的。可惜二千年來，世人仍然貪婪、自私、作惡多端，沒有愛心，互相殘殺。

聖週是紀念耶穌的日子，世人應該利用這個時間深深反省。

世界末日？也許是今日，也許就在明天，不要杞人憂天，也不要做出愚蠢的事。正確態度應該像但以理這個賢人，用平常心過日子，不刻意揣測異象的含義，因爲聖經說：“到了末期，你必起來，享受你的福份”。

按：九九九年十二月三十一日天主教徒聚集梵蒂岡聖彼得教堂等待世界末日；如果說中古民智未開，二千年韓國就更讓人大開眼界，許多人變賣家產，在教堂等死。

（二〇一一年四月二十一日原載世界日報《故事新說》專欄）

懷念鄧麗君

五月四日靜悄悄地過去了，只有溫家寶總理低調地和北大學生聊聊天，吃頓飯，慶祝“青年節”。人們似乎已經忘記了它是《五四運動》的九十一週年紀念日。五四運動因北京學生抗議政府簽訂不平等條約，演變成不是要奪權，而是要開啓民智的“文化大革命”。知識分子呼籲國人追求“科學”和“民主”，它催生了中國共產黨也促成國民黨北伐的成功，左右了中國百年來的命運。

經過百年努力，中國成爲第三個將人送上太空的國家。很可惜的是，迷信死灰復燃，大陸不少司機將“毛像”掛在汽車擋風玻璃後面，目的是要“避邪”，減少意外！一生致力破除迷信的毛澤東，你想會安息在天安門廣場紀念堂？民主一向是中國知識分子的“夢”，中國還是共產黨“無產階級專政”，萬幸的是胡溫相當開朗，《人大》和《政協》漸漸敢言，爲民請命，不再是“橡皮印”。

二〇一〇年五月八日是什麼日子？看到台灣電視和香港報紙才知道是鄧麗君逝世十五週年紀念日，兩地鄧迷將紀念活動搞得有聲有色，十分感人。

中國開放初期，流行的說法是：中國白天是“老鄧”（鄧小平）管轄，晚上則是“小鄧”（鄧麗君）天下。筆者是“自由主義”者，曾經笑說：要是鄧麗君能夠公開登台演唱，那中國就真正“超生”了。曾幾何時，中國人穿西裝，繫領帶；喝可樂，吃漢堡，北京夜生活早已比台北更“台北”。

鄧麗君出道很早，十五、六歲就以青春玉女形象紅遍歌壇。六十年代尾曾訪問菲律濱，在《金城》電影院（現帝苑酒樓）登台演唱。她穿了一襲白色迷你裙，唱起閩南語“燒肉粽”，又唱又跳，可愛至極。演唱時她曾走下舞台和歌迷握手，筆者身手敏捷，越過民哥等人，和她握手，她看到筆者“猴”樣，嫣然一笑，露出白玉似的牙齒……

鄧麗君歌美人更美，以相學角度來看，雍容富態，絕對是貴婦人之相，想不到竟然英年早逝。也許上天也疼愛她，不忍她年老色衰，在事業如日中天，“姐弟異國戀”尚未變質時，將她帶走，讓愛她的人永遠懷念……

（二〇一〇年五月十八日原載世界日報《故事新說》專欄）

蔡母哀榮

好友英姐是虔誠慈濟人，她告訴筆者：“蔡天乙的母親昨天去世。”接著說：“蔡天乙夫婦都是慈濟榮董，很低調，實心做事，是一個大好人。”筆者和天乙學長在《正友總會》和《濟陽宗親會》共事多年，交往頗多，但對他的家庭並不熟識，第一個問題是：“他母親一定很多歲吧？”英姐回答：“是的，已經一百多歲了！”

蔡母洪太夫人靈堂設在聖國殯儀館最大的一〇一室，遺像和藹慈祥，天庭飽滿，下顎渾圓，和天乙學長很相似。筆者十八日下午前往吊唁，剛好碰到《慈濟》在蔡母靈前舉行告別式。慈濟儀式別具一格，莊嚴肅穆。致祭者一齊低吟佛號，禮生不時敲打銅法器，傳出悅耳之極的悠揚鈴聲，令人心平氣和，哀悼之心，油然而生……

二十二日晚是各團體公祭的日子，數以百計的吊客擠滿靈堂內外。中正校董會、學校、校友會原來計劃合祭，但人數太多，乃分別祭奠。筆者離開校友會已久，但仍有名譽職，乃儕身舊侶當中。

濟陽柯蔡宗親總會的族祭由柯文明理事長主持，在上香、獻花、獻果、獻香茗、獻玉帛之外，多了誦讀祭文一項，永祥宗長把祭文讀得抑揚頓挫，祭文高度頌揚蔡母教子有方，培養出天乙學長等好後裔。

天乙學長乃孝之大者，純孝不止於晨昏定省，噓寒問暖；更重要的是修身齊家，樹立好名聲，受人敬仰，讓父母有面子。榮譽和地位不是爭來的，是贏來的，實至名歸是正理。天乙學長與人爲善，默默耕耘，不爭風頭，自然贏得眾口的稱譽。正友總會是各屆“英雄”彙集的組織，要服眾極不容易，天乙學長是例外，甚至有人醞釀打破傳統推他出任會長，這證明他在眾人心中的份量。

當世佛教兩位領袖證嚴上人和星雲大師均送了輓幛，前者“華開見佛”，筆者不明它的意思，後者“上人上生”爲蔡母定論，確切無比。唯仁者壽，蔡母一百零五歲仙逝，是“七代大母”，靈堂有不少穿著紅衣的曾孫玄孫，生生不息，哀中有喜，絕對是“喜喪”。

（二〇一一年七月二十八日原載世界日報《故事新說》專欄）

欲報之德，昊天罔極

詩經有一首詩“蓼莪”雖然寫於兩千五百餘年前，但文字淺白，其中一段：“父兮生我，母兮鞠我，拊我畜我，長我育我，顧我腹我，出入腹我，欲報之德，昊天罔極。”感人至深，母親最近逝世，默想此詩，不禁熱淚盈眶。

母親出生於菲律濱，系出名門，知書識禮，極爲聰慧，精於算術，學歷不高，但勤於自修，可算是知識份子。她生性獨立好動，家在市外，八十餘歲尙獨自前往華人區菜市買菜。有車坐車，沒車搭的士，更常不顧危險攀集車，爲的是買一些“咱人菜”、“四物”煮給兒孫。

母親曾對孫兒女說：“算命的說我會吃到九十歲。”他們笑著回答：“阿媽你很勇，一定吃過百歲！”的確，她一生沒有大病痛，不曾住過醫院，年近九十，頭腦還很敏銳。本月一日早上七點，據女傭說，母親聽見菲小販販賣 PUTO（米糕）鈴聲，還打開大門向熟悉的小販大叫：“PUTO！”母親每日有一個固定活動，就是隨家中汽車送她鍾愛的二名孫女到 MAKATI 市上班。八點十五分，她如常要送“一妹”和“二妹”上班，司機說車子要維修，她們要搭的士，母親有點失望：“那明天我再跟……”九點半，女傭跑到二樓大叫：“阿媽跌倒！”筆者和尚在家的小兒大驚，立刻奔下樓。母親並未跌倒，只是頭垂身歪，靠在沙發，筆者發現她已經沒有呼吸，也沒有脈搏，急施 CPR 急救術。稍後趕來的醫生說母親心臟停止跳動，早已逝世……

義兄華榮安慰筆者：年近九十嵩壽，可算大福了；義兄國從是虔誠佛教徒，他說母親毫無痛苦，安祥逝世實在是修來的福份，平時積善的福報……

人生最大的痛苦是生、老、病、死，母親未受病魔折磨，是筆者悲傷中最大的安慰。人生最大的悲哀是親人不論歲數多大，終有分離之日。人生最大的遺憾是：一些應該早要向親人訴說的話，沒有說出來，而且永遠沒有機會再說……一些小小的願望，竟因大意，沒有完成，造成永遠的悔恨，傷痛……

子欲養，而親不在；誰言寸草心，報得三春暉！

（二○一一年十二月十三日原載世界日報《故事新說》專欄）

永遠的懷念

筆者已過耳順，六十餘年來，除了彼此出遊，和母親不曾分離，她每日噓寒問暖，殷殷叮嚀，感覺上，自己還是個未成年的孩子。筆者是獨子生，母親將萬種慈愛集於一身，但並不溺愛。只是筆者小時犯錯也不打罵，形成筆者自高自大性格，成年後屢犯大錯，讓家人跟著受苦。母親也不抱怨，反而向親友大肆宣傳筆者如何孝順，如何勤勞，如何白手成家……筆者看到她和親友通電話，必定退避三舍，因爲內容千篇一律是兒子如何有爲，孫兒女如何英俊美貌，工作如何的高尚……對方一兩句的贊同，母親必定開心好幾日，不斷重復提起。女兒亦慧一日警告：“阿媽你再亂說亂稱讚，我和小妹會生氣。”

也許是閩南的風俗，怕老天忌妒，祖母要表哥、筆者、從弟不可用阿母、阿娘等親暱稱呼叫自己的母親。從弟叫嬸母“阿秀”，筆者更連名帶姓叫母親“林凡娜”，年長後，筆者感到不妥，只好“你、你”稱呼，兒女出世後，乾脆跟他們“阿嬤、阿嬤”亂叫。母親離世時，筆者哭著叫“媽，媽，你怎麼就這樣離開了！”這是筆者第一次用“媽”呼喚她，可惜她聽不到。

母親蕙質蘭心，用現代名詞來說，是“女強人”。外祖父曾對筆者說：“我們林家風水不好，要是你母親是男的就好了！”外祖父的感慨是有原因的，母親在自己結婚前，安排兩個妹妹出嫁，並把婚禮辦得風風光光，婚後也不畏閒話，回娘家主持唯一弟弟的婚事。表妹們名子都有一個“姑”字，就是要紀念照顧娘家無微不至的“大姑”。

母親除了分娩住過一次醫院，未再進住醫院。母親親戚醫生極多，她的表哥表嫂都是名醫，開了一家小醫院。筆者年少時常發高燒，她怕影響腦袋，必送醫院打點滴，受到眾多護士的特別照顧，義兄弟們常將它當作笑料。

父親逝世後，母親每日獨坐客廳等候兒孫下班返家，有時等到深夜，應該是很寂寞的，但她把一切隱藏在心。數月前女兒們養了一隻小狗，小狗憨態可掬，一對大眼睛清澈無邪。母親逝世後，小狗常常望著空椅發呆，相信牠也在懷念慈祥的老人家……

（二○一一年十二月十五日原載世界日報《故事新說》專欄）

龍眼樹的故事

二十餘年前，父母身體健康，常常回國旅遊，在故鄉一住就是好幾個月，樂不思“菲”，簽證要一延再延。

五十年代初，父親曾在家鄉學校（全村最高地點）旁邊建一座閩南風格小磚屋，坐北朝南，泉州南門外風光一覽無遺。小屋牆上有些磚雕，十分精致，據說文革時期，被外鄉紅衛兵一一敲毀。屋子遠離他人房屋，環境清幽，風水師則批評“孤立無援”。後來父親生意不順，親友都怪新屋風水欠佳。屋子東邊有祖傳龍眼樹一棵，果實不大，核也小，肉甜且有一股桂花味（按：塊頭大，肉厚汁多的“福眼”，我鄉人是不屑一顧的，那是用來製龍眼乾的）。解放後，家裡的龍眼都被“共產”，某年母親回鄉，知道政府政策改變，各家可“贖”回自家的龍眼樹，母親不買便宜又有經濟價值的山頭果樹，以異常高價買了屋旁的那一棵，被鄉人笑“傻”。母親向筆者解釋：我看中的是龍眼樹所佔的土地，避免以後有鄰居。

記得那年筆者是《旅菲雁塔同鄉會》理事長，父母親回鄉已有四五個月，筆者很思念，同時也想觀察一下，看看可以爲家鄉做些什麼建設。還記得回鄉那日，秋高氣爽，和父母、二姑、大表哥一道去掃墓。祖母的墳墓以菲華人的眼光來看，實在是太簡陋了，筆者要修建，母親說：“千萬不可，你有孝心，但其他各‘柱’有差錯，你擔當不起。”我們依俗燒香點燭敬拜，不料山風一吹，乾燥的野草立刻燃燒，火勢熊熊。表哥向人借了一個小水桶，跑到數十公尺外的小溪取水滅火，數名鄉人（後來村長解釋是來打工的"阿北仔"）站在溪邊指指點點。筆者那時深深了解成語"杯水車薪"，"隔岸觀火"的意思。

筆者知道滅火砂比水有效，脫下"BALLY"皮鞋，挖砂土撒向火焰。野草火焰雖旺，卻不耐燃，砂土滅火又十分有效，野火終於熄滅，觀火者見沒戲可看，悄悄離開……"我苦！我的龍眼樹被你們燒死了！"突然有一名老婦人呼天搶地大喊，筆者瞠目結舌，不知如何是好。母親很鎮靜，向老婦人說："某某娘，大家鄉里人，有話好說。"她指著小部份樹葉被火烘得枯萎的龍眼樹說："樹如果真的死了，我負責賠你夠夠！"

（二〇一一年十二月二十日原載世界日報《故事新說》專欄）

三棵香蕉樹

筆者回鄉掃墓，引發山火，幸未釀成大災，但對鄉人見災不救，袖手旁觀，內心不忿，當日返回泉州酒店，隔日乘機返菲。母親留下善後，不怕鄉人不可理喻。她經過仔細觀察，胸有成竹，十日後約了村長和數個親堂一起視察險被火燒的龍眼樹，指著龍眼樹許多嫩綠新芽說："龍眼樹發新芽，活好好！"母親"慷慨"地拿出十大元給某某娘，"你拿去買些肥料。"某某娘望著證明龍眼樹沒死的村長，啞口無言。

鄉賢蔡金鐘童年出外，但對故鄉有極深厚感情，修橋造路，建學校設醫療室，並持"授之以魚，不如教之以漁"態度，提供五千棵優種龍眼樹，讓鄉人各自種植。他聯合筆者堂兄蔡樹澤、蔡榮輝、蔡揚賦出資購買鄰村土地，建設通往國家公路的水泥大路。公路入口處立了一座宏偉樓牌，請葉飛將軍題字：《柴塔村大道》，金碧輝煌，十分壯觀。

父母親如常隨團回鄉參加落成典禮，並逗留下來。某日母親正在家中和親友聊天，堂侄孫跑來大喊："嬸婆，隔壁鄉清蒙有人在新路挖了三個大洞，種了三棵香蕉樹！"母親看見大路當中橫著栽了三棵一人高的香蕉樹，讓車子不能通過，十分生氣："這是什麼道理，欺人太甚，趕快拿相機把香蕉樹攝下，以後做證據。"母親行動迅速果斷，金鐘鄉賢配合筆者在菲華報章製造輿論，上書國內當局，並在泉州聘請律師，提出控訴。清蒙村因有某大人物撐腰，大事化小事，道歉了事。

柴塔村新校落成，母親和筆者建議開辦成人電腦班，電腦和經費由筆者出長的旅菲同鄉會負責。二十餘年前，電腦開始流行，這是一項創舉。豈料村長好心反對："你們好意我了解，但文革後一些人的心態很不正常。設立電腦班讓人有一技之長是好的，但一些人不肯學，又怕人學，他們會千方百計弄壞電腦，讓你們生氣⋯⋯"他的顧慮是有根據的，金鐘鄉賢捐獻的龍眼樹過半被不願種植的人"揠苗助長"暗中拔起害死。母親提起這些事無奈地說："我們關心熱心，別人讓人傷心寒心。"但筆者深知母親並沒有灰心死心，因爲她一而再，再而三回鄉⋯⋯

（二〇一一年十二月二十二日原載世界日報《故事新說》專欄）

說不盡的感激

菲華社會的殯儀館是一個很奇特的地方，有許多外地所沒有的習俗和禮儀，也不知誰是始作俑者，總而言之，大家遵行，吊者大悅，喪家感到“熱鬧”“有面子”就是。例如：喪家不得通知親友，要他們自己閱報，互相通報。吊唁者不可道別，要自己靜靜離開；華人一般不喜瞻仰遺容，而菲人或較菲化者，則要細細觀看，並加上一兩句“化裝很美”，“逝世者很安祥”等好話。當然靈堂更是久不相見親友話舊談天場地，也是加強情誼，化解誤會甚至仇恨地點。

最近母親逝世，因家庭篤信基督教，所以懇辭傳統祭禮，只接收獻花，但吊唁者的殷殷情意還是感受到的。守靈期間，接近年關，一些大道在修建，加上大雨，街道漲水塞車，要來靈堂一趟很辛苦，也要花費很多時間。

母親停柩於《聖國殯儀館》，據說它原由台灣人設計投資，大堂寬闊，各靈堂有“私家房”設備齊全，減少喪家很多不便。聖國全座中央空調，燈光明亮，就像五星酒店，沒有陰森感。莊君的《和記》在該館有辦事處，“賺錢沒人知”，但服務周至，讓喪家悲傷期間，不必爲登訃告等一些瑣事麻煩。

母親一日上午在家中去世，沒進醫院，直接到殯儀館，下午四點入殮完畢，遺體安放在靈堂。母親去世後，筆者立刻傳訊教會黃艾登兄弟，要他爲母親的靈魂祈禱。艾登牧師是筆者所認識的人中，爲人最誠懇，最有愛心，最肯幫助弱勢人群，最不重視錢財的人，所作所爲，已近“聖賢”。他在五日晚爲母親舉行追思禮拜，七日上午主持出殯前祈禱會；在眾人的祝福下，母親一定在天堂和父親團圓，過著沒煩惱的喜樂日子。

中國文豪巴金說：悲傷時，一切禮節都是虛僞的。但一些親友深切的慰問，讓人感到無限的溫暖。筆者要對母親生前鍾愛關懷的《飛雲》結義兄弟、蘇浙諸校友、中正諸學長、濟陽諸宗長，還有曾校友、蔡同學、黃僑領、施誼兄、謝姐妹、張學長、莊同工等等，說一聲永遠的感激。兒女的上司《中國銀行》的羅勇經理，《新天地》的鄭家福校友很健談，他們說是筆者專欄的讀者，讓筆者悲傷中，得到極大的鼓勵……

（二〇一一年十二月二十七日原載世界日報《故事新說》專欄）

國家圖書館出版品預行編目資料

故事新說 / 柯　林著. -- 初版. -- 臺北市：
文史哲, 民 102.05
面；公分（文學叢刊；293）
ISBN 978-986-314-110-5（平裝）

855　　102008353

文學叢刊 293

故事新說

著　者：柯　林
出版者：旅菲蘇浙校友會
登記證字號：行政院新聞局版臺業字五三三七號
發行人：彭正雄
印行者：文史哲出版社
印刷者：文史哲出版社
http:// www.lapen.com.tw
e-mail:lapen@ms74.hinet.net
臺北市羅斯福路一段七十二巷四號
郵政劃撥帳號：一六一八〇一七五
電話886-2-23511028・傳真886-2-23965656

定價新臺幣四〇〇元　菲幣四〇〇元

中華民國一〇二年（2013）五月初版

ISBN 978-986-314-110-5　08293